奥古斯丁的人生智慧
被他的大能转变

AUGUSTINE ON THE CHRISTIAN LIFE
TRANSFORMED BY THE POWER OF GOD

杰拉尔德·布雷（Gerald Bray）/ 著　王虓 / 译

上海三联书店

奥古斯丁的人生智慧
AUGUSTINE ON THE CHRISTIAN LIFE
TRANSFORMED BY THE POWER OF GOD

　　杰拉尔德·布雷的这本关于奥古斯丁人生智慧的著作非常出色，他完成了一个似乎不太可能完成的任务。布雷读遍了这位希波主教浩如烟海的经典著作，最后以简明易懂的形式将其中的内容呈现出来。该书信息量大，启发性强，无论是学生、历史学家、神学家还是教会领袖，都能从中获益良多。本书的出版为Crossway出版社推出的这一系列又贡献了另一本好书，对此我满心欢喜，也非常荣幸能向大家推荐此书。

——大卫·S. 多克里（David S. Dockery）

三一国际大学校长

　　杰拉尔德·布雷向我们介绍了奥古斯丁及其关于人生智慧的教导，这本著作资料翔实，启迪人心。无论是对奥古斯丁知之甚少的人，还是较为熟悉他的人，都能透过本书看到奥古斯丁真正希望留给人们的形象：一位蒙恩得救的罪人，竭力忠心教导他在圣经中发现的真理。本书以奥古斯丁对基督教神学以及更广泛意义上的西方文明所产生的巨大影响为背景，来看他灵性上的具体教导。这本导论可读性强，却不减其学术深度，脚注和参考书目便是明证。这是一本非常可靠的指南，可以帮助我们认识基督教

史上最伟大的思想家之一。

——马克·D. 汤普森（Mark D. Thompson）
穆尔神学院院长

奥古斯丁告诉我们，只有上帝本身才是我们快乐的源头，其他一切能够令我们快乐的事物，都是因为跟上帝有关系。而杰拉尔德·布雷却引导我们，不要只认识奥古斯丁，而是把他看作一条管道，领我们到那位真实的上帝面前，使我们领略一种活在三一上帝面光之下的生活。布雷拥有为师的智慧，对奥古斯丁的著作也有深入研究，所以他能够透过这位伟大的主教对一系列挑战（从摩尼教到多纳徒派，再到帕拉纠主义，这些挑战对基督徒的忠心都会带来真实、无情的威胁）的回应引导读者更加认识人生智慧。拿起来读吧，布雷会让你真正学有所得。

——迈克尔·艾伦（Michael Allen）
奥兰多改革宗神学院教授

献给 M . R . W .

目 录

总 序

　　也许有人会说我们是备受宠爱的一代人。在今天这个时代里，我们拥有许多重要扎实的关于基督徒生活的资源。图书、系列DVD、网上资料、研讨会，这一切有助于激励我们每日与基督同行的资源，唾手可得。今天的平信徒，就是坐在教堂里的人们，可利用的信息要比过去几个世纪里学者们所梦想的还多。

　　然而，尽管我们拥有丰富的资源，我们却也缺乏一些东西。我们往往缺乏历史的视角，缺乏站在一个与自己不同的时间与地点看问题的视角。换句话说，我们在当下的视线里有太多的财富，使得我们不去看过去。

　　这是一件很不幸的事，特别是涉及学习如何实践做基督的门徒。这就像我们拥有一个豪宅，却选择只待在一个房间里。而这个系列就是邀请您来探索其他房间。

　　在这趟探索旅程中，我们将访问不同于我们今天的地点和时代，也将看到不同的模型、方法和重点。这个系列的目的并非不加批判地复制这些模型，也并不打算把这些过去的人物捧上高位，好

像他们属于超级基督徒一族。这个系列的意图是为了帮助现在的
我们聆听过去。我们相信,在过去二十个世纪的教会里是存有智慧
的,就是如何过基督徒生活的智慧。

史蒂芬·尼科尔斯和贾斯汀·泰勒
(Stephen J. Nichols and Justin Taylor)

3

前言

13

无论从哪方面来看，奥古斯丁都是世界文明史上的一位巨人。今天，仍不断有人从各个不同的角度来阅读、研究他的作品。他的拉丁语作品及其译本一版再版，市场需求量非常大，而有关他的二手文献，我们穷尽一生也读不完。

本书属于"人生智慧"系列。基督徒生活是奥古斯丁内心非常看重的一个主题，也是激励他进行讲道、教导的根本原因，但是最近这些年这一主题却被忽视了，令人感到非常奇怪。不知出于什么原因，学者们对他的研究多集中在他的哲学、神学建树上，现在也越来越集中在他的圣经诠释上，却很少提及他对灵命成长和敬虔的教导。

提到奥古斯丁，就无法绕过他工作生活的方方面面，包括他所卷入的论战，正因为那些论战，他的思想才变得更加深入。但是我也会竭尽所能，不让这些方面喧宾夺主，影响了奥古斯丁本身以及他与上帝至关重要的关系应有的中心地位，因为这样才符合奥古斯丁真实的意愿。本书中，我会竭尽全力让奥古斯丁为自己发声，照着他期望我们认识他的方式来认识他,不管这与今天很多人的期待是多么格格不入。对奥古斯丁的同情源自对他的理解,而只有聆听奥古斯丁的声音,竭力站在他的立场看问题,我们才能理解他。

本书所引用的奥古斯丁作品片段都已于近期被翻译成当代(而且是尽可能口语化的)英语。奥古斯丁自己主要以口语化的形式教导希波教会的会众,他视与会众的有效沟通重于炫耀任何文学技巧。盼望首次接触奥古斯丁的读者,能够因着本书大得激励,愿意进一步了解这个颇为令人着迷的人,而那些已经非常熟悉奥古斯丁的读者,则可能会面临挑战,要以全新的眼光来看待他。最重要的是,我衷心期待所有了解奥古斯丁的人,都能透过他更深认识耶稣基督的上帝,也与上帝建立更亲密的关系,因为奥古斯丁正是被上帝吸引,并将大半生都用于服侍上帝。我们今天纪念他主要也是出于这个原因,而且,只有借着基督的光照,才能真正认识奥古斯丁的生涯和作品。

奥古斯丁的生平细节主要都是来自他的作品,也有一部分是他的学生兼传记作家波希迪乌(Possidius)告诉我们的。现代学者一般都认可这类信息的真实性,几乎没有人提出过质疑。更多详情请参看阿兰·菲茨杰拉德(Allan Fitzgerald)所编的《古今奥古斯丁:一部百科全书》(*Augustine through the Ages*:*An Encyclopedia*,Grand Rapids:Eerdmans,1999)以及彼得·布朗(Peter Brown)所著的《希波的奥古斯丁》(*Augustine of Hippo*:*A New Biography*,Berkeley,CA:University of California Press,2000)。

奥古斯丁作品的拉丁语名称及其译名

　　我们提到奥古斯丁的作品时,通常会使用其拉丁语名称,本书注释也沿用这一做法。其中一个原因就是,他很多作品都没有英语名称,而有的作品又有不止一个英语名称,很容易造成混淆。另一方面,拉丁语名称非常标准,已得到公认。他许多作品的拉丁语名称与英语名称写法非常相似,从本书所给出的下述作品列表即可见一斑。请注意,拉丁语 *de*(on/关于)常常在英语翻译中略去,正如 *liber/libri*(一本书/多本书),该词常常出现在拉丁语书名全称中,譬如 *De Trinitate libri XV*(《论三位一体的十五本书》)。

拉丁语	译名
Adnotationes in Iob	《〈约伯记〉短评》(*Notes on Job*)
Ad Simplicianum	《致辛普利西安》(*To Simplician*)
Bibliotheca Casinensis	《加西齐亚根文库》(*Library of Casiciacum*)
Confessiones	《忏悔录》(*Confessions*)
Contra academicos	《驳学园派》(*Against the Academics*)
Contra Adimantum	《驳阿迪曼提乌》(*Against Adimantius*)
Contra epistulam Parmeniani Donatistae	《驳多纳徒派帕曼尼恩的书信》(*Against the Letters of Parmenian the Donatist*)

Contra epistulam Manichaei fundamentalem	《驳摩尼教的教导》(*Against the Teaching of the Manichees*,无对等英文名)
Contra Faustum	《驳福斯图斯》(*Against Faustus*)
Contra Iulianum	《驳(埃克拉努姆的)朱利安》(*Against Julian [of Eclanum]*)
Contra litteras Petiliani Donatistae	《驳多纳徒派裴提利安的书信》(*Against the Letters of Petilian, the Donatist*)
Contra Maximinum Arianum	《驳阿里乌主义者马克西姆》(*Against Maximinus the Arian*)
De anima et eius origine	《论灵魂及其起源》(*On the Origin of the Soul*)
De baptismo	《论洗礼》(*On Baptism*)
De beata vita	《论蒙福的生活》(*On the Blessed Life*)
De bono coniugali	《论婚姻的益处》(*On the Good of Marriage*)
De catechizandis rudibus	《基督教教导基础》(*On the Elements of Christian Instruction*)
De civitate Dei	《上帝之城》(*On the City of God*)
De correptione Donatistarum	《论多纳徒派的受罚》(*On the Punishment of the Donatists*)
De correptione et gratia	《论刑罚与恩典》(*On Punishment and Grace*)
De doctrina Christiana	《论基督教教义》(*On Christian Doctrine [Teaching]*)
De dono perseverantiae	《论坚忍的恩赐》(*On the Gift of Perseverance*)
De fide et symbolo	《论信仰和信经》(*On Faith and the Creed*)
De Genesi ad litteram	《〈创世记〉字面注释》(*A Literal Commentary on Genesis*)
De Genesi adversus Manichaeos	《论〈创世记〉以驳摩尼教》(*On Genesis against the Manichees*)
De Genesi liber imperfectus	《〈创世记〉部分章节注释》(*Incomplete Commentary on Genesis*)
De gratia	《论恩典》(*On Grace*)
De gratia Christi et de peccato originali	《论基督的恩典与原罪》(*On the Grace of Christ and Original Sin*)

De gratia et libero arbitrio	《论恩典与自由意志》(On Grace and Free Will)
De libero arbitrio	《论自由意志》(On Free Will)
De mendacio	《论说谎》(On Lying)
De moribus ecclesiae catholicae et de moribus Manichaeorum	《论天主教和摩尼教的习俗》(On the Customs of the Catholic Church and Those of the Manichees)
De natura boni contra Manichaeos	《论善的性质以驳摩尼教》(On the Nature of Good, against the Manichees)
De natura et gratia	《论本性与恩典》(On Nature and Grace)
De ordine	《论上帝的护理秩序》(On Providence [Order])
De peccatorum meritis et remissione et de baptismo parvulorum	《论罪人的功德与上帝的赦罪及论婴儿洗》(On the Merits of Sinners and Forgiveness and on the Baptism of Infants)
De praedestinatione sanctorum	《论圣徒的预定》(On the Predestination of the Saints)
De sancta virginitate	《论圣洁的童贞》(On Holy Virginity)
De spiritu et littera	《论圣灵与字句》(On the Spirit and the Letter)
De symbolo ad catechumenos	《预备受洗之人信条须知》(On the Creed, for Those Preparing for Baptism)
De Trinitate	《论三位一体》(On the Trinity)
De unitate ecclesiae	《论教会合一》(On the Unity of the Church)
De urbis excidio	《论罗马城的沦陷》(On the Fall of the City [of Rome])
De utilitate credendi	《论信仰的益处》(On the Benefits of Believing)
De utilitate ieiunii	《论禁食的益处》(On the Benefits of Fasting)
De vera religion	《论真宗教》(On True Religion)
Enarrationes in Psalmos	《〈诗篇〉讲解》(Expositions of the Psalms)
Enchiridion	《论信望爱》(Handbook,无对等英文名)
Epistulae	《书信集》(Letters)

Epistulae ad Romanos inchoata expositio	《〈罗马书〉部分内容注释》(*Unfinished Commentary on Romans*)
Expositio epistulae ad Galatas	《〈加拉太书〉注释》(*Commentary on Galatians*)
Expositio quarundam propositionum ex epistula ad Romanos	《〈罗马书〉部分论述讲解》(*Exposition of Some Statements from the Epistle to the Romans*)
Homiliae decem in Iohannis Evangelium	《〈约翰福音〉十篇讲道》(*Ten Sermons on the Gospel of John*)
Locutiones in Heptateuchum	《旧约前七卷书中的表达方式》(*Expressions in the Heptateuch*)
Post collationem contra Donatistas	《驳阿尔勒会议之后的多纳徒派》(*Against the Donatists after the Council*)
Quaestiones Evangeliorum	《福音书问答》(*Questions about the Gospels*)
Quaestiones in Heptateuchum	《有关旧约前七卷书的问答》(*Questions about the Heptateuch*)
Retractationes	《再思录》(*Retractions*)
Sermo ad Caesareae ecclesiae plebem	《致凯撒利亚教会信徒的讲道》(*Sermon to the People of the Church of Caesarea*)
Sermones	《讲道集》(*Sermons*)
Sermones Wilmartiani	《维尔马讲道集》(*Wilmart Sermons*)
Tractatus in Evangelium Ioannis	《〈约翰福音〉文集(讲道集)》(*Treatises [Sermons] on Johns Gospel*)
Tractatus in epistulam Ioannis ad Parthos	《〈约翰壹书〉文集(讲道集)》(*Treatises [Sermons] on 1 John*)

第一章　奥古斯丁的生平与时代

奥古斯丁的生平

奥勒里乌·奥古斯提努（Aurelius Augustinus），就是我们现在所熟知的奥古斯丁，于公元 354 年 11 月 13 日出生在北非城镇塔加斯特（Thagaste），也就是今天阿尔及利亚的苏格艾赫拉斯（Souk Ahras）。从当时一直到现在，这里都是柏柏尔人的居住地。柏柏尔人是北非的原住民部落，他们在时间长河中一次次被征服，也一次次与征服他们的人相融合，但没有一个征服者能将他们彻底同化。罗马帝国时期，塔加斯特的柏柏尔人讲拉丁语，生活方式也很像罗马人，只是他们没有离开故土，也保持了自己的风俗习惯，最后罗马帝国消亡的时候，他们的风俗习惯依旧如故。奥古斯丁本人作为罗马人长大——他讲拉丁语，也被罗马帝都的文化和价值观所浸润。但是他对罗马有很强的疏离感，因此，罗马公元 410 年被蛮族占领的时候，他能够非常客观地面对这种境况。他认为罗马帝国不过是人类历史上已经翻过去的一页，最终都会跟数个世纪之前的尼尼微和巴比伦一样消亡。

奥古斯丁的父亲帕特里西乌（Patricius）是一名异教徒，母亲莫尼卡（Monica）是一名基督徒。他父母极有可能有柏柏尔血统，但也可能有意大利混血背景。不管怎样，他们的确非常罗马化。我们不知道他们如何相识并成婚，极有可能在他们年轻时就已奉父母之命，互定终身。莫尼卡订婚时是否已经成为基督徒，我们无从知晓，也不知道她父母（倘若他们也是基督徒）为何将女儿嫁给一个异教徒。但是他们的结合应该是出于社会地位的考量而非爱情，这一点几乎是肯定的。帕特里西乌是个受人尊重、收入颇丰的公务员，在小乡村举足轻重。莫尼卡的父母必定很希望跟政府的人搭上关系，认为这样就可以让女儿衣食无忧。他们可能也寄望于帕特里西乌在合适的时候会归信基督。

公元 313 年，帕特里西乌出生前不久，基督教在罗马帝国合法化，于是基督教的影响力与日俱增。当时政府官员尚未被要求必须是基督徒，而事实上很多官员并不是，但是教会已经不再遭受逼迫，莫尼卡也就可以自由地按信仰生活。但是她不能将自己的信仰传给孩子（尤其是男孩），因为在古代世界男孩要继承父亲的信仰。而我们从奥古斯丁口中得知，虽然如此，莫尼卡在养育奥古斯丁的过程中，依然让他熟悉了基督教。她带他一起去教会，甚至将他在当时（公元 4 世纪）的"主日学"登记为"准备受洗的信徒"（catechumen/学徒［apprentice］）。但是，未经奥古斯丁父亲的允许，她不能让他受洗。然而有一次奥古斯丁发烧，痊愈的希望看起来很渺茫，她当时差一点就让他受洗。而且奥古斯丁自己当时也哭着要受洗。

　　我的天父，你既然是我的守护者，你也看到我怀着多
大热情和多大信心，向我的母亲和我们全体的母亲（教会）
要求给我施行你的基督、我的主和我的天父的洗礼。我肉
身的母亲……焦急筹备为我施行使人得救的洗礼……但
我的病霍然而愈，洗礼亦因此中止，好像我活着，就必须污
染我自己；并且……我的罪咎（guilt）将更大，也更危险。①

　　在家里，奥古斯丁的母亲会唱赞美诗给他听，也会带着他一起
祷告，这些给他留下了不可磨灭的印象。晚年的奥古斯丁回想起自
己早年的成长经历，不禁称赞母亲对他的教导及其给他留下的榜
样，虽然当时他还年幼，不明白她所做的事。

　　奥古斯丁虽然非常依恋母亲，外界却期待他活在男人的世界
里。身为帕特里西乌的儿子，他注定要得到良好的教育，然后在帝
国的政界一步步往上走，这也是奥古斯丁心目中最妥当、最受人尊
重的职业。塔加斯特无法满足他的需要，所以十一岁他就被送到马
道拉（Madaura）的寄宿学校。马道拉是一个大一些的城镇，位于塔
加斯特以南二十英里左右，这里拥有非常知名的一流学校。大概四
年之后，他父亲去世，奥古斯丁不得不返回家中。去世前不久，帕特
里西乌接受基督为救主。虽然若干年后奥古斯丁为这件事感到十

---

① *Confessiones* 1.11.17.（引文均参照奥古斯丁：《忏悔录》，周士良译，北京：商务印书馆，
1963 年；部分引文根据本书英文版有修改或重译，以下不再另外注明。——编者注）

分高兴，但是当时他并没有把这件事放在心上。回到家之后他也无事可做，过了一年，他被送到迦太基（Carthage）接受进一步的教育，资助他的是一个叫罗马尼阿努（Romanianus）的人，这人很富有，是他们家的朋友。

迦太基（位于现今突尼斯郊区）是罗马行省阿非利加（Roman Africa）的省会，也是罗马帝国西部第二大城市。迦太基虽然不比罗马或帝国东部的大都市，如亚历山大里亚（Alexandria）和安提阿（Antioch），但在历史上却很有名，一直都是重要的拉丁文化中心。奥古斯丁在迦太基接受的教育是古代最好的教育，他不需要再去其他地方求学。他已经精通拉丁文学经典，也掌握了雄辩术（art of rhetoric，公开演讲），具备了古代世界的谋生能力。他还研习了希腊语，只是北非不讲希腊语，而奥古斯丁也不太有语言天赋。他一直都未能很好地掌握希腊语，这对他身为基督教神学家而言是很不利的。他在迦太基教授哲学和雄辩术，都能驾轻就熟，但是若干年后，哲罗姆（Jerome，约330—410年）这样的人开始抓住他在希腊语上的弱点，对他进行攻击。哲罗姆是一位出色的语言学家，曾将希腊语圣经和希伯来语圣经翻译成拉丁语。奥古斯丁无法与之争锋，一直都倚赖圣经的翻译版本，而这样的版本往往质量堪忧。考虑到圣经在奥古斯丁讲道和教导时的中心地位，这一点实在令人吃惊。

但这些都是后话。奥古斯丁抵达迦太基之后，迅速安定下来，开始投入学习之中。他很多时候都待在剧院，陶醉于舞台上那些人物的浪漫生活。他格外喜爱音乐和戏剧，它们激起了他对浪漫爱情的渴望。很快他结识了自己的情妇——她的名字我们不得而知,这是我们对奥古斯丁生平不太清楚的、为数不多的地方之一。她在奥古斯丁不到十八岁的时候为他生了一个儿子。很有意思的是,虽然这一阶段奥古斯丁还算不上正式的基督徒,他却给儿子取名阿迪奥达图(Adeodatus,意为"上帝所赐"),这个名字是希腊语 Theodoros(即 Theodore[西奥多])的拉丁语对等词。过了多年,奥古斯丁归信之后,将自己的情妇送走,但留下了儿子,儿子对他而言极其宝贵。

　　不久之后,为打磨自己的雄辩术,他开始阅读西塞罗的《荷尔顿西乌斯》(*Hortensius*)——现已遗失。奥古斯丁不仅被西塞罗优美的语言所打动,也被西塞罗的思想深深影响,由此他爱上了哲学。当时迦太基有很多宗教团体和哲学团体,可谓百家争鸣。其中有一个团体叫摩尼教(Manicheism),该教派以一位波斯先知摩尼(Mani)的名字命名。摩尼曾生活在罗马帝国和波斯之间的边境,比奥古斯丁约早一百五十年。摩尼的品味非常折中,他大量借用波斯琐罗亚斯德教(Zoroastrianism)、各种希腊哲学流派,甚至基督教的教导。他活着的时候曾是当时的"新纪元"(New Age)大师,他的思想跟年轻时的奥古斯丁非常契合。摩尼教黑白分明,这一点甚至赶超当时更为复杂的希腊哲学。摩尼跟琐罗亚斯德一样,都认为世界分为绝对的善和绝对的恶——这两股势力都在争夺人的灵魂。他自称非常理性,可以解释任何问题,却直接跳过那些有矛盾的地方和那些不合乎自己理论体系的情况。有些人希望得到理智上的确据,却不愿付出努力接受教育,对于这样的人,摩尼正好为他们提供了一套非常完美的信仰体系,加入摩尼教的很多人都属于这种情况。

摩尼教徒对自己掌握的自然科学知识倍感骄傲,认为自己可以借助这种知识对抗邪恶力量。他们坚持灵魂至善、物质邪恶论,宣称有一种更高形式的知识,但同时他们却沉溺于肉欲之中,后来奥古斯丁认识到他们非常虚伪和道德败坏。他们远没有在生活上达到平衡,反倒从一个极端跳到另一个极端,因为他们没有能力分辨真正的善恶,也没有能力为了制服恶而坚守善。②

奥古斯丁与摩尼教徒为伍长达九年的时间,但是当他意识到摩尼教的一个名叫福斯图斯(Faustus)的伟大教师无法回答他最紧迫的问题时,他开始对摩尼教越来越失望。③ 他在迦太基越来越烦躁不安,觉得这里已经无法再满足他,于是更加向往罗马。最后他不顾母亲的反对,毅然去往罗马,希望在那里当一名教师。不幸的是,他到了罗马之后诸事不顺。刚到不久,他就生了一场大病。后来过了一些时日,他才当上教师。但是因为自己有方言口音,所以常常遭人耻笑。虽然他在这里招到的学生比迦太基的学生更加出色,但这些学生都有一个致命的缺点——不愿意交学费。在知识方面,奥古斯丁依然在摩尼教圈子里走动,但却深受所谓新学园派(New Academy)的吸引,这个学派由一群怀疑论思想家组成,他们怀疑一切,声称不存在绝对真理,所以寻求真理就等于浪费时间。奥古斯

---

② 参见 *Confessiones* 3. 6. 10, 8. 10. 22 – 24。
③ *Confessiones* 5. 6. 10 – 5. 7. 13。

丁对摩尼教已经非常失望，因此这种理论对他很有吸引力，并让他逃脱了摩尼教的桎梏，但它并不能填补奥古斯丁心中的空缺。新学园派跟历世历代的怀疑论者一样，虽然知道自己要反对什么，却不知道自己认同的是什么，所以根本不可能帮助奥古斯丁这类诚心寻求真理的人获得他们所渴望的那种思想上的安宁。

不久，奥古斯丁离开罗马前往米兰。米兰是罗马帝国在西部的都城，是一个非常重要的城市。公元 384 年奥古斯丁抵达米兰，很快就遇到了当地主教安波罗修（Ambrose，约 339－397 年）。安波罗修是米兰前任地方长官（prefect，市长［mayor]），十年前在民众的欢呼声中被推选为米兰主教，尽管当时他还只是一名平信徒。他在一夜之间被按立为执事、长老和主教，并迅速成为拉丁语世界道德和属灵上的最高权威。他拒不奉承那些有权势之人，反倒严厉地指责他们——之前从没有人胆敢这样做。甚至皇帝也在他面前感到羞愧，愿意听从他的吩咐；他的人格和使命感具有极强的感染力。此外，安波罗修还是一位雄辩术大师，他对逻辑的掌握甚至令奥古斯丁印象深刻。时隔不久，奥古斯丁开始去听安波罗修讲道。有生以来，奥古斯丁第一次发现基督教是讲得通的，而且还能解答他从摩尼教那里无法找到答案的问题。他开始逐渐接受基督教，但是有两件事情在拦阻他：他无法想象上帝是属灵的存在却创造了一个本质上美善的世界，同时他也不愿意过道德的生活。

第一个难题通过柏拉图主义（Platonism）得到了基本的解决。奥古斯丁透过马里乌·维克托里努（Marius Victorinus）的翻译，第

24

一次接触到柏拉图主义。马里乌·维克托里努原本是个信奉柏拉图主义的哲学家,后来成了基督徒。柏拉图主义可以追溯至公元前4世纪雅典的柏拉图,④但是在奥古斯丁出生约一个世纪之前,一个叫普罗提诺(Plotinus,约204—约270年)的亚历山大里亚人及其学生波菲利(Porphyry,约234—约305年)让经过改良的柏拉图主义重新复兴。普罗提诺的成就是,将原来的学院派哲学变成了一种宗教,让那些相信的人不仅能认识而且还能经历到那位至高的存在者。普罗提诺是否受到基督教的影响尚存争议,但是在思想的集市上,毫无疑问,他的新柏拉图主义(Neoplatonism,我们现今的叫法)在跟福音争夺人的内心和思想。从波菲利的作品中可以明确看出这一点,他的许多作品都直接攻击基督教。因此,他的这些作品现在几乎已经全部遗失,因为后世的基督徒抄写员认为没有必要将这些书流传下去(而且认为完全有必要予以销毁)。但是在奥古斯丁时代,这些作品却可以自由流传,所以很容易导致知识分子轻看耶稣所教导的信仰。不过,奥古斯丁无心关注这些,他从新柏拉图主义中吸纳的似乎只是普罗提诺的正面教导,没有接受波菲利批评基督教的观点。

普罗提诺说服奥古斯丁,让他相信根本不存在恶,从而帮助他解决了恶的问题。⑤ 在普罗提诺看来,所有受造物都是那位至高的

---

④ 奥古斯丁和很多早期基督徒都认为,柏拉图了解希伯来语圣经,也深受希伯来语圣经的影响。参见 *De doctrina Christiana* 2.28.43; *De civitate Dei* 8.11。

⑤ *Confessiones* 7.10.16 – 7.13.19。

存在者创造的,所以本质上都是美善的,因为那位至高的存在者不能创造任何有悖于他本性的受造物,也不能做任何有悖于他本性的事情。故此恶就是一种欠缺——缺乏善或将善扭曲——其本身并不是一种力量或物质。奥古斯丁一边学习普罗提诺的教导,一边阅读《约翰福音》,他觉得《约翰福音》跟普罗提诺的教导很相似。而两者之间比较大的差异是,约翰说上帝那非物质的道成了肉身,对此柏拉图主义者无法想象。⑥ 普罗提诺还让奥古斯丁认识到了自省的价值。一个人在寻求答案时应该审视自己的灵魂,考察良心所作的见证,而不是去观察星星或大自然。这也将成为奥古斯丁以基督徒的身份探索真理时所采用的最重要方式之一,所以我们有必要了解奥古斯丁一开始是如何接受这种方式的。

奥古斯丁当时成长很快,即将加入教会,但是在加入教会之前他还需要克服一些障碍。他母亲说服他与情妇断绝关系,同时希望为他找一个般配的妻子。最后她终于为他找到一个十岁的未成年女孩,奥古斯丁比这个女孩大二十多岁,所以他提不起兴致,这也是可以理解的。相反,奥古斯丁试图说服一些好友成立一个共同体,安静地研究哲学,但他母亲持反对意见,最终其他人因为不愿意离开自己的妻子或自己未来的妻子而退出,计划以失败告终。奥古斯丁在他认为水火不容的两种选择之间左右为难:跟其他人一样,娶妻成家,或者过一种他并不愿意过的隐士生活。他甚至找了另外一

---

⑥ *Confessiones* 7.9.14.

个情妇,因为他不满母亲给他定下的婚姻计划,但是他的应对并非正确的解决之道,他和情妇的关系并没有持续多久。

这时的奥古斯丁需要有人听他倾心吐意,而他也从安波罗修的一个助手那里得到了帮助。这位助手是个老人,名叫希姆普利齐亚努(Simplicianus)。希姆普利齐亚努听奥古斯丁讲述自己的疑惑和惧怕,又和他分享自己的经历,包括马里乌·维克托里努非凡的信主经历,这是几年前他在罗马亲眼见证的。这一时期对他影响比较大的另一个人物就是庞提希阿努(Ponticianus),这人也来自非洲。庞提希阿努帮助奥古斯丁认识了修道主义(monasticism),当时修道主义刚在意大利兴起,但是在埃及修道主义却已经盛行了一个多世纪。因为庞提希阿努,奥古斯丁见到了另外一些人,这些人放弃自己世上的伟业和高位,转而过一种隐居、朴素、克己的生活,追求内心的宁静。虽然其他人认为他们很疯狂,他们却自认为这是一种充满英雄气概的自我牺牲,奥古斯丁也因为自己不愿意追随他们,内心感到非常羞愧。

奥古斯丁越发感到自己的无能,认识到自己这些年过得何等空虚,于是落入一种绝望的境地。一边是修道主义的典范,另一边是世界上的享乐,奥古斯丁的内心被这两者撕扯——想拥抱前者,却又发现很难放弃后者。就在他陷入这种境况的时候,他听到一个孩子的声音:*Tolle*,*lege*(拿起来,读)。他有些困惑,就把圣经抓到手中,随手翻开来读:“行事为人要端正,好像行在白昼。不可荒宴醉酒;不可好色邪荡;不可争竞嫉妒。总要披戴主耶稣基督,不要为肉体安排,去放纵私欲"(罗 13∶13—14)。⑦

　　压制已久的情感终于决堤,他将自己的生命交给了基督。改变突然而持久,但要明白其含义却需要花些时间。他加入了受洗班,打算在下一次复活节洗礼时(公元 387 年)受洗。他还有几个月的准备时间,在此期间奥古斯丁前往加西齐亚根(Cassiciacum)退修,开始写作一系列专著,这些专著也定义了他以后的生活。这些专著当中最有意思的就是他的第一本归信传记,写作这本传记的时候他的归信经历依然历历在目,透过这本传记也能看出他是一个非常质朴的人,他依旧在从这次归信经历中汲取养分。⑧

　　受洗之后,奥古斯丁决定陪母亲返回非洲,因为之前为了寻找儿子,他母亲来到了意大利。候船的时候,莫尼卡开始发烧,随后去世,她离世的时候非常知足,因为自己已经有幸看到基督赢得了奥古斯丁。奥古斯丁把回非洲的时间推迟了一年,并利用这段时间写作反驳摩尼教,而他之前就对摩尼教非常熟悉。⑨ 公元 388 年,他跟若干好友同返迦太基,决定去纠正那些之前被自己用摩尼教误导过的人,并在自己的出生地建立一个修道团体。回家后不久,阿迪奥达图就去世了,这也是奥古斯丁生命的另一个转折点。391 年,他前往沿海城市希波(Hippo Regius)短住,希波就是现今的安纳巴

⑦ 完整的描述,参见 *Confessiones* 8.12.29。
⑧ *De beata vita* 4.
⑨ 这就是奥古斯丁的著作 *De moribus ecclesiae catholicae et de moribus Manichaeorum*,分为三册。

(Annaba，位于阿尔及利亚)。他去聚会的时候，当地主教，一个名叫瓦勒里乌(Valerius)的老人认出了他，于是告诉大家自己需要一个帮手。会众知道奥古斯丁是最佳人选，于是将他推到前面接受任命，这也是奥古斯丁从未想过的。但是奥古斯丁顺遂了他们的意愿，很快他就被任命了。瓦勒里乌是希腊人，拉丁语讲得并不好，所以他请奥古斯丁代替他讲道，同时他还允许奥古斯丁在教堂旁边建起一座小型修道院。⑩

奥古斯丁很快就成立了一所教士培养学校，自己也在学校中任职。他以极快的速度，在学校里写出了一系列小册子，这些小册子成了主流基督教反驳摩尼教和多纳徒派(Donatists)的阵地——多纳徒派因为在教会惩戒方面更为严格的观点，两个世纪之前已与教会决裂。摩尼教相对容易反驳，除了大城市中的知识分子圈子，其他地方也鲜有人信奉摩尼教，而多纳徒派就另当别论。他们在乡村渗透得非常深入，所到之处教会分裂，甚至塔加斯特这样的小镇也受到他们的影响。为了有效对抗多纳徒派，奥古斯丁发展出一套教会论，既解释了教会内为何有不完美之处，又没有给人留下教会要容忍罪的印象。跟摩尼教一样，多纳徒派也非黑即白，他们很难容忍任何折中的观点，同时他们致力于剔除教会中的堕落分子，所以那些不堪忍受较低属灵生活标准的人都非常欢迎他们。奥古斯丁

---

⑩ 有人认为，瓦勒里乌的拉丁语水平比他自己认为的要好。他希望奥古斯丁接任他，所以可能以自己拉丁语水平不足为由，迫使奥古斯丁留在希波。

并没有指责多纳徒派的信仰（他们的信仰在神学上非常正统），而是集中论述他们这种分裂主义对大公教会造成的负面影响。他希望多纳徒派重回与主流信徒群体的团契，但收效甚微。公元411年，他参加了迦太基会议（Council of Carthage），这次会议的主旨是让多纳徒派重新与主流教会和好。理论上这次会议非常成功，很多多纳徒派信徒重返教会，但是当时的敌意已经太深，短期内很难根除。多纳徒派虽然被削弱，却继续苟延残喘，直到7世纪晚期伊斯兰教浪潮席卷整个北非教会的时候，才彻底消亡。⑪

公元395年，瓦勒里乌因担心其他城市也想让奥古斯丁做主教，就说服希波教会按立奥古斯丁，尽管当时他本人还活着。奥古斯丁有些犹豫，但最后也答应了会众的请求，他们不想失去他。次年瓦勒里乌去世，奥古斯丁当时已经成了主教，并且直到公元430年8月28日他去世那一天，一直都是这里的主教。他之所以被称为希波（而非塔加斯特）的奥古斯丁，就是因为他是希波主教。凡是担任主教的早期教父，人们一般都会如此称呼。担任主教的前几年，奥古斯丁的日子过得相当平静（除了继续与多纳徒派进行论战之外），但是410年罗马被哥特人洗劫的时候，他的生活再次发生巨变。

当时意大利难民开始涌入非洲，到处讲说他们所看到的那些可

⑪ 有关多纳徒主义（Donatism），参见 W. H. C. Frend, *The Donatist Church* (Oxford: Oxford University Press, 1952); Maureen A. Tilley, *The Bible in Christian North Africa: The Donatist World* (Minneapolis, MN: Fortress, 1997)。

怕的毁灭场景,而当时已经有人准备将灾难归咎于基督教,奥古斯丁察觉到之后非常忧心。这些人说,如果之前的诸神被保存下来,罗马就会得到庇护,而现在因为这些神被抛弃,罗马只有遭受苦难。奥古斯丁无法坐视不理,任凭这种挑战发展下去,于是他开始撰写他一生中最伟大的一部作品——《上帝之城》(*The City of God*)。他在这本大部头中重现了世界历史。奥古斯丁希望透过这本书让大家看到,当前发生的事情都是上帝永恒计划的一部分。最终,所有属世的力量都要崩塌,只有上帝之城,即天国,能够存到永远。奥古斯丁说,善恶之争将会以不同的形式呈现,但基督徒知道自己站在哪一边。他们既不属于罗马人也不属于外邦人,而是天上的耶路撒冷——将在基督再来建立自己永恒国度时从天降临——的公民。

迦太基的一些难民曾接受过帕拉纠(Pelagius,约 354 —约 418 年)的教导。帕拉纠是一位大不列颠的修士,他来到罗马一直宣讲人类并非完全罪恶。在帕拉纠看来,每个人里面都有一些未被玷污的残余之善,如果妥善培养,这种善就能将人引向上帝。作为回应,奥古斯丁发展出了恩典和预定论(predestination)的观念,自此这种观念就成了西方神学的根基。奥古斯丁花了很多年的时间,提醒当时的世界留意帕拉纠主义(Pelagianism)的危险。很快大家开始纷纷指责帕拉纠主义,但是也有拥护帕拉纠的人,其中口才最好的当数埃克拉努姆的朱利安(Julian of Eclanum),但是他已经因为帕拉纠主义而被赶出意大利。朱利安非常公开、恶毒地攻击奥古斯丁,而奥古斯丁每次的回应方式则是反驳朱利安的一部作品,至奥古斯丁去世之时，朱利安只剩两部作品没有被奥古斯丁反驳过。

公元 426 年，奥古斯丁感到自己时日无多，便选出赫拉克利乌斯（Heraclius）接任，在接下来的几年当中，教会一直都是他们二人共同治理。在这段时间，奥古斯丁对自己早期的作品做了检查、校正，并在自己想法有变的地方做注释。这是一项非常了不起的成就，就像他生命中的许多其他事情一样，他的做法在古代世界史无前例。

奥古斯丁去世的时候希波已经被汪达尔人（Vandals）围困，汪达尔人是日耳曼的一个部落，他们横跨西班牙来到北非。他去世没过几天，希波就沦陷了，当年年底，汪达尔人在迦太基建立了自己的王国。但是这个王国只存在了一个多世纪，后来罗马将军贝利萨留（Belisarius）遵照君士坦丁堡的命令，重新占领了这座城市和该城所在的行省，汪达尔人的王国就此消失。罗马帝国又在这里统治了一百五十年，但是公元 698 年迦太基被阿拉伯穆斯林攻陷，自此之后这些穆斯林一直统治着这里，几乎从未间断。但在这之前很久，奥古斯丁所认识的那个非洲其实就已经消失了。奥古斯丁的同工赫拉克利乌斯似乎是最后一任希波主教，在他之后整个地区都开始衰落。让我们感到比较幸运的是，奥古斯丁去世之后的头十年一切还算平稳，他的一个好友波希迪乌借助图书馆里尚存的资料，为奥古斯丁写了传记。当时，奥古斯丁的作品已经被抄写，在整个拉丁语世界流传，所以罗马文化在北非消亡之后，他的影响力并未随之消失。但是，奥古斯丁所认识的那个世界已经发生了彻底的变化，毫不夸张地说，在他去世之后，北非教会辉煌不再。奥古斯丁将成为西欧而不是北非的导师,正是西欧导师的角色,才让他在历史上产生了重大影响。

奥古斯丁的作品

在古代基督教作家中,奥古斯丁留给我们的作品是最多的。在这方面唯一能与他相比的就是奥利金(Origen,约185—约254年),奥利金的作品可能比奥古斯丁的还要多,只是他写作的主题范围相对更窄。但是,奥利金去世三百年之后被定为异端,他的作品要么被销毁,要么就不再被人誊抄,所以我们现在看到的,只是他作品中很少的一部分。奥古斯丁却从未遭遇这样的命运。奥古斯丁有些作品也已经遗失,还有一小部分写着奥古斯丁名字的作品可能(或者肯定)不是奥古斯丁写的。但是即便如此,现在保存下来的、确定是奥古斯丁所写的作品依然有一百多部,此外他还有三百零七封信和五百八十三篇讲章,这些都是收到信件或听道的人为了出版抄写下来的。无论任何人,能够在一生当中平均每年写三本书,都是非常了不起的。同时考虑到这些书都要手写手抄,而且当时也没有现代学者所拥有的诸多资源,我们会更加觉得不可思议。所以他如果偶尔犯一些错误,或者写一些让人过目即忘的内容,也不足为奇。真正令人称奇的是,他正确地处理问题的情况更多,且他的多数作品现今依然很有影响力。不论你喜欢他还是讨厌他——奥古斯丁既有拥护者也有诋毁者——他都是伟大的,也对那之后的欧洲文化产生了非常久远的影响,这是无可置疑的。

对奥古斯丁的众多作品进行分类时，最好以作品的文学类型为准，如下。

自传

奥古斯丁是古代为数不多撰写长篇自传的人之一。在基督教世界，只有使徒保罗像奥古斯丁那样记述了自己的属灵旅程，且保罗只是在书信的字里行间顺便提及这方面的内容。相反，奥古斯丁则是专门坐下来，撰写自传，在他之前没有基督徒这样做过，甚至这样做的外邦人也很少。

奥古斯丁归信不久，便开始在这方面进行尝试，写了《对话录》（*Dialogues*）一书。该书是在他归信到 391 年被按立圣职期间写成的。⑫ 这本书的定位是哲学作品，尽管如此，书中也包含了许多介绍性的自传材料，有助于我们了解奥古斯丁在归信、预备受洗的过程中所处的精神和属灵状态。

他最重要的自传作品是《忏悔录》（*Confessions*）。担任主教后不久，他便开始着手撰写此书，最终于公元 400 年左右完成。《忏悔录》是奥古斯丁最受欢迎的作品，现今依然广为流传，因为这本书不仅能让我们深入了解他的性格，也帮助我们了解他的整个归信过程。该书通篇采用默想（向上帝祷告的一种延伸）的形式。奥古斯

---

⑫ 这些对话由十篇不同的作品组成。要查看这些作品的清单和简介，参见 Angelo Di Berardino，*Patrology*，vol. 4（Westminster，MD：Christian Classics，1986），356 - 361。

丁以这种形式承认自己诸般的罪和失败。从这种意义上讲，这些内容其实都是一种非常强烈的自省，所以外在的琐事（比如小时候偷树上的梨）就成了属灵旅程上非常重要的片段，能够让他看到自己是何等罪恶，何等需要上帝的恩典赦免他和挽回他。

《忏悔录》涵盖了奥古斯丁从出生到受洗不久后母亲去世这段时间的经历，是我们了解他属灵成长的主要资源。这方面还有一本重要的作品《再思录》(*Retractions*)，写于晚年（426－427 年）。那时他根据自己的基督徒成长经历，重新审视自己的作品，写成此书。这些作品可以帮助我们尽可能地了解他的写作动机以及各个时间段影响他思想的因素。⑬

除这些重要作品之外，另外两封信（编号 355－356）也记载了从388 年返回非洲到八年之后成为主教期间，他的一些生活细节。如上所述，还有一本《圣奥古斯丁生平》(*Life of Saint Augustine*)，是431－439 年之间他的学生波希迪乌根据个人回忆和档案资料写成的，目的是清晰刻画出希波主教奥古斯丁的活动图景。

哲学作品

归信之前，奥古斯丁是一位专业的哲学家，从他早期的作品中可以看出这对他的影响。他在加西齐亚根写成的《对话》一书，就讲

---

⑬ 这些作品都非常短，几个小时即可读完，但是有人对这些作品写了两本评注，却非常重要。参见 James J. O'Donnell, *Augustine Confessions*, 3 vols. (Oxford：Oxford University Press, 1992) 和 John M. Quinn, *A Companion to the Confessions of St. Augustine* (New York：Peter Lang, 2002)。

到了不同的哲学主题。他写了长篇论著驳斥新学园派的怀疑论,他因为归信摆脱了这一学派的束缚。⑭ 他还专注于灵魂的不朽,这也是他写作的一个重要方面。他尤为在乎的就是要重申灵魂的属灵本质,并省察灵魂如何才能觉醒去思想上帝,他认为这是基督徒生活的根本所在。

其他哲学性的论著还有两本,在这两本著作中,奥古斯丁尝试按照等级原则对事实进行分类,因为他认为等级原则是事物固有的。⑮ 他还写了其他几本著作,论述了人类当时所有的学科,他试图以此向人证明,每一个学科都可以让人认识上帝。不仅如此,他还写了长篇论著,专门讲自由意志的问题,对罪的起源、人类自由的本质和上帝的预知(foreknowledge)进行讲解。⑯ 这三本论述这些问题和类似主题的著作尤为重要,因为它们帮助奥古斯丁在跟帕拉纠主义进行论战之前,就相信了预定论,所以当论战开始的时候,他预定论的立场也更加坚定,并且开始阐释预定论的细节。⑰

另外,该类作品还包括一本非常吸引人的音乐专著,奥古斯丁非常喜爱音乐。甚至在还没有归信的时候,奥古斯丁就已经深深地被基督教的诗歌打动,他相信如果理解并正确使用音乐,便能将人引向上帝。最后,还有一本专著,采用的是跟他的儿子阿迪奥达图

32

---

⑭ *Contra academicos*,分为三册。

⑮ *De ordine*.

⑯ *De libero arbitrio*,分为三册。

⑰ 奥古斯丁现有十六本批判帕拉纠派的作品。这十六本作品的清单,参见 Di Berardino,*Patrology*,4:386 - 392。

对话的形式。这本著作讲的是教育方法,非常引人入胜,奥古斯丁认为应该采用这本书里的方法教育孩子。

解经作品

从解经作品的数量来看,奥古斯丁算不上是一位伟大的解经家。但是,鉴于圣经在教会生活中占据核心地位,他不能不写几本解经作品,而且在有些方面他可能会写得非常深入。他对释经学(hermeneutics)尤其感兴趣,历史上最重要的释经学作品之一也是出自奥古斯丁。这部作品就是《论基督教教义》(*On Christian Doctrine*),因为对奥古斯丁而言,圣经是真正的基督教教义的唯一来源,所以务必用正确的方式读经。他在这本虽短却非常重要的著作中概述了如何正确读经。奥古斯丁对供使用的(*uti*)东西和供享受的(*frui*)东西做出了根本的区分。他也竭力让我们看到圣经如何引领我们从前者转向后者,因为圣经只不过是通向一个目的的途径而已,而这目的就是永远荣耀上帝并以上帝为乐。这本书之所以重要还有另外一个原因,因为书中提出了一种观点,认为文字是事物的符号,所以既可以从实际的意义也可以从比喻的意义上来使用文字。若非如此,有限的文字就无法帮助我们认识无限的上帝。但是圣经中的文字确实能让我们认识上帝,这是其他书籍无可比拟的。[18]

---

[18] 参见 Duane W. H. Arnold and Pamela Bright, eds., *De doctrina Christiana*: *A Classic of Western Culture* (Notre Dame, IN: University of Notre Dame Press, 1995)。

在处理旧约的时候,奥古斯丁用非同寻常的篇幅来讲解《创世记》1－3 章,至少讲了四次——两次从寓意的角度来讲,两次从字意的角度来讲。他进行寓意解经的主要目的是驳斥摩尼教,因为他指责摩尼教对经文的讲解太过字面化。他归信之后不久,就先写了这些寓意解经内容。后来他从字意角度讲解了上帝的创造,但是在393 年左右他刚开始尝试这样做的时候并没有成功,所以就放弃了。后来,他重新开始,用大约十五年(401－415 年)的时间写成一本重要的《创世记》解经书,对《创世记》的深层主题进行了讲解,至今为止,这本书依然是他比较重要的著作之一。⑲

除了对《创世记》1－3 章进行多次讲解之外,奥古斯丁还写了有关圣经前七卷书(Heptateuch,从《创世记》到《士师记》这七卷书)的作品,只是他在这方面的两本著作并不是解答解经难题的释经书。⑳他对《约伯记》做了类似的阐释。㉑但目前来看,他最出色的旧约方面的作品就是《〈诗篇〉讲解》(*Expositions of the Psalms*),这也是古代唯一一本完整的《诗篇》注释。他花了四分之一世纪的时间(392－416 年)才完成这本著作。《〈诗篇〉讲解》并非统一的整体,而是由一些解经笔记、长篇讲解和海量讲道(包括针对《诗篇》119 篇的三十二篇讲道)构成的混合体。应当指出,奥古斯丁使用的是从希伯来语圣经翻译而成的希腊语七十士译本(Greek Septuagint,

———————————

⑲ *De Genesi ad litteram*,分为十二册。

⑳ *Locutiones in Heptateuchum* 和 *Quaestiones in Heptateuchum*,两本都分为七册。

㉑ *Adnotationes in Iob*.

LXX)的拉丁语版本,而(尤其)《诗篇》的拉丁语版本与希腊语版本出入很大。所以非常不幸,《〈诗篇〉讲解》作为纯粹解经书的价值因此大打折扣,但是从属灵喂养的层面来看,《〈诗篇〉讲解》仍然是奥古斯丁不可多得的一本著作。即使他的解经观点无法确切地从他注解的经文中得出,我们依然可以从圣经的其他经文证实他的观点是正确的。所以尽管他使用的圣经版本在翻译上有缺憾,却并不影响他解经作品的真正属灵价值。

在对新约进行阐释时,奥古斯丁基本上只关注四福音书、《罗马书》《雅各书》和《约翰壹书》。他写了《论四福音的和谐》,证明这四卷书并不冲突。他还就登山宝训写了两本书。他两度尝试写《罗马书》注释,均告失败,但是从现存的片段中,我们也可以了解他是如何讲解《罗马书》的。他的《雅各书》解经不幸失传,但是他基于《约翰壹书》写的十篇有关爱的讲章,却成了他最受欢迎的作品之一。[22]他还写了(或至少写了)一百二十四篇有关四福音书的讲章,它们被收集在一起,形成了一部非常了不起的解经书,里面充满了丰富的属灵默想和劝慰。[23]

教义作品

奥古斯丁很多作品都与他研究基督教教义时遇到的难题有关。除了那些专门处理争论的著作(这类著作我们会进一步考察),他还

---

[22] *Tractatus in epistulam Ioannis ad Parthos.*
[23] *Tractatus in Evangelium Ioannis.*

写了一篇短文论述受洗信条,该信条的最终版本就成了我们今天所用的《使徒信经》(Apostle's Creed)。除此之外,他还写了一些随笔,处理别人向他提出的一些具体问题。这类作品中比较有分量的当数他的《论信望爱》(*Handbook / Enchiridion*),这是一本讲解信(信经)、望(主祷文)和爱(十诫)的著作。这本书成了中世纪教士的培训指南,因此也对塑造西方教会的属灵视野产生了长达一千多年的重大影响。

然而,他最重要的一本纯教义著作是《论三位一体》(*On the Trinity*),这是一部十五卷本著作,也成了拉丁语世界三位一体方面的开山之作。这部著作的前四卷探讨了圣经中有关三位一体的证据,接着开始搭建三位一体的神学架构并进行辩护(第 5—7 卷),介绍对上帝的神秘经历(第 8 卷),在人的心理中寻找三位一体的意象(第 9—14 卷),然后对整本书做最后的总结(第 15 卷)。奥古斯丁第一个提出,我们照着受造的上帝形象,其实就是三位一体的形象,他将其与人脑中固有的记忆、理智和意志进行类比。为此,奥古斯丁在被视为一流神学家的同时也经常被视为现代心理学的奠基人,即便那些对基督教没有什么兴趣的人,也在广泛研究他这方面的观点。㉔

在继续下文之前,需要先指出一点,即奥古斯丁从未写过我们

㉔ 参见 Lewis Ayres, *Augustine and the Trinity* (Cambridge: Cambridge University Press, 2010)。

现在所认识的那种系统神学（systematic theology）。这并不是因为
他没有抽出时间写，而是因为他那个时代的人还不知何为系统神
学。第一本类似于系统神学的著作，是大马士革的约翰（John of
Damascus，卒于749年）用希腊语写成的。在彼得·伦巴德（Peter
Lombard，约1090—1160年）之前，从未有拉丁语作家尝试写过类似
的作品。彼得·伦巴德写成了著名的《四部语录》（Sentences），这部
作品也成了中世纪学校的教科书，并大大普及了奥古斯丁的教导，
因为彼得引用了大量奥古斯丁的文字。在16世纪奥古斯丁的作品
被印刷、广为流传之前，彼得·伦巴德一直都是绝大多数学生了解
奥古斯丁的媒介。所以奥古斯丁虽然没有写过系统神学作品，却得
到了系统神学家的美誉！

护教作品

　　奥古斯丁心中一直想着为基督赢得外邦世界，为了实现这一目
标，他写了大量福音性的作品，向非信徒讲解基督教，希望借此让他
们不再抵挡基督教的教导。到目前为止，他最重要的护教作品就是
《上帝之城》。这是一部二十二卷本的大部头，也是世界文学史上最
重要的作品之一。该书构思精妙，有力地反驳了那些贬低基督教的
外邦人，该书的主题就是两座"城"——上帝之城和世界之城，两座
城彼此为敌。此书篇幅超长，包罗万象。为方便理解起见，我们把
全书内容划分为以下几个部分：

第一部分(1—10卷):驳斥异教

1—5卷:异教于人类社会无益

6—10卷:异教于认识上帝无益

第二部分(11—22卷):为基督教辩护

11—14卷:上帝之城和世界之城是如何形成的

15—18卷:这两座城在历史上的发展历程

19—22卷:这两座城各自的最终命运

奥古斯丁在围绕主题进行讲解的过程中,几乎涵盖了每一个能想到的主题,同时他还常常岔开话题,去探讨写作过程中遇到的主题,因为他认为这些主题大有裨益,可以帮助他证实一些观点。可能从长远来看,这本书最重要的一点就是,作为对《启示录》的一种特定的诠释,奥古斯丁并没有在书中采纳"千禧年预言"(millenarian prophecy)。奥古斯丁所持的就是我们现在所说的"无千禧年观"(Amillennialism),因为他不认为基督会像字面上说的那样,要来作王一千年。相反,他认为《启示录》就是喻指善恶之争,而不是一种预言,以至于将来会照着圣经的字面意思在人类历史中成就。很多场运动都在尝试重新从纯粹历史视角来解读《启示录》,但是很多教会采纳了奥古斯丁的无千禧年观,并且,宽泛地讲,他的观点现今也得到了多数学术神学家的首肯。

教牧和修道作品

奥古斯丁身为地方教会领袖兼隶属地方教会的修道院院长,难免要处理大量教牧问题,他在书信和讲章中对此多有涉及,在其他作品中有时也有提及。但是,他还会抽出时间,就一些影响基督徒生活的主题进行写作,其中最重要的主题是性方面的。他透过著作论述了婚姻、寡居和独身,其中最后一项跟修士的关系尤为密切。不仅如此,他还制定了修道院生活守则,这些守则在中世纪晚期得到了很大的重视,现今依然在被使用。伊拉斯谟(Desiderius Erasmus)和马丁·路德(Martin Luther)都是遵守奥古斯丁修会传统的修士,所以奥古斯丁这方面的作品对 16 世纪的文艺复兴和宗教改革都产生了很大的影响。

论战作品

奥古斯丁最重要的一些作品都是为了驳斥各种异端而写的。他跟当时所有的基督徒一样,视异端为属灵的疾病,需要与之抗争,这样才能确保每位信徒和基督整个身体的健康。跟之前的很多人一样,奥古斯丁既驳斥一般的异端,也驳斥犹太人。他驳斥阿里乌主义(Arianism);在奥古斯丁晚年,阿里乌派已经渗入北非,日后该教派还将成为汪达尔人治下的国教。但是在东方该教派已经多次被定罪;而且在其发源地埃及,该教派也很快就衰亡了。他还驳斥马吉安(Marcion)的追随者——马吉安是 2 世纪的一个异端分子,反对旧约;驳斥奥利金,因为奥利金被指责否认永刑(eternal punishment)且相信某种形式的转世说(reincarnation);驳斥阿维拉的普里西利安(Priscillian of Avila),因为普里西利安教导某种形式的摩尼教。但是目前来看，他反驳异端最重要的作品，都是针对以下三个群体。

　　第一个是摩尼教，归信之前奥古斯丁曾跟摩尼教徒有来往。事实上，奥古斯丁猛烈驳斥摩尼教的著作，很可能是他的第一部作品。㉕ 公元 400 年之前的几年，他数度重提这一话题，甚至在 392 年摩尼教徒弗图纳图（Fortunatus）前往希波的时候，公开与之辩论。他这类作品的主题全都一样：善恶并不是一种彼此对抗的力量；旧约的造物主上帝是良善、独一的，他统管万物；恶是善的缺失，其本身并不是一种力量。此类作品有一部分是针对个人的：除了弗图纳图，还有福斯图斯，后者被普遍认为是该教派最重要的神学家；还有塞坤迪努（Secundinus），他曾试图说服奥古斯丁重新融入摩尼教的圈子；以及费利克斯（Felix），他曾在 404 年出现在希波，与主教奥古斯丁辩论。对奥古斯丁而言，与摩尼教之间的战线非常明确，他在为自己的立场辩护时没有任何困难。二元论本质上就不稳定，也不合情理。将世界看作至高独一上帝掌管之下单一连贯的宇宙，反倒更合理，哪怕这样很难解释何谓恶，以及为何上帝容忍恶存在。

　　奥古斯丁驳斥的第二个群体是多纳徒派。多纳徒派最初的产生，是因为公元 311 年发生了一场争论，即是否应该向殉道者的遗骸表达敬意。这在北非是一个敏感的话题，因为这里一直视逼迫为神圣的勋章，而逃避逼迫则会受到指责。随着时间的推移，这也导

㉕ 即上文所提到的 *De moribus ecclesiae*。

致了对殉道的狂热崇拜，以及对与殉道有关的不健康极端行为的崇拜。因为这里的人认为教会若不再受苦，就必定是在福音上有了妥协，所以 4 世纪的时候，如果有人要将基督教合法化，就会被视为叛教行为。多纳徒派还推崇一种观念，认为教会里如有罪人出现，就会让教会受到玷污。多纳徒派相信，只有施行最严厉的惩戒，才能保持教会的纯洁性，但是鉴于他们自称判断教会是否"纯洁"的权利在他们手中，所以他们轻而易举就能打着神圣的旗号，为着一些无足轻重的理由将枪口指向任何人。

　　奥古斯丁写了多达二十篇驳斥多纳徒派的短文，但是流传下来的只有十三篇。其他那些短文遗失造成的影响可能并不是很大，因为（正如他写的驳斥摩尼教的辩论作品一样）其中的重大主题都会一再反复出现。在回应多纳徒派时，奥古斯丁给出的论点就是，有形教会不是而且永远都不可能成为绝对"纯洁"的；在收割之前，必须让麦子和稗子一起生长。㉖ 多纳徒派自称是完全的，又论断其他人的罪，他们落入了属灵骄傲和自欺欺人的光景中。这一次，奥古斯丁在许多作品中又针对了具体的人，如多纳徒派主教佩提利安（Petilian），奥古斯丁认为此人是解决这场争论的关键。公元 411 年召开的迦太基会议试图重新让多纳徒派融入主流教会，此后奥古斯丁给多纳徒派写了一封热情洋溢的呼吁信，这封信也被视为奥古斯丁最佳的驳斥多纳徒派的作品。（这也是他写的最后一部驳斥多纳

㉖ 参见《马太福音》13：29。

徒派的作品。)⑰

多纳徒派只存在于北非地区，所以很多人利用这一地理上的局限驳斥他们。如果多纳徒派是正确的，为什么世界上其他地方没有人认同他们？他们的地方主义也违背了"大公"或普世的原则，而后者恰恰是真教会的标志。当然，大家绝不会认同这种逻辑，所以奥古斯丁驳斥多纳徒派的短文必定有更加正面的目的，否则就不可能被保存下来，而这种目的就是教导各种情形下都适用的教会论，它不能只适用于北非的情况。

但是目前为止，奥古斯丁面临的最严重、最难对付的异端是帕拉纠主义。帕拉纠主义不是从北非本土产生的，全世界都有人追随帕拉纠主义，所以很难用非"大公"这个理由进行驳斥。同时帕拉纠主义也比多纳徒主义更狡猾，因为它超越外在行为，触及人心中的罪、恩典和救恩等重大问题。帕拉纠主义兴起之前，基督徒相信耶稣将他们从罪的权势下救了出来，但大家却都懒得思考罪的权势到底有多大。他们本能地认为，自己一定要跟上帝合作，这样才能得到上帝的怜悯，但是他们很少深入思考现实当中这是如何发生的。帕拉纠可能认为，他不过是将多数基督徒潜意识里相信的东西清楚阐释出来，而且很有可能他真是这么想。所以奥古斯丁很难与帕拉纠及其追随者论战，他们受过良好的教育，口才也不亚于奥古斯丁。在对抗帕拉纠的过程中，奥古斯丁也迫使其他基督徒更深入思考自

---

⑰ *Post collationem contra Donatistas.*

身的有罪状态（sinfulness），认识到自己没有能力修复这种有罪状
态，只有完全倚靠上帝的救恩方能得救。之前不言而喻的东西，现
在却要说出来，去认信，这是整个教会之前从未经历过的。

　　奥古斯丁驳帕拉纠的作品可以分成三类。第一类，是驳斥一般
性异端的著作。多数此类著作都是 412－418 年间写成的，奥古斯
丁对原罪（original sin）的认识也是在这些作品中建立起来的。这类
著作中的第一部是写给马塞利努（Marcellinus）的一本三卷本作品，
主要解决罪应得的惩罚、赦罪和婴儿洗的问题。接下来是一本解经
作品，主要对奥古斯丁的迦太基好友荷诺拉图（Honoratus）寄给他
的一些相关新约经文进行讲解。再后来是写给马塞利努的另一本
著作，这部作品概述了奥古斯丁对上帝恩典的理解。

　　公元 415 年前后，奥古斯丁对帕拉纠写的一本有关本性的作品
作了长篇回应。在这部作品中，他指出了本性与恩典之间的差异，
断言我们在救恩计划中需要同时持守这两者。不久他又写了一部
作品，这次是驳斥无罪的完全（sinless perfection），这是被奥古斯丁
拒绝的一种观念。418 年，他又写了一本有关原罪和基督恩典的作
品，断言如果要妥善解决原罪的问题，绝对离不开基督的恩典，这是
唯一的途径。他还证实，不论是帕拉纠还是帕拉纠的追随者，都不
相信有原罪，这是一个致命的错误，导致他们对福音的认识受到极
大的破坏。奥古斯丁还成功写出了其他四本有关灵魂原罪的作品，
他写这些作品是因为受到刺激，有人批评他既不支持灵魂特创论者
（creationists，他们认为每个灵魂都是上帝单独创造的），也不支持灵

魂遗传论者（traducianists，他们认为灵魂跟身体一样，都是继承而来的）。奥古斯丁借机解释了他的立场，但是他从来都无意支持其中任何一种立场。

奥古斯丁驳帕拉纠主义的第二类作品都是专门针对埃克拉努姆的朱利安，因为朱利安曾写过长篇大论攻击他。朱利安指责奥古斯丁，认为他否认自由意志，将律法的重要性相对化，贬低洗礼，诽谤圣徒，反对结婚，并企图重振摩尼教！奥古斯丁写了四本著作来回应，不久又写了另外两本著作，专门处理结婚的问题。这些都是419—420年间写成的，但是都未能阻止朱利安，所以421年奥古斯丁又写了六本驳朱利安的作品，对朱利安的观点逐个进行反驳。这些作品对早期的作品进行了总结，也是与帕拉纠主义的论战中所产生最重要的作品。时隔几年之后，奥古斯丁再度提笔驳斥朱利安，但是这次他只写了六本著作就去世了，而他原计划要写八本。

奥古斯丁驳帕拉纠的最后一类作品就是他写给海德拉美图（Hadrametum）和马赛（Marseilles）的修士们的两篇短文，因为这些修士曾问过他恩典和自由意志之间的关系。第一篇短文主要是针对这一问题，第二篇则解释了属灵惩戒如何与神圣恩典的功效彼此调和。奥古斯丁从人的自由的角度讲解救恩，对亚当受造时的自由、我们现在享有的自由以及天上蒙福圣徒们的自由作了清楚的区分。正是在我们当前这种状态下，恩典才能给我们的自由意志带来帮助，让我们的自由意志有力量、有动力去做那些我们虽然知道该做却做不出来的事情。奥古斯丁以这种方式，成功让恩典和自由意志这两股乍一看相互矛盾的力量和谐共处，但是不得不指出，他对这一问题的解决方法并没有起到一锤定音的效果。这方面的争论持续了很多个世纪，并没有真正得到解决。

书信和讲章

奥古斯丁的书信和讲章贯穿其整个服侍生涯，而且涵盖了上述所有主题，甚至更广。这些书信和讲章的价值难以估量，因为它们可以帮助我们认识他在人生各个节点的思想状态，并且能够让我们了解当时发生的多场论战的本质。同时也让我们看到奥古斯丁是一流的牧者，因为他在书信和讲章中直面收信人和听道之人的需要。他大多数书信好几个世纪之前就被发现了，但仍有新的书信陆续被发现，而且将来很有可能会出现更多他的书信。他讲章的状况与书信差不多，虽然有些讲章的真实性受到质疑。他多数讲章都没有准确的日期，所以很难透过讲章了解他的生平细节，但是这些讲章却能让我们很好地了解奥古斯丁当主教期间希波教会的大致情况。

———————————

奥古斯丁留给我们的文集，即便照现在的标准来看也非常庞大，而且类别也异常丰富。难怪中世纪和中世纪之后，几乎所有严谨的神学作品都以奥古斯丁的著作为根基，他比较重要的那些作品现在依然一版再版，读者随时都可以买到。

奥古斯丁的基本信仰

在奥古斯丁的时代,教会异常混乱,而他却对自己的信仰一清二楚,同时他也从未偏离过信经所规定的正统信仰,即便他自己很少、甚至根本没有参与信经的制定。公元 386 年奥古斯丁归信之时,教会已将阿里乌(Arius)的教义定为异端,因为阿里乌否认基督的神性;同时也定那些半阿里乌派(semi-Arians)的教义为异端,因为这些半阿里乌派试图在阿里乌的立场和伟大的阿塔那修(Athanasius)的立场之间采取折中的态度,而阿塔那修主张拿撒勒的耶稣乃是道成肉身的上帝之子。当时已经举行了两次普世性的(universal)或"大公性的"(ecumenical)教会公会议——325 年在尼西亚召开的公会议和 381 年在君士坦丁堡召开的公会议——这两次会议都主张圣父和圣子具有相同的上帝的本质(divine substance),而奥古斯丁也完全认同这一点。同时,他跟这两次会议的关系非常远,跟这场阿里乌论战也没有太大的关系。有迹象表明,奥古斯丁知道《尼西亚信经》(Creed of Nicaea),但可能并没有使用该信经。㉘ 当然,奥古斯丁从未写过《尼西亚信经》的注释,像他写了洗礼信条的注释那样,他在不同版本的讲章中引用过洗礼

㉘ 他在 *Contra Maximinum Arianum* 2.14.3 中有所提及,但只是一带而过。请注意,这一信经并不是我们现在所说的《尼西亚信经》(Nicene Creed),因为我们通常认为《尼西亚信经》是 381 年召开第一次君士坦丁堡公会议(first council of Constantinople)时或之后不久写成的。奥古斯丁从未提过这一信经。

信条。㉙

奥古斯丁在世的时候，东方开始暗流涌动。一方阵营是强调阿塔那修原则的人，该原则认为在基督里，上帝的道借着在先存的神性之上加上人性成了肉身。另一方阵营却反对这种观点，宣称耶稣的人性本身是完整的，倘若圣灵未将神性纳入马利亚腹中，耶稣就只不过是人而已。公元429年论战爆发，当时刚升任君士坦丁堡大主教（patriarchate）的聂斯脱利（Nestorius）因挑战阿塔那修的立场而被亚历山大里亚的西里尔（Cyril of Alexandria）公开指责，后者还向罗马请求支援。罗马支援即将到来，但是聂斯脱利（431年在以弗所）被定罪的时候，奥古斯丁已经去世，没有迹象表明他了解这场争论。奥古斯丁自己的观点已经在《论三位一体》中写明，他倾向于比较温和的阿塔那修立场。451年教宗利奥一世（Pope Leo I）努力在卡尔西顿公会议（Council of Chalcedon）上解决聂斯脱利引发的冲突时，就引用了他的这种立场。鉴于这种联系，奥古斯丁的基督论似乎超前地符合卡尔西顿公会议所认可的基督论，后来的人往往也都持这种观点，只是可能都未曾意识到，他们认为的奥古斯丁所持守的教义，事实上是在奥古斯丁去世二十多年之后才得到系统的阐述。

㉙ 奥古斯丁在 *Sermones* 212—214 中引用过米兰使用的信条，也在 *Sermones* 215 中引用过希波使用的信条。而他写过注释的信条实际上比这两个信条都要短。参见 *De symbolo ad catechumenos*。这三种信条的内容都可以在下面这本书中找到：Allan D. Fitzgerald, ed., *Augustine through the Ages*：An Encyclopedia（Grand Rapids：Eerdmans, 1999), 255。

奥古斯丁的基督论在卡尔西顿公会议上深受欢迎，但是他的基督论和三位一体教义并不是一回事，虽然他的基督论是在三位一体的背景下产生的。^⑳ 奥古斯丁很快就意识到，阿里乌之争从本质上来看，就是圣子、圣灵的神性与圣父的神性之间的关系。西方教会已经对三位一体有了很多的思考，奥古斯丁也乐于接过他伟大的北非前辈德尔图良（Tertullian）手中的工作。德尔图良已经奠定了三位一体教义的基本原则，他在这方面的贡献无人能及。奥古斯丁也留意到了东方教会的卡帕多西亚教父（Cappadocian fathers）所做的贡献，并且从普瓦蒂埃的希拉利（Hilary of Poitiers）那里吸收了他们的观点。希拉利是一位讲拉丁语的主教，公元 4 世纪 50 年代后期他曾被流放，期间曾到访卡帕多西亚。为了解释卡帕多西亚教父的思想，他还写了一本三位一体方面的著作。^㉛

奥古斯丁不太能接受"三个位格共享一个上帝本质"这种标准教义公式，他希望找到更好的术语来形容，但是也承认这一点很难做到，最后他接受了之前的传统，因为实在找不到更好的术语。现代的解经家有时候将奥古斯丁这方面的迟疑解释成他有可能不认可三位一体教义，但事实并非如此。三位都在一体当中，一体又在

㉚ 东方教会至少有一半人都接受了这一观点，但是其他人则分成了"聂斯脱利派"（Nestorians）和"基督一性论派"（Monophysites），他们都拒不接受这种观点，认为这是一种妥协的方式。

㉛ 主要的卡帕多西亚教父包括凯撒利亚的巴西尔（Basil of Caesarea，约 329—379 年）、纳西盎的格列高利（Gregory of Nazianzus，约 330—390 年）和尼撒的格列高利（Gregory of Nyssa，约 330—约 395 年）。

三位当中,这是毫无疑问的;难点就是找不到合适的词来形容。还有人宣称,奥古斯丁误解了卡帕多西亚教父的观点,但这样的宣称几乎都来自东方教会及其支持者,对此我们也当谨慎对待。可能奥古斯丁的希腊语真的不够好,难以充分理解卡帕多西亚教父复杂的观点,但奥古斯丁是透过希拉利的作品来了解他们的观点,而希拉利对卡帕多西亚教父却非常了解,同时他也竭尽全力将他们的观点转达给讲拉丁语的民众。也可能卡帕多西亚教父并没有像后世所认为的那样清楚地定义了三位一体教义,他们也是边走边想,想到哪里是哪里,凭着感觉找一种比较可行的方案,来解决他们一路上遇到的各种难题。奥古斯丁基本上也是采取这种做法,我们不能用后世的标准来评判奥古斯丁或卡帕多西亚教父。

事实上,奥古斯丁自己也对这项教义做出了独特的贡献。他认为理解三位一体的关键是上帝是爱这一事实。爱不是一项物品,也不是物品的某项属性。爱是一种关系,这就意味着如果上帝是爱,就一定要有人(或东西)可以让他爱。进一步来看,如果上帝是完全的,上帝的爱也必须是完全的,这就表明上帝所爱的也必须是完全的。按照这种逻辑来看,上帝只能爱他自己,因为只有他才能达到完全的标准。但是,假如上帝要爱自己,他就一定要构想/孕育出一个自我,而这构想/孕育出来的自我就是圣子,圣子正是上帝的形像。[32] 爱也必

---

[32] 请注意,"构想/孕育"(conception)既可以指精神上的繁衍,也可以指身体上的繁衍,所以这种情况下对圣父和圣子使用的类比就非常得体。

须是相互的。如果我爱一个人却得不到对方爱的回应，这种爱就不完全。所以，圣子也必须像圣父爱他那样去爱圣父。这种爱才是他们都拥有的那种爱，他们也都通过这种爱联合在一起。为了说明圣父、圣子都有的这种爱是否可以等同于圣灵，奥古斯丁辩论了很长时间，最后他说可以等同；圣灵就是从圣父和圣子发出的那种爱，这种爱也让圣父和圣子彼此联结。

基于这种观点，奥古斯丁进一步说人里面上帝的形像就是三位一体的形像。上帝的三个位格就像人思想中的记忆、理智和意志一样——彼此不同却又不可分离，缺少任何一个，人的思想都无法正常运转。三位一体的这种"心理学"意象在奥古斯丁的观念中根深蒂固，而且只有理解了这种意象，才能明白他在其他方面的教导。人如果要像上帝，就要意识到人因有上帝的形像而被赐予的潜能，他对基督徒生活的所有教导都是基于这种观点。

指引奥古斯丁的另外一项基本原则就是委身于圣经。圣经是上帝赐给他子民的，为要做他们一切真智慧的无误源头。一个人如果想照着上帝的旨意生活，就必须遵守圣经的教导，而教会和牧师的责任就是提供必要的指导，帮助信徒明白圣经的教导。奥古斯丁非常了解那些有错误的抄本和糟糕的译本，但是他也为读者提供了一些指导，告诉他们如何甄别这种错误并加以纠正。但是，他的基本信念从未动摇过，他一直坚持圣经就是上帝赐给教会的礼物，所以教会有责任分辨哪些书卷属于圣经，也有责任正确地讲解圣经。

奥古斯丁非常相信教会集体的智慧，正是这种智慧将圣经和圣经的教导保存了下来。奥古斯丁并不是说教宗、主教或教会公会议确立了圣经的权威，又将这种权威加在每个人身上，因为这并不是事实。他的意思是，所有基督徒都承认圣经是上帝的启示；他们根据自己的经历就可以知晓上帝在透过圣经向他们说话。正是因为这一点，他才接受了所谓的次经（Apocrypha）——这些经卷在希腊语旧约中有，但是在希伯来语旧约原文中却没有。他的观点是，既然教会已经接纳这些经卷为上帝的道，我们同样也应该接纳，尽管他同时代的哲罗姆并不认同他的观点，哲罗姆通晓希伯来语，是举世无双的圣经学者。哲罗姆认为，旧约的具体书卷应该由旧约时期的会众——犹太人来确定。因此，只有希伯来语圣经中出现的经卷才是有效的。不幸的是，教会采纳了奥古斯丁的观点，直到宗教改革时期，哲罗姆这种更为合理的观点才重新浮出水面，被改教家们采纳。现今，几乎每个人（包括多数罗马天主教圣经学者）在这方面都反对奥古斯丁的观点，支持哲罗姆的观点，但是即便我们不认同奥古斯丁的结论，起码也要尊重他这样做的意图。

奥古斯丁神学的另一个重要方面，是他如何看待人的得救问题。这方面，奥古斯丁着实将前人从未能解释清楚的一项教义讲清楚了。首先，他坚持认为上帝是良善的、至高的，这就意味着世界上的一切大事小事都在上帝的掌管之中。这项教义被称为护理（providence）。如果将这项教义应用在个人的命运上，就成了预定论。正如奥古斯丁所说，每个人从起初就都在上帝的预定之中，有的人预定靠着基督得救，有的人预定遭毁灭。那些被分别出来承受救恩的人,就是选民或蒙拣选之人。他们的历史从亚伯拉罕开始,并借着亚伯拉罕历世历代的后裔,即以色列人延续下去。但是,以色列人本身并不是终极目的,而是被上帝建立和拣选,为着那将要在基督里临到世人的更大救恩作见证。上帝的儿子降临以色列,照着以色列人出埃及之后从摩西那里所领受之律法的要求为百姓赎罪,但是他赎罪工作的完成意味着以色列的本质在此过程中发生了变化。

过去借着拥有自己宗教信仰的一个民族* 传递的信息,现在让位于要传给万族万民的关于拯救的普世福音。蒙拣选的标准不再是割礼,而是受洗归入基督的教会。受洗就意味着重生,教会和牧师的责任就是让每一个愿意受洗的人都有机会受洗。不仅如此,他还认为洗礼可以成就割礼做不到的——洗去原罪带来的罪咎。奥古斯丁相信,亚当和夏娃堕落之后,罪就进入了人类,也开始有了死亡和毁灭。这一结论是奥古斯丁读《罗马书》5:12 时得出的,(在奥古斯丁的圣经版本中)这节经文的内容是:"罪是从一人入了世界,死又是从罪来的,于是死就临到众人,因为众人都**在他里面**犯了罪。"

现代学者明白奥古斯丁误解了这节经文,原因并不是他的希腊语不好,而是他读的版本是一位无名氏翻译的,我们将这个人称为安波罗修注释者(Ambrosiaster,因为曾经有人认为这个人是安波罗

45

---

* 即以色列。——译者注

修)。* 但是，我们必须小心，不能只是因为奥古斯丁用来支持自己观点的经文并没有他所认为的那种意思，就拒不接受他的教导。首先，如果亚当的罪只是自己的，我们就很难明白死为何会临到所有人。其次，包括《罗马书》5：12 上下文在内的很多其他经文都支持奥古斯丁的观点，即便这节经文不支持他的观点。这也是一个很好的例子，让我们看到奥古斯丁即便在个别字词或短语被误写或误译的情况下，依然能够正确把握圣经整体的意思。

奥古斯丁认为，罪的传播意味着没有人可以逃离上帝对罪人的愤怒。与帕拉纠的教导恰恰相反，人灵魂中没有任何残余的善可以去对抗罪的权势。只有上帝的恩典才能帮人做到这一点，所以基督教的福音其实就是一个消息，让我们知道，人所需要的上帝的恩典已经倾倒下来，赐给我们。圣经不是一本自助修炼手册，好让我们修成正果进天堂，而是对上帝拯救计划的宣告，这计划是由上帝制定、实施的，现在则被纳入了教会的使命之中。所以基督徒生活就是使用这种恩典，而不是挣扎着去做一些我们力不能及的事。这是我们罪得赦免的消息，而不是因未达标而受咒诅的消息。

一旦明白这一点，我们与上帝关系的本质就有了极大的改变。教会也不再被视为一所道德培训学校，只是为了让一些学生拿到全额奖学金。相反，教会乃是为有病的罪人设立的医院，他们不是靠自己内在的资源得医治，乃是靠上帝的恩典这剂良药得医治。基督

---

* 这个拉丁语名字的意思是"或为安波罗修"。——译者注

徒需要明白的不是如何成为更好的人（这是不可能的），乃是如何领受所赐给我们的恩典，并且让这种恩典在我们的内心和思想中塑造出上帝的形像。只有明白了这一点，我们才能明白圣经的教导，晓得上帝在耶稣基督里为我们成就的事。

第二章　信徒奥古斯丁

归信

　　奥古斯丁一生的核心事件就是三十二岁时归信基督。在此之前发生的一切事情,他认为都是上帝在预备他,好让他归信,而在此之后归信就成了他生命中的主题。假如他没有成为基督徒,我们现在可能对他一无所知。他归信之前没有留下任何作品,我们是从他归信后的作品了解到他早年的生活。但他对自己青年时期的分析到底有多"准确",我们不得而知。无疑,同时代的其他人会对他有不同的认识,有些方面可能也会看得更客观,但是这些人却无法捕捉到他的隐私,也无法得知哪些事情对他成年之后比较重要。奥古斯丁在书中记录了童年时期的一些细节,这些细节从纯客观角度而言显得微不足道,但却对他的属灵旅程产生了重要影响——或至少在他回想起早年这些事情时觉得非常重要。这里我们只有以他自己的话为准,因为我们没有其他选择。①

---

① 我们对于孩提时代的耶稣知之甚少,对于孩提时代的使徒保罗几乎也是一无所知,虽然保罗偶尔会在书信中提及他的成长背景。奥古斯丁是西方文化历史上第一个清楚认识到"从小看大,三岁看老"(the child is father of the man)这一道理的人,同时也是第一个认为自己早年的生活在心理上和属灵上具有真正塑造意义的人,这一切都让他的《忏悔录》显得与众不同。

　　很明显，早期加入教会的主要是从犹太教和异教归信的人，但我们对于大多数这类认信基督教信仰的人都知之甚少。使徒保罗的归信经历详细记载在《使徒行传》9 章和 22 章，他在书信中还补充了一些细节，但这实在是特例。我们甚至不知道耶稣的门徒何时"归信"，也不知道在他们的具体处境中他们的归信意味着什么。彼得何时成为基督徒？约翰呢？他们诚然是跟随耶稣的，但五旬节圣灵仿佛火舌降在他们身上之前，他们是否已经归信？新约圣经并没有告诉我们。

　　之后我们读到很多人认信基督教信仰，通常随后会受洗，但是这些事件都是从外部进行描写，从旁观者的角度描写。几乎没有人留下关于自身经历的亲笔见证——奥古斯丁除外。事实上，"见证"（testimony）一词的整体观念与完全不同的事情联系在一起——不是归信，而是殉道（martyrdom）。殉道来自希腊语单词 *martyria*，意为"见证人"或"见证"。在奥古斯丁时代，殉道基本上已经告一段落，这也导致北非出现严重的属灵混乱，因为这里尤以殉道为荣。多纳徒派的最大卖点之一就是他们对殉道有献身精神；他们宣称现在之所以不再有殉道者，是因为教会向国家妥协，从而丧失了殉道这项与生俱来的权利，这种看法对很多人都有吸引力。这发生在313 年，比奥古斯丁出生的时间早了一代。当时，基督教被罗马帝国定为合法宗教，但是直到 380 年奥古斯丁二十六岁（还不是基督徒）的时候，基督教才成为罗马官方的国教。在接下来的十五年内，异教的仪式受到镇压，很多庙宇被改成教堂，主教也成为重要的国家官员。在奥古斯丁归信之时及后来服侍的过程中,教会依然处在努力使自己成为社会属灵基石的过程中,但是到他去世的时候,古代世界的归信几乎已经完成。甚至取代罗马帝国的蛮族部落也信仰基督教,或者很快就都归信了基督教——教会也只有这一种能够取代罗马帝国的方式。

所以,虽然奥古斯丁活着的时候有大批的人在形式上"归信",但他自己的归信经历却非常个人化,所以显得越发值得关注。奥古斯丁的传记中最有意思的事,可能就是对 4 世纪中期至后期罗马帝国属灵状况的记载方式,当时教会从合法状态一跃而成为社会上的支配性力量。从我们的观点来看,基督教正在蓬勃发展,但从当时来看可能并不是这样。奥古斯丁并非成长于这样的环境:每个人都去教会,虽然只有少数人认真对待讲道信息;这种为人熟知的场景是后来才形成的。在奥古斯丁的时代,仍然有许多人公开保持自己的异教身份,从来不接近教会,而且会尝试那些正在蓬勃发展、不受任何拦阻的哲学和信众较少的高深莫测的异教。在奥古斯丁长大的那个乡村贵族世界,虽然他透过母亲接触过基督徒,不至于认为他们非常奇怪,但这也不足以让他认为他们的存在是理所当然的。他父亲虽然没有认信基督教信仰,却活得很好,工作也不错,而且奥古斯丁在学生时代交往的多数朋友也是这样。至于那些挂名基督徒,那些为了社会上或政治上的好处而加入教会的人,奥古斯丁还没有见过,他自己也没有受到任何压力去为了这些目的而归信。

奥古斯丁原本可以像很多同时代的人一样,一生都做异教徒。

他也可以像马里乌·维克托里努等哲学家一样,为了知识上的原因接受基督教。他也可以不用大费周章就从世俗的生活过渡到教会生活,就像米兰的安波罗修和不太出名的辛奈西乌(Synesius of Cyrene,约 370—约 413 年)一样,后者是后来的时代中典型的世俗化主教。[②] 这是奥古斯丁自己做出的选择——或者看似如此。然而他讲的故事与之截然不同。奥古斯丁并没有采取"随大流"的方式混入教会。他也没有为了传统上或哲学上的原因而坚持信奉知识上的异教,就像"叛教者"朱利安皇帝(emperor Julian "the Apostate",361—363 年在位)。奥古斯丁年轻时寻找的是道德上和属灵上的确定性,而基督教则是摆在他面前的选择之一。可能是受母亲的影响,他从未反对过教会,也比大多数外行人都更明白基督教圈子的事。有时候他会读一些圣经并沉思,只是没有被圣经中的真理说服。和今天很多处于类似情况中的人一样,他感受不到教会信仰有什么特殊的吸引力,也更乐意从其他地方寻求满足,但是他一直处在广阔的教会圈之内。

奥古斯丁在《忏悔录》中回顾自己青年时代的时候,认为当时上帝正在预备他,让他做好准备接受福音,但这只是从事后的角度来看。使徒保罗差不多也是这么做的(无疑,保罗也成为奥古斯丁效法的先例)。奥古斯丁同保罗一样,也能看到上帝一直在他生命中

---

② 参见 Bengt-Arne Roos,*Synesius of Cyrene:A Study in His Personality*(Lund:Lund University Press,1991)。

动工,虽然当时他还没有意识到。他的归信没有保罗的归信那么富
有戏剧性,因为他没有逼迫过教会,也没有大马士革路上的经历,但
在本质上他们的归信是一样的。奥古斯丁跟保罗一样,都深深认识
到不是自己找到了上帝,而是上帝找到了自己。这是真归信的标
志,也形塑了他整个世界观。奥古斯丁没有做过任何事,能配得上
帝所赐的这个奇妙礼物,他也深知这一点。他的转变,是因为上帝
的恩典而非他自己的任何功德或行为。他越认识上帝,就越不会相
信自己和自己的资本。

奥古斯丁的《忏悔录》在基督教编年史上独树一帜,因为这是唯
一一本写给上帝的重要著作。很明显,这是一种修辞手法。因为上
帝不需要奥古斯丁给他讲述他自己的生活,奥古斯丁自己也非常清
楚上帝不会读这本书,这本书的读者只会是其他人。包括保罗在内
的其他伟大领袖在剖析自己的时候,都是在向人类听众讲述自己属
灵历程中的波折起伏。相较而言,奥古斯丁则将自己的故事当作祈
求上帝赦免的一种延伸。奥古斯丁剖析自己的灵魂,并不是为了给
其他人留下深刻的印象,而是为了与那位已经借着基督的十字架与
他和好的上帝和好。这一主题的重要性在《忏悔录》开篇第一段就
已提及,我们可以在这一段中读到下面这句著名的话,"你使我们乐
于赞颂你,因为你为自己的缘故创造了我们;我们的心若不安息在
你怀中,便不得安宁"。③ 对奥古斯丁而言,归信就是降服于上帝对

———————————

③ *Confessiones* 1.1.1.

人类事务所定之旨意的巨大奥秘,这旨意不仅彰显在世界历史的大事中,也触动上帝对其讲话、住在其里面的每个人的内心和思想。怎么会有这样的事呢? 奥古斯丁也不知道如何解释。正如他所说的:"我心中是否有地方足以使我的天父降临,使创造天地的主宰降至我身? 主、我的天父,我身上真的有可以容纳你的地方吗? 你所造的天地,承载我们的天地能容纳你吗?"④

奥古斯丁深知,在造物主和受造物之间有一道不可逾越的鸿沟,他也知道人不能开一条路,跨过这道鸿沟到上帝那里,只有上帝降卑为人,进入那些由他照着自己的形像和样式所造的人里面,才能在这道鸿沟上架起一座桥梁。这也不是靠着客观的努力,将无限的上帝压缩进有限的人里面。这里有一种主观的元素,从而让归信这一概念有了意义。因为人的内心不仅太小,难以容纳上帝,同时还是悖逆、有罪的。

> 我灵魂的居处是狭隘的,请你加以扩充。它已经毁败,请你加以修葺。它真是不堪入目:我承认,我知道。但谁能把它清除呢? 除了向你之外,我向谁呼号呢? "主啊,求你洁净我隐密的罪",保守仆人不被他人隐而未现的过犯所影响。⑤

---

④ *Confessiones* 1.2.2.
⑤ *Confessiones* 1.5.6. 引自《诗篇》19:12。

奥古斯丁继续对上帝说,他不会跟上帝争论,也不会为自己的得救辩论,因为他深知自己不配。相反,他会投靠在上帝的怜悯之下,倚靠圣经的应许,即上帝愿意怜悯那些转向他、祈求他赦免的人。⑥ 奥古斯丁不知道为何自己的灵魂被罪困扰,也说不出上帝为何让他进入世间受这样的试炼。然而他知道,自己所拥有的一切、自己的存在都是出于上帝的恩赐。他认识到,他能在母腹中受孕也是出于上帝的恩典,否则他绝不能出生。他早年完全倚赖父母和保姆的养育,而他们也是上帝预备的,好叫他们在他最基本的需要上服侍他。慢慢地,他开始独立,但一开始他只能哭一哭、笑一笑,因为他还没有能力表达自己最深处的需要。这一切都是在他没有意识到的情况下发生的;他跟我们一样,只有透过观察其他婴儿,并假设自己小时候也跟这些婴儿一样,才能了解到这些。

但是,奥古斯丁自己也知道,根本不存在儿童无辜这类事情。他通过观察发现,婴儿也会要求别人关注他,如果这种要求得不到满足,他们就会为之而战,根本不管自己是否有权利得到这种关注,也不管得到这种关注是否会对他们造成伤害。孩子的罪之所以能够得到谅解,纯粹是因为他们没有能力获取自己想要的东西。正如奥古斯丁所言,"婴儿的纯洁不过是肢体的稚弱,而不是出于他的意志"。⑦ 后来,他从父母那里学会说话、走路,但是这种深处的罪已经

---

⑥ *Confessiones* 1.6.7. 暗指《耶利米书》12:15。

⑦ *Confessiones* 1.7.11.

在那里了——这是遗传而来的,不是后天学来的。所以,这跟语法不好或有反社会行为不同,因为这不是学来的,也不能纠正。罪绝不止是从他人那里学来的一种习惯,但也不是我们受造时的本性。我们不可能靠着自己的努力摆脱罪,但上帝却可以在不毁灭我们的情况下赦免我们的罪。

奥古斯丁回忆了童年的试炼。孩子天性爱玩、爱浪费时间,虽然大人会为此责备孩子,他们自己却常常陷在同样的光景中。结果,孩子就对自己的父母非常有意见,悖逆父母,虽然他们自己没有能力在善行上超过父母。他们的悖逆就是任性,而且他们长大后也不过是成为自己所批评的大人那样,因为他们不可能有比此更高的目标。跟很多小男孩一样,奥古斯丁对学校也存有复杂的情感——有些地方他很喜欢,有些地方他又很讨厌。他喜欢自己的母语拉丁语的文学作品和神话故事,却不喜欢希腊语的版本。这跟内容无关,因为内容几乎都差不多,而是因为他无法领略外语的精髓。对奥古斯丁而言,教育不过是学会表达;而只有母语才能触动人的内心和潜意识。一个人真正归向上帝必须在这种层面上,而非仅仅在思想层面上。⑧

奥古斯丁深信,洗礼的大能可以洗净灵魂里的罪。他认为,如果自己孩提时代就受洗,肯定当时就已经成了基督徒。但是他也说,如果受洗的时候不明白洗礼的意义,他最终的命运可能会更糟,

⑧ *Confessiones* 1.13.20 – 1.14.23.

因为受洗之后所犯的罪绝对要比受洗之前所犯的罪更严重和危险。所以，他认为自己推迟受洗乃是上帝的怜悯——诚然这给犯罪提供了温床，但是这样做产生的长期后果并不那么严重。⑨ 奥古斯丁知道这并不是理想的应对方案。他承认如果自己年轻时罪就已经被洗净了，肯定会更好，但他也知道那时自己并未预备好，所以如果当时受洗，罪的诱惑定会胜过他，因为他还不明白何为基督里的新生命。

　　在我们现代人看来，这里的很多内容听起来很奇怪。现在几乎没有人相信用水施行外在的洗礼能救一个人，我们也倾向于认为奥古斯丁如果受洗之后继续过罪恶的生活，他的洗礼就没有意义。但是，奥古斯丁跟早期教会的多数人一样，认为洗礼能够洗净他的罪，但是由于他还没有为此做好准备，所以总体上来看这反倒会对他产生灾难性的后果。这种观念上的差异到底有多重要呢？ 一方面这显得很严肃，因为如果一个人在不同意受洗或者不明白洗礼意义的情况下所受的洗礼能够救他脱离罪，这种洗礼就成了一种对抗邪恶的疫苗，那么就算不为其他方面考虑，也要出于健康的目的为每个人施行这种洗礼。但是，如果洗礼反映的是个人跟上帝的关系，而只有透过信心才能认识这种关系，那么不分青红皂白给所有人施洗就不合理，甚至可能非常亵渎上帝。同时，那些怀疑奥古斯丁所持洗礼观的现代读者需要记住，奥古斯丁并不认为可以在不考虑其他

---

⑨ *Confessiones* 1. 11. 17.

因素的情况下就将洗礼视为进天堂的门票。罪人需要悔改才能从罪中得救；在一个人没有悔改的情况下就通过洗礼宣布其得救，这只会让他在今后的生活中陷入更多、更严重的麻烦之中。

可能这方面最公正的说法就是，奥古斯丁在不知不觉的情况下，被困在了两种不同的神学立场之间。一方面是教会传统，认为洗礼几乎就是一种驱魔的方法，可以确保那些小时候死去的婴儿得救，而且很多人都这么做。但是另一方面他也知道，成为基督徒的过程中需要有个人参与的元素。得救必定是上帝恩典的工作，如果一个人自己决定跟随基督，但他的内心和意志并不愿意，也没有被圣灵的大能改变，那么即便用水浇在他身上，也不能让他得救。最终，这两种观点会产生更严重的碰撞和冲突，正如 16 世纪宗教改革时期一样。但此时，奥古斯丁心中已因这两种不同的观点而产生了张力。他明确区分了归信（conversion）和重生（regeneration），并将前者归因于属灵经验（跟我们一样），将后者归因于洗礼（跟我们不一样）。[10] 但是我们能说的就是，他更强调自己的归信而非之后的洗礼，他认为洗礼是归向基督之后必然产生的后果，但是洗礼不能替代归向基督。

我们回过头来看他对婴孩的看法。奥古斯丁的沉思最重要的一个方面，可能就是如何将他在别人身上看到的应用在自己身上。透过研究那些没有自我意识的孩子们的行为，他意识到了自己是什

54

---

⑩ 关于他的受洗与"重生"，参见 *Confessiones* 9.3.6，9.6.14。

么样的人，也意识到了人类缘何会有这种行为。透过理解人类的自
私乃是与生俱来的，他逐渐认识到人类根本的统一性就是罪。我们
都是上帝的造物，是照着他的形像和样式造的，但是因为人类始祖
亚当和夏娃的堕落，我们都成了有罪的。所以，那位来修复起初出
问题之处的基督，他所做的工作就有普世效用。没有人可以说福音
不是为他预备的，因为我们都在亚当里犯了罪，而基督降世就是要
除去这种遗传的罪。所以，教会要向每个人传讲得救之道，不能有
任何例外，因为教会知道所宣讲的这种补救之道足以满足每个人的
需要。但是，正如有些人在有机会受洗时仍然会拒绝并错过洗礼带
来的福分，同样，有些人听到所传讲的救赎信息之后也会拒不接受。
奥古斯丁不知道自己为何会在这么长的时间内拒绝福音，但是后来
他才明白，上帝让他背叛这么多年，是有更好的东西要给他。但是，
他并没有因为上帝迟迟不让他知道这一点而责怪上帝，因为他承认
上帝的旨意是圣洁、公义、正确的——不管上帝如何促成，也不管我
们是否明白他的旨意。

　　奥古斯丁讲完婴儿时期之后，又继续描写肉体的欲望是如何觊
觎他年轻的生命，希望控制他。他在《忏悔录》中回顾这些年日的时
候深感愧疚，因为自己浪费了那么多的机会，也拒绝了长辈们的智
慧之言，还犯下如此多的罪。有件事一直令他耿耿于怀，因为这件
事极其荒谬：

　　　在我家葡萄园的附近有一株梨树，树上结的果实，形

色香味并不可人。我们这一批年轻坏蛋习惯在街上游戏，
直至深夜；有一次，我们把树上的果子都摇下来，并带走
了。我们带走了大批赃物，不是为了大嚼，而是拿去喂猪。
虽则我们也尝了几只，但我们之所以如此做，正是因为这
种行为是不当的。⑪

这让我们回想起夏娃在伊甸园被诱惑吃禁果时所犯的罪，但是
对奥古斯丁而言，给他最强烈印象的是他做的事情毫无意义，而不
是他的行为不道德。正如他所说的，"我爱我的罪，不是因为它能带
给我什么，而是因为罪本身就是一种享受"。⑫

觉察到这一点之后，他开始分析人到底为何犯罪。他得出的结
论是，我们很少（如果有的话）真正相信罪能带给我们益处，看到别
人犯谋杀等罪的时候，我们也会立刻指责他们何等愚蠢。但是我们
从别人身上一眼就能看出的，却很难在自己身上看出来。如果从客
观的角度来看，我们很容易就能明白犯罪毫无意义，但是这并不能
阻止我们犯罪，因为我们做事的动机并非来自认真思考事情带给我
们的益处。我们的思想被一些比单纯的理性更深入的东西引向了
邪恶，如果我们认识不到这一点，我们就只能继续犯罪，继续寻找更
合理的犯罪借口。这也是哲学家面临的潜在难题。他们虽然（像过

---

⑪ *Confessiones* 2. 4. 9.
⑫ *Confessiones* 2. 4. 9.

去一样)认为所有问题都可以进行合理分析,却无法测透人罪恶的深度,也无法找到解决之道。他们所能做的,就是寻找更复杂的方式自欺,让自己误以为可以靠自己的努力过上更好的生活。奥古斯丁意识到,这是对实际问题的自然反应,但他坚称这是绝对不够的。然而,完全靠着上帝的怜悯才能得到赦免和修复,我们只有明白并接受这一点,才会有真正的改变,因为只有在这时我们才能触及问题的根源。

奥古斯丁前往迦太基求学时,就亲身经历了罪恶的生活方式对他的吸引力。大城市的景象和声音很快就吸引了他,同时他也想证明自己可以跟城里最上流的人平起平坐。由于他的心跟上帝没有正确的关系,所以大学的生活给他带来的机会越多,也就越刺激他,让他越渴望过更异乎寻常的放荡生活。不久他开始去剧院找乐子,剧院也被认为是滋生邪恶行为的温床,很快他就跟很多学生一样找了个情妇。但是即便处于人生的低谷时,母亲对他的影响也没有完全消失。他有时也会去教会,虽然他没有经历过福音在他生命中的大能,并且他会对自己所爱的那个女人忠贞,这在他所处的那个圈子中极不寻常。他做的的确不对,这一点后来他也认识到了,但是他的行为并不是彻底可耻或毫无道德的,他的一些好友和同事必定注意到了这一点。即便在奥古斯丁非常悖逆上帝时,他也能感受到救主的手在保护他;他晚年回顾这段时光的时候,也意识到自己确实蒙了很大的保守,才没有因自己的愚蠢而落入最可怕的结局之中。

奥古斯丁甚至还是学生的时候就已意识到，迦太基的享乐并不是生命中最重要的事。到迦太基后不久，他偶然间读到了西塞罗的《荷尔顿西乌斯》。在这本书中，伟大的罗马政治家西塞罗发出倡议，要以追求哲学作为获得更好生活的途径。正如奥古斯丁后来解释的那样，哲学是一种渴慕上帝的形式，但哲学太过模棱两可。哲学自以为能给人带来知识和幸福，但就像使徒保罗所说，哲学也会让人走迷了路。[13] 奥古斯丁看不清该走哪条路，所以就落入了伪知识分子的骄傲（pseudo-intellectual pride）之中，很快就对圣经嗤之以鼻，认为圣经太过简单，根本不适合严肃思考的人阅读。相反，他却在一种非常模糊、甚至有些奇怪的宗教哲学中找到了自己想要的东西，这种宗教哲学的创始人就是波斯先知摩尼。

摩尼教是将多种相互矛盾的原则折中之后混合而成的，但却能让信众产生一种知识上的成就感和优越感，让他们觉得自己好过那些不太开化的人。这也表明，那些自作聪明的人，是何等容易陷入真正的愚拙之中而走偏了路，因为他们随时准备收下这样的愚拙，并不厌其烦地将之奉为圭臬。同时，与现今同类异教一贯的做法一样，摩尼教的领袖虽然表面上假装自己上升到了更高的意识水平，妥善处理了善恶的问题，但背地里却都过着极其不道德的生活。他们对信众大讲特讲高尚的原则和禁欲的生活，背地里却利用信众的愚昧而获利。奥古斯丁归信之后明确地看到了这一点，但是归信之

---

[13] *Confessiones* 3.4.8. 奥古斯丁引用《歌罗西书》2:8—9 来证明他的观点。

前他被摩尼教那帮人欺骗的时候,却根本看不到他们的错谬和矛盾之处。虽然很多人都努力说服他,让他改变想法,但是他不但拒不听从,还向其他人传讲这错谬的福音,期待其他人也像他一样。

被奥古斯丁成功影响的人之一就是他在塔加斯特的老友,但是结局并不像奥古斯丁所想的那样。曾经一切都很顺利,他们也都乐于嘲讽基督教和教会,但后来他的好友生病而且受洗了,即便他是在无意识的情况下受洗的。奥古斯丁本想嘲讽一番这种向宗教迷信让步的行为,但很快他的好友病势好转,于是奥古斯丁有了截然不同的反应。用他的话说,"这时他惊怖地望着我,如对仇人一般,用突然的、异乎寻常的坚决态度警告我,如果我愿意和他交朋友,就不能再说这样的话"。⑭ 奥古斯丁将这种情况归咎于友人的心理状态失常,认为一旦他好起来就会恢复理智(这是奥古斯丁当时的观点),但事情没有如他所想。友人再次发烧,几天后就去世了。奥古斯丁非但没有赢得这场胜利,反倒丢了一切:朋友、自尊、确信自己做得都对的信心。他从这次经历中学到的更深的功课就是,属灵的事关乎生死,不是儿戏。在世界的智慧面前显得非常愚蠢的事,却能在绝望之时给人以无价的安慰。他的好友虽然死了,却有了复活得永远的新生命的盼望。即便(按照奥古斯丁当时的观点来看)这种盼望是错的,却依然比摩尼教能带给他的东西要好。学到这种功课之后,奥古斯丁发现逃离基督的另一条路也被堵上了,即便通往

---

⑭ *Confessiones* 4. 4. 8.

天堂的路当时尚未向他敞开。

失去至交之后,奥古斯丁非常痛苦,这也促使他思想爱的含义和爱的重要性。爱正是基督教的核心,也与人内心最深的渴望遥相呼应。每个人都希望爱和被爱,但是在人的生命中,所有关系都有终结的一天。随着时间的流逝,我们会失去最亲近、最心爱的人——父母、兄弟姐妹、好友,甚至(在奥古斯丁的情况中)孩子。唯一常存的爱就是上帝之爱,而其他各种爱只有在上帝之爱中才能得着不朽。倘若我们知道家人和好友都去了主那里,我们就不会无尽地悲伤,因为知道我们只是暂时失去他们。很快我们将与他们在荣耀的宝座前团聚,一起活在上帝永恒之爱中。

爱比死还要坚强,我们从悲伤的过程中以及与之前那些伟大思想家的交流中可以得知这一点。但是如若是这样,爱就必须超越我们现在生活中这个会改变和衰败的物质世界。摩尼教的物质主义无法实现这一点,任何以人的认识作为唯一真理之源的信念体系也做不到这一点。因此,从属灵维度看待现实世界不仅必不可少,也符合规范。我们在某种程度上都有这种属灵维度,因为所有人都有灵魂,这个世界上的美物无法让灵魂得到满足。认识到这一点之后,奥古斯丁在不知不觉的情况下向接受基督为救主又迈出了一步。后来他意识到,必须先觉醒,认识到属灵事物的重要性,然后才能经历到属灵事物。对于堕落之后的人来说,属灵觉醒并不容易,而且会受到各种偶像的影响。

奥古斯丁产生这种新的觉醒之后,就不再被摩尼教所迷惑,并最终放弃了摩尼教，但并没有进入他所渴望的那种真理之中。奥古斯丁认识到，基督教并不是一种新的、改良过的摩尼教，用一种行之有效的方式做差不多同样的事。他之前被伤过一次，所以非常不愿意再次冒失望的风险，去接受一种要求全心全意委身的教义。从某种程度上来说他是在玩弄基督教，但并没有在基督教上有多大进展，因为他希望让基督教符合自己的喜好。他最关切的就是恶的性质，摩尼教曾让他相信恶本质上是一种物质。这与基督教的说法彼此冲突，因为基督教宣称上帝所造的一切都是好的，奥古斯丁也想肯定这一点，但他无法认同恶不是一种客观的存在。恶可能没有善好，也没有善有能力，但恶依然在那里，也是一种我们不得不面对的力量。[15]

　　要理解奥古斯丁为何在这方面有问题，就要明白，在古代世界，上帝是灵的观念很容易就被理解为所有属灵的事物都是好的，而所有与此相对的事物——物质世界——相应地就是恶的。这也是哲学上二元论的根基，摩尼教和古代希腊哲学家都认为这是理所当然的。问题是，这种观念与基督教的基本教导相悖，因为基督教不止宣称受造的物质是好的，还教导说上帝的儿子（本为灵）已经道成肉身，成为一个人——耶稣基督。倘若物质本质上是邪恶的，这样的事怎么可能发生呢？唯一的答案就是，恶本质上并不是一种物质。所以，一切存在的事物究其本质都是好的。恶就是美善之物堕落后

[15] *Confessiones* 5.10.20.

的状态,所以恶会让受造物失去一些天生就有的东西。

今天我们认为,恶从根本上来说就是悖逆上帝,就是与非因受造而存在的那一位关系破裂。我们与奥古斯丁及他同时代之人的差异点就在于认识善的方式不同。对我们而言,善跟恶一样都不是一种物质;善乃是顺服上帝的旨意。换句话说,我们不再从受造物的本质的角度探讨道德,而是(如圣经那样)把道德放在关系的范畴,因为关系从本质上来说就是属灵的。这是由于奥古斯丁和他同时代的人认为善是上帝本身的一种属性,所以他们很难接受恶的观念;但是一旦我们充分考虑到这一点,就会发现从本质上来看,我们与他的差异并不像他表达自己的观点时让我们误以为的那么大。

奥古斯丁离开非洲前往意大利时,已经不再以古典二元论来解释善恶,虽然当时他尚未归信。在罗马稍作停留之后,他就去了米兰,米兰的主教就是伟大的安波罗修。安波罗修在罗马世界是个显要人物,奥古斯丁这样一个来自穷乡僻壤的无名小卒不可能无视安波罗修。奥古斯丁前去听他讲道,逐渐被他的论证说服,甚至加入了受洗班,至少(按他自己告诉我们的)在出现更好的转变之前他一直在参加受洗班![16]

在生命中的这一时期,筑就基督徒奥古斯丁的砖瓦逐渐各就各位。这时他全家人都成了基督徒,母亲还坐船到意大利陪伴他,竭力帮助他归信。同时,其他那些替代性的救赎之道也都失去了吸引

---

[16] *Confessiones* 5.14.25.

力。安波罗修从知识上进行的论证即便不能说滴水不漏,起码不比其他任何人的论证逊色,奥古斯丁深感难以抵挡,即便他并没有太多的机会,按照自己希望的那样跟这位主教进行探讨。⑰ 但是,虽然他在朝着正确的方向稳步前进,但他仍然没有归信。他还缺少某样必不可少的东西,没有这样东西他就永远不可能成为真正的基督徒。他可以参加所有外在的活动,就像他自己希望的那样,但信心绝不只是关乎仪式。奥古斯丁也不知道如何才能跨越基督教表面的东西,进入最核心的部分,但是至少有一件事非常清楚。基督教宣称是上帝的启示,这些启示都记载在一系列的作品中。他也是在不知不觉的情况下接受了这一点,而这也开始占据他的思想。

　随着奥古斯丁在成为正式教会成员的路上越来越向前迈进,他也不得不直面圣经的教导,而圣经正是教会建立的根基。他并没有现代意义上的圣经,因为当时还不存在这样的圣经。当时有旧约圣经,在基督降世之前就已经翻译成希腊文,并广为流传;新约圣经的各卷书则单独流传,彼此没有关联。很少有人买得起整本圣经,而拉丁语圣经译本的翻译质量也是参差不齐。即便如此,奥古斯丁仍然意识到必须阅读这些神圣书卷,尽管他仍对它们有所保留。

　　至于圣经中往往和我的见解抵触矛盾,在我听了[安波罗修]许多正确的解释后,我以为这是由于其含义的奥

---

⑰ *Confessiones* 6.3.3 – 4.

妙高深。为此,圣经的权威更显得崇高,更配得上敬虔信仰之名。⑱

接受圣经为上帝的话语对奥古斯丁的属灵旅程至关重要,因为只有这时,他才敞开心扉,愿意听主对他讲话。很多人出于种种原因觉得圣经令人厌恶,并辩称圣经中没有真理。这种人可能很真诚——奥古斯丁就很真诚——但他们的内心却关闭了,不愿意听上帝对他们讲话。上帝不希望人与他争辩,只希望人顺服他的旨意,无论他的旨意在人看来多么难以理解。奥古斯丁必须先明白这一点才能成为基督徒,安波罗修帮助了他,让他明白了这一点。

但是,虽然愿意聆听并顺服圣经真理是得救的先决条件,但却不等于得救。通往得救的路上必须要有属灵危机,我们称之为“知罪”(conviction of sin)。一个人必须认识到自己离了上帝的恩典是何等无助。只有完全投靠在上帝的怜悯之下,他才能听到并接受赦罪的信息。在奥古斯丁身上,这一刻到来的时候犹如电闪雷鸣,压抑已久的情感决堤而出,他泪流成河。正是在这种非常绝望的情况下,他听到了一个孩子的声音,仿佛在说“拿起来读,拿起来读”。奥古斯丁感受到他必须拿起身边最近的圣经,读他第一眼就看到的经文。这处经文恰巧就是保罗《罗马书》中的一段。

---

⑱ *Confessiones* 6.5.8.

　　我抓到手中，翻开来，默默读着我最先看到的一章：
"不可荒宴醉酒；不可好色邪荡；不可争竞嫉妒。总要披戴
主耶稣基督，不要为肉体安排，去放纵私欲"。我不想再读
下去，也不需要再读下去了。我读完这一节，顿觉有一道
确信之光射到心中，疑云幽暗顿时消散。⑲

　　最后让奥古斯丁归向基督的，不是知识上的辩论，而是他在道
德和属灵状态上面临的直接挑战。奥古斯丁与古往今来的很多人
一样，虽然也乐意在思想上接受福音的真理，却缺乏更深的属灵动
力，而唯有更深的属灵动力才能让人真正归信。他与摩尼教和哲学
家们分道扬镳，开始在安波罗修的帮助下寻求真理，但他的生活方
式依然不符合上帝的心意。对他而言，真正的绊脚石不是理论上的
（虽然他因为怀疑圣经真理而让人觉得可能是这方面的），而是实践
上的。他怎会——又怎能——放弃这种已经习以为常的、也符合好
友们预期的生活方式呢？用他的话来讲："从亲身的体验，我领会了
所谓'情欲和圣灵相争，圣灵和情欲相争'的意义。我正处于双重战
争之中，但我更倾向于我所赞成的一方，过于我所排斥的一方。"⑳
　　当上帝伸手介入，打开奥古斯丁的眼睛，让他看到真正的问题
所在时，他才最终做出回应。他原本可以像那位富有的少年官一

⑲ *Confessiones* 8.12.29. 这节经文是《罗马书》13：13—14。
⑳ *Confessiones* 8.5.11. 引自《加拉太书》5：17。

样,虽然守了律法却不愿意分掉自己的财产,最终只能转身离开,但奥古斯丁没有这样。[21] 奥古斯丁愿意交出自己的一切,而且确实交出了自己的一切。他当时尚不知道这会牵涉什么。不久后他就将放弃一切对婚姻的盼望(虽然很久之前他就想放弃了),而且他还将在当选希波主教时放弃对平静生活的渴望。他还将卷入自己原本不愿插手的论战之中,从事远比当修辞学教授要求更高的教导和写作工作。但这些都是将来才会发生的。他当时读完经文之后站起来,擦干眼中的泪水,就成了基督徒。他灵魂长久以来的挣扎终于结束了。

奥古斯丁身上这种变化的深度和广度不应被低估。用他的话来说:

> 什么坏事我没有做过? 即使不做,至少说过;即使不说,至少想过。但你,良善慈爱的主,你看见死亡深入我的骨髓,你从我的心底除去无尽的堕落。我便摒弃之前征逐的一切,追求你原来要的一切。……你把这一切从我身上驱除净尽,你进入我心替代了这一切。[22]

归信就是新生命,也带来与上帝全新的关系。这对奥古斯丁来说意味着什么呢? 这就是接下来我们要探讨的。

---

[21] 参见《马太福音》19:16—22。
[22] *Confessiones* 9.1.1.

奥古斯丁的灵修生活

和多数基督徒一样,奥古斯丁的灵修生活也可以从两个彼此相
关却又截然不同的层面来看——个人层面和公共层面。奥古斯丁
之所以不同寻常,在古代世界中几乎独一无二,是因为我们对他个
人的灵修生活了解很多,却对他公共的灵修生活了解相对较少。我
们知道他归信之前就开始去教会、参加敬拜,后来他固定每周(如果
不是每天的话)讲道、带领敬拜。我们不太确定他是否非常在乎公
共敬拜的方式。与奥古斯丁同时代的东方教父凯撒利亚的巴西尔
和约翰·克里索斯托(John Chrysostom)制定的崇拜礼仪至今仍然
在用,而奥古斯丁却没有写礼拜仪式方面的文章。他知道东方教会
在这方面走得更远,因为他告诉我们,直到他在公元 387 年复活节
受洗的前一年,米兰教会才仿效东方教会的习俗,引入了会众唱诗
的环节。而这种创新之举的直接诱因是信奉阿里乌异端的皇太后
查士丁娜(Justina)发起的逼迫,但是也有其他因素的推动,渐渐地,
其他地方也开始接受这种做法。

> 这时唯恐民众因忧郁而精神沮丧,便决定仿效东方的
> 习惯,教他们歌唱圣曲圣诗。这方式保留下来,至今世界
> 各地几乎所有教会都采用了。㉓

63

㉓ *Confessiones* 9.7.15.

所以说，奥古斯丁亲身经历了礼拜仪式的发展过程，但是我们能感觉得到，他并不是变革的发起者，而是一个置身事外的观察者。我们可以确定的是，他欣赏音乐，也会被音乐深深打动："但回想我恢复信仰的初期，怎样听到教堂中的歌声而感动得流泪，又觉得现在听了清澈和谐的歌曲，激动我的不是曲调，而是歌词，便重新认识到这种制度的巨大作用"。㉔

但是，奥古斯丁深知旋律之美有可能会盖过歌词的含义。他也深知自己是何等容易落入这种试探，所以赶紧予以反对："如遇音乐对我的感动过于歌曲内容的感动时，我便承认自己在犯罪，应受惩罚，这时我宁愿不听歌曲"。㉕ 而现在有多少人能体会奥古斯丁的感受呢？

奥古斯丁和巴西尔一样，也制定了一份修道会规，供他在希波建立的修道团体使用。八个世纪之后，这份修道会规被重新重视，在西欧修道院改革运动中发挥了一定作用，同时也让我们得以一窥他所看重的灵修是什么。和罗马时代后期的很多人一样，奥古斯丁也认为委身于上帝就是远避这个世界。因为常规的教会敬拜太过拥挤，里面许多人对基督教的个人委身都非常值得怀疑。这样的敬拜也无法为真正向上帝献身的人提供灵里的滋养，为了满足这一需要，修道主义应运而生。同时，奥古斯丁也过着一种非常严格的个

㉔ *Confessiones* 10. 33. 50.
㉕ *Confessiones* 10. 33. 50.

人灵修生活,他在作品中跟其他人分享过自己的这种生活,但是却不愿意跟其他人一起过这样的生活,甚至会避开自己至亲的好友和同事。

我们了解奥古斯丁灵修生活的最佳资源就是他写的《忏悔录》。《忏悔录》不仅记载了他从不信到信的属灵历程,其本身也是一本灵修著作。这本回忆过去的作品,其主要目的不是透露作者自己的信息,而是揭示奥古斯丁与上帝之间关系的本质。回忆过去的事情,为失败以及错失的机会后悔,当然也是其中的一部分,但他主要关心的还是那些事情如何影响现在,如何影响他每日与基督的同行。

这一点在该书的开头就已经非常明了,奥古斯丁开篇先称赞上帝的伟大。如果不能对要委身的那一位有正确的认识和尊荣,就不可能有真正的委身。在不认识上帝是谁的情况下向上帝祷告是没有意义的,我们怎能知道他是否会听我们的祷告? 所以奥古斯丁开篇所做的也是我们每个人一开始就应该做的,同时我们也要承认上帝是谁,上帝是怎样的一位上帝:"主,你是伟大的,你应受一切赞美;你有无上的大能、无限的智慧"。㉖ 我们不能明白上帝的无限,但是我们至少可以说他是"伟大的",意思是他超越一切存在的事物和我们头脑中能想到的事物。认识上帝就是将他放在我们生命中的首位,承认我们身上发生的一切事情都在他的掌管之中。他并非仅仅是至高的存在或支撑整个宇宙的抽象概念,他更是我们的主,是

㉖ *Confessiones* 1. 1. 1.

与我们有关系、配得我们顺服的那个位格。所以,我们对他的委身必须符合他的身份,符合他与我们的关系,否则就不会有任何价值。

　　进一步来讲,上帝不只是我们赞美的对象;他也非常主动地参与到我们的生命中,使我们得益处。所以奥古斯丁会提到上帝的大能和智慧。他的大能是他行事的基础,而他的智慧则决定着他行事的方式。大有能力的人完全有可能以非常不明智的方式使用这样的能力;罗马帝国的历史上也有很多类似案例。但是,即便我们很难明白或理解上帝的行为,他那无上的智慧依然在统管着他的行为。即便他让我们走过死荫的幽谷,也是为了我们的益处,为了让我们蒙福。在不触及我们个人利益的情况下,这一原则很容易被我们认同,可一旦我们经历那些会对我们今生造成影响的严重试炼,我们就很难相信上帝在以他仁慈的智慧统管这一切事情。

　　奥古斯丁的第二个原则在《忏悔录》开篇也点明了,这个原则就是凡寻求上帝的,必能寻见。我们作为基督徒,对这种说法已经习以为常,因为太过熟悉这种说法而不能体会奥古斯丁一开始想到这一点时是多么稀奇。上帝为何要以这种方式俯就人? 这位无限的宇宙统治者如何能在保持自我的前提下进入有限的受造界? 在奥古斯丁生活的世界中,诸神其实就是雷电等自然力量人格化之后的一种概念。知识界的人很久之前就认为这种观念并不合适,所以就用抽象的神观来代替,只是他们没有与诸神建立位格性关系(personal relationship)的观念。原因非常简单。因为即便我们里面的某些东西能够让我们想象出"良善"或"思想",我们也无法与"良善"或"思想"交流。

与此形成鲜明对比的是,奥古斯丁不仅认为可以与上帝建立位格性关系,还认识到虽然我们不能到他那里去,他却可以(也确实)下到我们这里来。这位永恒的、无所不能、无所不在的上帝,在信他的人心中居住,哪怕这令人难以置信,也不可能进行定义。但是,虽然上帝的存在超过人的认知,那些听到上帝声音、感受到上帝的大能在他们生命中运行的人却很难否认他的存在。基督徒的生命就是一种要去经历的体验,而不是一种要被进行分析的观念,只有认识到这一点我们才能心存盼望去弄明白何谓基督徒的生命。我们知道上帝超越我们的认知,也知道上帝是我们存在的本源,是将我们从自己愚昧的苦果中救出来的那一位。正如奥古斯丁所言:

> 主啊,我要热爱你、感谢你、歌颂你的圣名,因为你赦免了我诸多险恶的行为。我的罪恶得以云消雾散,都出于你的恩典与怜悯,而我之所以能避免不犯,也出于你的恩慈。[27]

上帝与我们的关系本身是一种指引和保护。若没有上帝看顾我们,我们会犯下何等大的罪啊!若不是上帝拦阻,我们在难以掌控的环境下会不自觉地犯下多少罪啊!奥古斯丁深知,上帝为了预先阻止他思想中犯罪的意念,必定会在他想不到的情况下伸手干预

---

[27] *Confessiones* 2.7.15.

他的生命。奥古斯丁的话依然回响在我们的耳畔，因为所有基督徒 66
都有这种体会，即便我们往往事后才能察觉到。我们内里的恶没有
被除掉，不过是被上帝的恩典和怜悯压制、拦阻，不能遂其所愿。为
此，奥古斯丁充满感激，他在祷告中也为这种自己不配的、从上头而
来的奇妙恩赐大大感恩。

但是，虽然奥古斯丁承认上帝的祝福，也为此感谢上帝，他却不
甘心维持现状。他想得到更多——他想在永恒中与上帝联合。他
的委身不只是表达感恩，也是一种渴望，渴望那种超越自己已有并
与其有本质不同的事物："我现在需要的是你……正义与纯洁，在你
左右才是无比的安宁与无忧无虑的生活。谁投入你的怀抱，进入主
的福乐，便不再忧虑"。㉘

后来在这本书中，他又用使徒保罗的话表达了这种意思："主，
你认识我，也请让我认识你；让我认识你就像我被［你］认识"。㉙ 身
为基督徒，奥古斯丁切身感受到自己与上帝的关系并不对等。上帝
认识他，对他了如指掌，而奥古斯丁却——在今生——不能像上帝
认识他一样去认识上帝。而更严重的是，奥古斯丁想要让自己可以
将事物向上帝隐藏起来，正如上帝将事物向他隐藏起来一样！为此
认罪才成了他祷告中非常核心的一部分。他心里明白，自己不知道
的东西太多，而且鉴于自己的无知，他也总是容易落入罪中。所以，

㉘ *Confessiones* 2.10.18.
㉙ *Confessiones* 10.1.1. 暗指《哥林多前书》13:12。

认罪就成了信徒这一生最终极的自我认识。此外,真认罪并不局限
于个人与上帝之间的关系。信徒的罪也会影响到与其有团契关系
的人。所以,认罪也具有公共维度,牵涉到所有基督徒。

> 这是我忏悔的效果,我不忏悔我的过去,而是忏悔我
> 的现在;不但在你面前,怀着隐密的喜乐与战兢、隐密的悲
> 伤与盼望,向你忏悔,还要向一切和我一样的信心之子忏
> 悔,因为他们分享我的喜乐,与我一样会死,是我的同胞,
> 又是我天路上的同伴;无论他们是以前的人、未来的人,还
> 是我此时路途上的战友。㉚

奥古斯丁是否曾在教会中站起来当众认罪,我们不得而知,似
乎他也不会这么做。但是,他毫不犹豫地将自己的罪记录下来公之
于后人,显明他认为这是灵修生活必不可少的。倘若他要成为其他
人的榜样(主教蒙召就是为此),他就要对读者坦诚,正如对上帝坦
诚一样。如果他不如此坦诚,自己的可信度就会受到影响,自己的
榜样力量也会削弱。奥古斯丁知道,他必须在这方面保持微妙的平
衡。诚实至关重要,但他必须以合适的方式与会众分享自己的经
历,否则他就可能失去会众的敬重。所以他向上帝认罪不向人认
罪,这样就可以实现这一点,因为他敬拜的那位上帝满有恩典、怜

㉚ *Confessiones* 10. 4. 6.

悯,乐于赦免人的罪。向上帝认罪不单单是讲述自己的罪,也是为
着罪的解药感谢上帝。读者认识到了奥古斯丁的缺点,而他自己则
更加认识到上帝对破碎的罪人的医治大能和救赎大能。奥古斯丁
非常希望把这一点讲清楚,借以这样的方式讲出自己心底的秘密,
他也为教会留下了不可磨灭的灵修作品。

奥古斯丁的家庭生活和个人价值观

作为一个普通人,奥古斯丁在乎的是什么呢? 奥古斯丁再一次
让我们看到,他的生活在古代是非常少有的,在深度和广度上都无
人能及。在新约圣经中,我们很少读到使徒们的背景和社会生活状
况,也几乎不了解他们如何与大千世界互动。我们知道保罗是罗马
公民,但我们不知道这对保罗的真正意义是什么。这可以有效地帮
助他逃脱当地官员的逼迫,《使徒行传》主要也是从这一背景下来看
他的罗马公民身份。但是,除了一般性的劝信徒尊重当局(这也是
每个人该做的)之外,很少有其他方面能表明他有罗马公民的责任
感或爱国精神。③ 我们也很少看到他提及自己的家人,除了在《罗马
书》16:7 提到自己的"亲属"之外,我们对他的家人一无所知。我们
对耶稣和他母亲的了解更多一些,但即便如此,我们对他们仍然知
之甚少,只知道马利亚好像在某种程度上跟随过耶稣。我们知道只
要门徒照着他所吩咐的去行,他就将他们当作朋友,同时除了《约翰

---

③ 参见《使徒行传》16:21,37—38;25:8—11。

福音》以比较神秘的方式提到他"所爱的那门徒"之外,我们对他与他们之间的关系几乎一无所知。马利亚、马大和拉撒路跟他很亲近,但是我们对他们关系的了解也同样非常有限。

奥古斯丁却不太一样。他对自己的家人讲得很多,尤其是母亲,他常常称赞母亲像圣徒一般对待他。他提到父亲的次数就少很多,而父亲在临去世时才成了基督徒。虽然心理学家对此大做文章,但我们不应感到很奇怪。男孩子跟父亲的关系往往比较疏远(也常常会陷入敌对),所以奥古斯丁对父亲这种比较中立的态度可能比我们想象的更为正面。当然,他对儿子阿迪奥达图的爱是深厚而真挚的,似乎他也得到了儿子出于爱的回馈,但是我们只能说这是根据奥古斯丁的话推测出来的。另一方面,他对自己的兄弟姐妹也鲜有提及,我们只能说他们在他生命中的影响较小。据我们目前所知,他们一直住在塔加斯特,可能也不太了解自己的这位兄弟在做些什么,包括他年轻的时候在迦太基和后来在希波的情况,他们可能都不太了解。

令我们印象非常深刻的,是他与好友之间的那种亲密关系。这些好友当中有些是他童年时期就认识的,有些是在迦太基求学时认识的,还有些是在意大利或后来认识的。他好友人数不多,但他与他们的联系非常深入,他们似乎比世界上其他任何事物都更能影响他的为人。对于妇女,他的态度是尊重但保持相当的距离,这也符合古代社会的预期。但是,他对自己的情妇非常忠贞,这对他这样背景的人而言实在不同寻常,而且他还深爱着她。如果换一种社会环境,他必定很乐意娶她,但是基于一些原因,他并没有这样做,下面我们将会看到其中的原因。

除了家人和好友这个私人世界,我们不太了解他如何跟当时的外界社会打交道。他是修辞学教授,因此他需要与学生打交道,但是他跟学生之间的交往与英国以及英联邦国家的大学中比较亲密的师生关系不太相似,而是与德国和美国的大学中比较常见的那种非常正式、又有距离的师生关系比较像。只要学生交学费,他就会感到很满足,愿意看着他们来来去去,但又不会和他们走得太近!我们不知道他是不是一个好公民,也不知道他跟世俗政府和政府官员是否有真正的交往。公元 410 年罗马帝国灭亡之前,他的爱国精神似乎一直都处在休眠状态,即便他也为罗马的命运哀哭,但他很容易就能让自己(和教会)远离这种心情,所以他一定不是宫廷牧师!

奥古斯丁也对父母和老师展现出了应有的孝敬,但是这方面不应做过度解读。在古代每个人都会这么做,如果有人不孝敬父母和老师,就会受到攻击。罗马传统宗教跟中国传统宗教一样,都是祖先崇拜,所以如果没有对长辈表现出应有的尊重,会被认为几乎是亵渎。基督教即便拒绝这种传统的价值,也无法躲避它的影响。令人感到非常吃惊的是,奥古斯丁有时候会否定长辈,尤其是当长辈为着一些事情惩戒下一代,而他们自己却在做这些事情,这时候他就会责备他们。㉜ 因此,我们看到虽然奥古斯丁遵循当时的惯例,但

㉜ *Confessiones* 1.9.15.

实际上他对自己所接受的教育非常不满,也很希望看到教育能够照着基督教的标准进行改革,不仅在内容上改革,同时也在教育方式上进行改革。这方面他比自己同时代的人领先很多,可以毫不夸张地说,直到最近,奥古斯丁的教育方法才得到了真正响应,这种响应体现在现在学校中广为采纳的渐进式、儿童友好式教育方法。

奥古斯丁十五岁时因家庭经济拮据而被迫在家休学一年,透过他这段青春时光,我们才得以略微了解一些他的家庭生活。作为典型的男人,奥古斯丁的父亲为儿子越来越有男子气概而自豪,却对儿子道德和信仰方面的问题漠不关心。[33] 但是母亲担心他会跟已婚妇女同居,所以警告他。[34] 他也跟同龄男孩一起闲逛,攀比谁做的事情更邪恶。奥古斯丁非常真诚,他告诉我们他会吹嘘一些自己根本没有做过的事,而其他孩子也很可能这么做。

奥古斯丁跟同伴们不同的地方在于,父母对他有很高的期望。父亲希望他接受良好的教育,母亲也是一样,虽然是出于不同的原因。在奥古斯丁看来,父亲希望他事业有成,而母亲则希望他接受良好的教育之后能离上帝更近。这种看法的真实性无从可考,但是父亲的动机好像比母亲的动机更真实,因为母亲的动机从某种程度上来看很像是一种后见之明。[35] 不论真实情况如何,他们都一致赞同奥古斯丁先不结婚,像当时他的多数好友可能会(或准备)做的那

[33] *Confessiones* 2.3.6.

[34] *Confessiones* 2.3.7.

[35] *Confessiones* 2.3.8.

样,而是去追求学业。这是他与青少年时期、家乡的诀别。奥古斯丁虽然晚年偶尔会回塔加斯特,却再也未能像从前那样融入那里的社会。

奥古斯丁求学离家前不久,父亲就去世了,之后他与家里联系时主要就是通过母亲莫尼卡。莫尼卡还有其他孩子,但从她的表现来看,奥古斯丁似乎是她最喜欢的孩子——起码是她觉得要特别关注的一个。她迫切希望奥古斯丁归信,但是有些明智的人则建议她不要管他。她曾寻求一位主教的意见,这位主教告诉她,只需要为奥古斯丁的归信祷告即可,并且让她放心,说她为之流了如此多眼泪的儿子不可能在永恒中灭亡。㊱

这是个很明智的忠告。虽然奥古斯丁在母亲去世后将她视为圣徒,但毫无疑问她活着的时候只会让奥古斯丁感到厌烦。奥古斯丁决定去罗马闯荡的时候这一点表现得尤为明显。莫尼卡不希望他离开迦太基,所以竭力阻拦,但最后并没有成功。她当时非常执着,奥古斯丁也很难应付她,所以就撒了个谎,连夜逃走了!㊲ 但莫尼卡不是那么容易就能摆脱的。她搭上一条船,一路追到意大利,后来又跟着他去了米兰——对一个中年妇女而言,这是很凶险的旅程。

奥古斯丁必定是为她的毅力所折服;起码从这以后,他对她的

㊱ *Confessiones* 3. 12. 21.
㊲ *Confessiones* 5. 8. 14 – 15.

态度大有好转。他告诉我们,有一次航行途中遭遇了可怕的风暴,她就安慰水手们,她很确信,在看到儿子归向基督之前,上帝不会让她丧命。⑱ 奥古斯丁讲到这里时明显带着自豪,这种自豪不是因为她在跟着他,而是因为她竟然能够在灾难面前挺身而出,承担起男性的领导角色。很明显,她不只是一位唠叨的母亲,也是一位个性很强的母亲,奥古斯丁不得不承认这一点,同时他也很乐于承认这一点。

莫尼卡也非常顺服教会的权柄,起码照着奥古斯丁的见证来看是这样。她去米兰时,曾为殉道者的圣龛献上供品,她在非洲时常常这么做,但是当她了解到安波罗修主教禁止这种做法之后,就立刻停止这么做,而且从未质疑过主教的决定。⑲ 这件事也表明她的信仰有混合主义特征,至少在某种程度上是这样,因为她遵循的一些做法源自异教。然而,北非似乎没有人反对这一点,这让我们看到该行省的教会所处的光景,也有助于我们明白多纳徒主义为何在这里特别有吸引力。

奥古斯丁归信之后,莫尼卡尽力帮他打理好生活。他中断了与情妇的关系,找到了一位相当合适的结婚对象,而他与好友们一起建立共同体的计划很快就破灭了。⑳ 但是莫尼卡对儿子的影响力仅

---

⑱ *Confessiones* 6.1.1.

⑲ *Confessiones* 6.2.2.

⑳ *Confessiones* 6.13.23 - 6.14.24. 奥古斯丁要娶的新娘是被社会所接受的,但是她年龄太小不适合结婚。

限于此,她为他定的计划也从未实现。最后,奥古斯丁完全打消了结婚的念头,选择过独身生活,但是他所看重的集体生活,必须要在履行希波主教职责的前提下才能去追求,且并未成为通常意义上修道生活的基础。《忏悔录》第九章大部分内容都在讴歌他的母亲,讲述她在奥斯提亚(Ostia)去世的情况,当时他们一家正准备返回迦太基。[41] 毫无疑问,奥古斯丁对母亲的去世感到非常伤痛,但是他对母亲美德的描述必须从当时的背景来看待。敬虔的葬礼演说是当时的惯例,如果奥古斯丁不这么做,就会令母亲和他本人蒙羞。这并不表示他说的话是虚假的,但我们也不能无条件地相信他在这方面所讲的一切。现有的证据让我们看到,虽然奥古斯丁在母亲去世后对她大加称赞,但是他在母亲活着的时候并不总是听从她的建议——他们的关系远比这更复杂。

　　而和好友之间就另当别论,奥古斯丁跟好友们的关系是最深厚、最让他感到满意的。奥古斯丁写的第一个人就是他儿时在塔加斯特的伙伴,他曾说服这个人与他一起抵挡基督教,但最后这个人却在临终前受了洗——这件事几乎瓦解了他们的友谊。[42] 我们不知道这个人的名字,也可能因为奥古斯丁对自己的行为感到羞耻。这或许也能解释为什么我们不知道奥古斯丁情人的名字,虽然他们一起生活了不止十五年,她还为他生了一个儿子。奥古斯丁提到名字

㊶ *Confessiones* 9.8.17 - 9.13.37. 家人包括奥古斯丁的儿子阿迪奥达图,阿迪奥达图已随父亲奥古斯丁前往意大利。

㊷ 这个人恢复了过来,但是好景不长,又开始发烧,不久病逝。

的人,似乎都跟他有比较积极的、蒙上帝悦纳的关系,即便那些有问题的关系他自己要负主要责任。

虽然奥古斯丁与这位不知名男子的友情以眼泪告终,但却给他留下了深刻的印象,他也以这个人的死为契机,称赞那些为了帮助他度过悲伤而安慰他的朋友们,即便这些朋友让他远离上帝。

> 此外,[除了上帝的爱之外]在那些朋友身上还有更能吸引我的东西:大家谈论,嬉笑,彼此善意的亲昵,共同阅读有趣的书籍,彼此玩笑,彼此体贴,有时意见不合,却不会生出仇恨,正似人们对待自身一样……我们个个是老师,也个个是学生;有人缺席,便一心挂念着,并欢迎他的归来。所有以上种种,以及其他类似的情形都出于心心相印……这一切正似熔炉的燃料,把许多人的心灵融而为一。⑱

这种自由地爱与被爱的场景,充分说明了是什么在激励着奥古斯丁。在写到三位一体的时候,奥古斯丁认为三位一体就是充满爱的共同体,对他而言爱即便不是基督徒生活的本质,也是基督徒生活的根基。实际上,就跟奥古斯丁在下一段所说的一样,只有在上帝的爱中,我们才真正能够表达出爱的本质。朋友之间的爱必定会

---

⑱ *Confessiones* 4.8.13.

以悲伤收场,因为朋友迟早都会分开,他们的爱也超越不了自己所选择的圈子。而与此相反,上帝的爱却包容性更强,也更持久:"凡爱你,并在你里面爱朋友,也为你的缘故而爱仇敌的人真是有福!既然你不会失丧,一人若能在你里面爱众人,也就不会丧失任何所爱的人"。㊹

　　尽管如此,有些友谊必定比其他友谊更让奥古斯丁感到欣喜,他在《忏悔录》中也花了一定的篇幅来描写这样的友谊。跟他关系最亲密的人可能就是阿里庇乌(Alypius),阿里庇乌是塔加斯特的贵族子弟,也是奥古斯丁在迦太基教过的一名学生。㊺ 阿里庇乌喜欢比较吵闹的娱乐方式,而这样的娱乐在迦太基和罗马并没有什么大不了的。奥古斯丁为此责备了阿里庇乌,甚至还救他摆脱了一些更为极端的激情娱乐,尽管奥古斯丁说自己并非有计划这样做,而是偶然为之。奥古斯丁强烈谴责迦太基举办的那些淫荡的竞技游戏,而阿里庇乌认为奥古斯丁的责备是针对他的,虽然这并非奥古斯丁的本意。㊻ 奥古斯丁对阿里庇乌产生了正面的影响,所以阿里庇乌的父亲才允许他跟奥古斯丁学习,他们之间的友谊也由此展开。阿里庇乌甚至先于奥古斯丁去罗马学习法律,之后他们又在罗马重聚。后来奥古斯丁跟随阿里庇乌前往米兰,两人一起在那里归信,

———————

㊹ *Confessiones* 4. 9. 14.

㊺ *Confessiones* 6. 7. 11.

㊻ *Confessiones* 6. 7. 12.

他们之间的关系越发亲密。⑰

但是,这并不表示他们完全一样。奥古斯丁当时非常享受与情妇同居,无法想象一辈子独身。但阿里庇乌则不同。几次年少轻狂的经历之后,他毅然拥抱了独身生活,而他这么做又显得那么自然,奥古斯丁颇感吃惊。奥古斯丁甚至告诉我们,是阿里庇乌让他接受了独身的观念,并指出倘若他们中的一个人结婚或两人都结婚,他们就无法再作为朋友生活在一起。⑱当奥古斯丁等人提出一起生活的想法时,婚姻与好友共同体之间势同水火的状态就变得非常明了。当时似乎已经万事俱备,只等共同体成立,但是他写道,"但我们中间,有的已成婚,有的准备结婚,考虑到以后妻子们是否会对此容忍,我们经过深思熟虑而定下的全部计划终于在我们手中摔得粉碎,几乎完全被毁,不得不弃置一旁了"。⑲

现代的人读到这里时极有可能会跳出各种想法,是非常危险的,我们必须万分谨慎。从来没有任何迹象表明他们中的任何一方是同性恋——奥古斯丁当然不是,因为他的性取向非常明显!但即便阿里庇乌没有特别想结婚的欲望,他也对结婚的观念很感兴趣,因为结婚对他的好友显得如此重要,他很想找出个中原因!似乎他认为自己如果有妻子(起码如果有情妇),就更能理解奥古斯丁,感觉与奥古斯丁的距离更近。另一方面,奥古斯丁认为阿里庇乌实现

---

⑰ *Confessiones* 8. 8. 19.

⑱ *Confessiones* 6. 12. 21 – 22.

⑲ *Confessiones* 6. 14. 24.

了一种英雄主义理想，而他希望自己也能实现这样的理想。我们在这里看到了友谊自然会有的结果——友谊的各方都希望得到自己身上没有、而对方却天生就有（或者看似天生就有）的东西。我们知道，在这种情况下，阿里庇乌最终会占上风，但他们却从未能住在一起。他们都推崇的这种独身的观念，其实是一种向上帝献身的观念，而与肉欲的享乐无关，我们必须认识到这一点。

奥古斯丁倍加称赞的另一个好友是内布里迪乌（Nebridius），内布里迪乌是迦太基人，他为了跟随奥古斯丁学习而前往米兰。[50] 他虽然没有与奥古斯丁和阿里庇乌一同归信基督，但是他们归信后不久他也归信了。据奥古斯丁所讲，内布里迪乌比阿里庇乌更聪明，他接受基督教信仰的真理一段时间之后，才愿意受洗。[51] 但是一旦投身进来，他就开始毫不动摇地彻底向基督委身。内布里迪乌后来回到非洲，带领自己全家人一同归信基督，之后不久就去世了。但是他的去世并没有给奥古斯丁带来太大影响，因为二人在今生已经有了关系的纽带，这纽带因带着基督的印记而永不会断开。

> 我的内布里迪乌，我的挚友现在生活在亚伯拉罕的怀中……为这样一个灵魂，能有其他更好的归宿吗？他生活在那里；关于这个境界，他曾向渺小愚昧的我提出许多问

---

[50] *Confessiones* 6. 10. 17.
[51] *Confessiones* 9. 3. 6.

题！现在他已不再侧着耳朵靠近我的口边了,他属灵的口

舌尽情畅饮着你的泉源……我想他不会沉沉醉去而把我

忘却。⑤

　　奥古斯丁另一位好友的人生之路则截然不同。这个人就是费

勒昆都斯(Verecundus),他在米兰郊区一个叫加西齐亚根的地方拥

有一套乡村房屋,奥古斯丁曾前往那里思想自己新的信仰。⑤ 费勒

昆都斯是个已婚人士,所以他不得不在一种不同的环境下面对得救

的问题。值得一提的是,奥古斯丁说他们的友谊牢固到一个地步,

虽然他归信时费勒昆都斯还没有归信,但他们的友谊也没有受到影

响。我们只有通过推测才能得知费勒昆都斯最终也相信了,但奥古

斯丁从未直接提及他的归信,这也表明他的归信对奥古斯丁而言并

不是那么重要。真正重要的是他们的友谊,在奥古斯丁看来,他们

的友谊是如此深厚,最终费勒昆都斯当然也会得救。

　　奥古斯丁甚至对他从未见过的人也会产生一种热情。希埃利

乌(Hierius)就属于这种情况,希埃利乌是奥古斯丁非常敬仰的一名

演说家,奥古斯丁的一些早期作品都是献给希埃利乌的。⑤ 但到了

写《忏悔录》时,奥古斯丁就认识到自己对这个人的感情是虚浮的,

这不过是一个从未了解过他的后辈所下的判断。他对希埃利乌的

---

⑤ *Confessiones* 9.3.6.

⑤ *Confessiones* 9.3.5.

⑤ *Confessiones* 4.14.21 – 23.

欣赏并不是出于个人关系的原因，他亲自告诉我们，这主要是因为希埃利乌的名声很大，而奥古斯丁自己也非常希望有这样的名声。奥古斯丁语言上的夸张也应当给我们带来警示，叫我们不要过分解读奥古斯丁的修辞：

> 他的学识在当时极负盛名，因此我对他产生崇拜；我听到他的一些言论，使我很佩服，但主要还是由于各方面对他的褒扬标榜，我钦佩他本是叙利亚人，先精通希腊的雄辩术，以后对拉丁语又有惊人的造诣……听到别人赞扬一人，因为相信是真心的赞扬，自然会对那人产生敬爱之忱。[55]

从上下文就能清楚看出奥古斯丁的意思。现代人往往不太喜欢这种华丽的表达方式，但是我们如今生活在一个缺乏文采的时代。奥古斯丁的读者在这类言论中应该会看到自己的影子并不把它们当做一回事，所以我们在评判的时候也别忘了需要类似的克制。

奥古斯丁选择的生活方式

对现代读者而言，鲜有什么事情会比奥古斯丁选择独身的生活方式更令他们感到困惑。奥古斯丁归信之前的生活，我们可以理

---

[55] *Confessiones* 4. 14. 21.

解。在大学的环境中，找一个情妇，过一种自由自在、安逸的生活，本身没什么奇怪的，即便现在很多人开始过这样生活的时间并没有他早——十六岁左右！我们在理解奥古斯丁时首先遇到的问题就是，他归信之后这种关系发生了怎样的变化。

今天，倘若身处奥古斯丁这种状况的人成了基督徒，可能他就会收到建议，娶自己的情妇，给自己的私生子合法的身份，好纠正自己的问题。如果她自己执意要离开，虽然有些遗憾，但也还可以理解。然而，如果由于这样的人和他情妇的关系一开始就是错的，所以就建议他抛弃情妇，我们会觉得这不是基督徒的做法，因为这很残忍。为什么家中一个人成了信徒，整个家庭就应该被拆散？尤其是对家中的小男孩而言，为什么因他的父亲有了信仰他就该失去自己的母亲呢？这样的做法不仅听起来很奇怪，也非常伪善。我们难道不应该彼此相爱吗，既然已经选择跟对方一起生活，怎能因为他们不跟我们一起走信仰的道路，就抛弃对方呢？

正是在这方面，我们才非常明显地感到自己的时代与奥古斯丁的时代之间那种难以逾越的鸿沟。我们看为错的事情，他却认为是不得不做的，因此也是正确的。但这并不表示奥古斯丁没有因此深感痛苦。就像他所讲的："经常和我同居的那个女子，被视为我结婚的障碍，竟被迫和我分离了。我的心本来为她所占有，因此如被刀割。这创伤的血痕很久还存在着。她回到非洲，向你[哦，主]立誓不再和任何男子交往。她把我们两人的私生子留在我身边。"⑯

听了奥古斯丁的讲述,我们会认为他是被迫放弃自己的情妇,好为结婚做准备。虽然表面上可能是这样,但这并不是全部的实情。即便在这件事发生之前,奥古斯丁也在考虑过独身的生活,追求智慧,这一直是他内心深处的愿望。这跟他基督徒的身份并没有太大的关系。柏拉图等哲学家一直提倡过独身生活,因为他们认为只有这样才能超越肉欲的局限,获得真知识和真幸福。耶稣和保罗虽然也独身,但并不是出于这种原因,而且也没有任何地方强迫基督徒效法他们的榜样。奥古斯丁甚至自己也认为"许多大人物,最值得我效法的人物,结婚后依然继续研究智慧"。⑰

然而,当奥古斯丁写《忏悔录》时,他自己已经相信独身是上帝对他的旨意,而且相信独身可能也是上帝对多数认真对待信仰之人的旨意。他的思想在这方面的变迁是不会有错的:

> 我这样谈论着这些事[即结婚和独身],倏顺倏逆的风也开始刮起,我的心便东飘西荡,光阴不断过去,我拖延着不去归向天父……我担心我没有一个女子的拥抱,生活可能太痛苦,至于你的慈爱是治疗我这种弱点的良药,我却绝没有想到,因为我一无经验。我以为要清心寡欲全凭自

77

---

⑯ *Confessiones* 6.15.25.
⑰ *Confessiones* 6.11.19.

身的力量(而我感觉不到这股力量),我真糊涂,竟然不知
道圣经上明明写着除非你赐予,否则谁也不能洁身自守。
如果我用内心的呻吟,响彻你的耳鼓,以坚定的信心把我
的顾虑丢给你,你一定会赐予我的。⑧

我们似乎再次从事后的角度看待这一问题。奥古斯丁谈论独
身问题的时候还不是基督徒,所以也要从这种背景下来看待他在上
文中提到上帝一事。他当时确实已经参加了受洗班的要理问答课
程,但这本身并没有拦阻他结婚。相反,他母亲倒非常清楚儿子的
兴趣所在。

> 不断有人催促我结婚。我也向人提出婚姻的请求,对
> 方也已经答应。我的母亲对此煞费苦心,她希望我婚后能
> 领受那赐下救恩的洗礼,以此洁净我,他见我每日为此作
> 预备,就十分欢喜,说她的愿望和你的应许都将在我的信
> 仰中实现。⑨

至少对于敬虔的莫尼卡而言,奥古斯丁的前途是非常明确的,只是
他的情妇夹在中间拦阻了她的计划。她为何不干脆提议他们结婚,

---

⑧ *Confessiones* 6.11.20.
⑨ *Confessiones* 6.13.23.

让双方的关系合法化呢？

　　我们在这里看到的这个世界，对于生活在现今发达世界的人而言非常陌生，但是对于许多生活在发展中国家和从发展中国家出来的人而言却颇为熟悉。古代的婚姻，尤其是罗马时代的婚姻并不是基于恋爱关系，而是一种商业交易。大家结婚的目的是为了获得社会上的优势，很少是为了爱情，爱情反而被视为一股非常危险、不安定的力量。把一生压在嫁妆上是一回事，而用感情替代嫁妆则完全是另一回事——因为感情无法让人吃饱饭。奥古斯丁跟情妇的关系一直都是基于爱情，而且是非常成功的爱情。但是，他的情妇没有钱，也没有社会地位。这对一位当地贵族——这样的人期待在塔加斯特的社会生活和政治生活中发挥重大的作用——的儿子而言不够有利。奥古斯丁的父亲已经因为别人的期望而耗尽了钱财，奥古斯丁如果要继承父亲的遗产，就要让家里重新富裕起来。所以他需要找一个合适的妻子——结婚的时候她会带来不菲的嫁妆。

　　我们只有意识到这些事情，才能开始理解奥古斯丁为何这样处理他的婚姻。就奥古斯丁而言，这实在是一种非常世俗的纠缠。他对未来的新娘没有任何意见，而这位新娘当时还差两岁才满法定年龄——也就是说她当时只有十岁，比奥古斯丁小了二十多岁。在奥古斯丁看来，自己娶这样的"女人"对她是非常不公平的。但这并不表示在当时的古代世界这类婚姻很少。甚至约瑟和马利亚在年龄上也可能有很大的差距——当然，也有可能约瑟只比马利亚大几岁而已。但是不难看出，奥古斯丁自己对这桩婚事并没有什么不满；

他说他"提出结婚的请求"时，其实并不是指他向这个女孩求婚，而是向女孩的父母提出结婚的请求。这里我们必须再次试着去理解奥古斯丁，认识到他所说、所做的只不过是当时的背景下应该做的，我们不能把现代的价值观（和异国的社会状况）强加在他的思想中。

奥古斯丁也认为，自己有强烈的性冲动是因为自己远离了上帝的爱，追求世俗之乐。正如他所说："我已经讨厌我在世俗场中的生活，我先前热衷名利，现在名利之心已止息……但我对女人还是辗转反侧，不能忘情。"⑩

令他感到困扰的，并不是他对某个女人的爱，而是对所有女人的爱。他知道结婚本没有错，一切问题都在他自己。可以肯定的是，母亲为他安排的这桩婚事几乎肯定没有爱情可言，或者至少没有婚姻中两个平等个体之间的那种爱意。他不可能跟一个未成年的妻子谈论严肃的话题，所以这种结合带来的社会责任也不是他所喜欢的。他感觉到其他事情在呼召他，只不过是被自己强烈的性冲动拖住不能前往而已。由此看来，他要过独身生活的努力就显得更为合理了；我们看到对奥古斯丁而言，确实有必要放弃婚姻关系，但这并不表示每个人都要这么做。和保罗一样，奥古斯丁的情况是独特的，但他从上帝而来的呼召是清楚的。他如果要做上帝为他预备的工作，就要独身，而且要一直独身。从他接下来的生平和职业生涯中可以看出，独身是一种何等明智的抉择。

---

⑩ *Confessiones* 8.1.2.

但是，即便奥古斯丁想要保持单身，他也不希望一个人生活。我们已经看到，他希望创建一个属灵的共同体，让好友们一起和睦同居。今天，我们知道这种共同体就是修道院，但是在奥古斯丁时代几乎还没有修道院。修士就是那些独自住在沙漠中的男性——我们现在称这样的人为"隐修士"(hermits)。这种聚集在一个共同体中一起生活的观念当时依然非常新颖。虽然东方已经有人尝试过这种做法，但是过了一段时间之后，努西尔的本笃（Benedict of Nursia)才将我们现在称为修道主义的东西引入西方教会。所以在这方面，奥古斯丁也是一位先驱。

据我们所知，奥古斯丁虽然高度赞赏默想的生活，但却从未想过自己去沙漠中过这样的生活。一旦他当上希波主教，就不再可能选择这种生活。当时的主教其实就相当于今天那些超大型教会的主任牧师，需要他的时候数不胜数。奥古斯丁身边应该有一群非常出色的下属，这对他至关重要，但是他不认为这就像带一群雇员、签一些合同、做一些小买卖那样。相反，他的下属就是他的共同体——一群愿意献身、志同道合的人，这些人跟他一样都愿意过献身的生活，愿意为其他人树立榜样，叫他们知道基督徒应该如何生活。

我们生活在现今的人对此似乎非常陌生，但这只是因为我们不再有这样的经历。如果我们诚实地看一看今天一般的牧师和他牧养的教会，就会发现牧师有很大的压力，不仅会众期望他承担无数的工作，他自己还要养家。如果在家办公，就很难平衡家庭和工作

的需要,而多数牧师都是在家办公。这是一份每周七天、每天二十
四小时的工作,而且或主动或被动,牧师的妻子儿女也都牵涉其中。
这给家庭带来的张力是可想而知的,但是现今有多少人像奥古斯丁
那么诚实? 有多少人能看到问题并愿意为了侍奉的缘故定意避免
这类问题? 不论这样做是对还是错,我们都更倾向于批评他做出这
样的决定,认为他做错了。可能对很多人来说都是这样——奥古斯
丁也不会否认这一点。但是对他而言,这样做是正确的,即便自己
付出很大的代价(必须承认,其他人也要付出很大的代价)也要做出
这样的牺牲,因为他认为这是上帝要求他做的。值得吗? 我们无法
替他回答这个问题,但是至少有一点我们可以非常确信:倘若他选
择了母亲为他安排的那条路,我们现在就读不到他的作品了。

信心的生活

奥古斯丁和使徒保罗一样,都认为自己活着就是基督,死了就
有益处。[51] 这是一个根本的出发点,其他一切事情从这一点来看都
非常合理,而且用奥古斯丁的话来讲,也都是不可避免的。正如保
罗所说:"我深信那在你们心里动了善工的,必成全这工,直到耶稣
基督的日子。"[52]奥古斯丁有关基督徒生活的一切教导,都可以被视
为是对这句话深层含义的讲解。

---

[51]《腓立比书》1:21。

[52]《腓立比书》1:6。

奥古斯丁是否相信唯独因信称义（justification by faith alone），就像马丁·路德（Martin Luther）所宣称的那样？虽然奥古斯丁的时代早于新教产生的时间一千多年，但他是否也算新教徒？对这类问题的回答一定是"否"。我们不能说奥古斯丁会无条件地赞同路德的观点，即便路德自认为是在追随奥古斯丁的脚踪。原因并不是他们的属灵经历有根本性的差异，而是他们的属灵经历具有不同的表现方式。奥古斯丁肯定不知道路德有一天会跟随他，并借助他的神学来宣讲唯独因信称义的教义，但是他同样也不知道路德的教义会遭到对手的反对。奥古斯丁并不知道宗教改革整体的讨论框架，如果强行将他的思想加到他自己都一无所知的模子中，就是犯了时代误植（anachronism）的错误。

然而，虽然称奥古斯丁是新教徒犯了时代误植的错误，但他确实强调信心的重要性，也与上帝有活泼的关系，并且不相信靠自己的行为能够得救。他是个蒙恩得救的罪人，他自己也知道这一点。路德和其他改教家们看出了这一点，所以就称他是他们的前辈，即便他们后来为了论证的需要而修改了他的方法。要理解奥古斯丁对后世产生的影响的本质，我们就要从头来看。

首先，**信心**到底意味着什么。对奥古斯丁而言，这当然包括在理性上认同正统信条，从来没有人怀疑他会允许异端自称属于教会或在教会中有份。但是，对他而言，教义上的正统不过是信心的**结果**，而非信心的根基。正因为奥古斯丁"遇见过"基督，知道基督是什么样的，所以奥古斯丁才认信教会所认信的内容，而教会的存在就是为了传讲救恩的好消息，这救恩正是在基督里、也是借着基督才有的。奥古斯丁成为基督徒，并不是因为被知识上的有利论据（如关于创造或上帝对圣经的默示）所说服，但是当这些信仰内容受到挑战时，奥古斯丁也没有因此而动摇。他知道这些都是真的，因为这都是他认识的那位上帝所教导的，所以他觉得没必要在公众法庭上为之辩护。换言之，奥古斯丁并没有涉猎我们所说的护教学。相反，他宣讲自己从圣经中所领受的信心，并竭力告诉人如何才能在人类生活的背景下理解信心。他并没有试图为之辩护，证明这是真的——因为他已经接受了这是真的——而是向人表明，如何才能将信心的真理应用在我们蒙召生活的环境中。

对奥古斯丁而言，信心包括理性上的相信，但是却不止于此。对他而言，信心意味着在新生命中与基督联合（union with Christ），而只有借着圣灵的大能才能明白这种联合。与基督联合就是与他的神性和人性联合，这并不是因为信徒可以通过某种方式成为上帝，而是因为信徒跟基督的关系是位格性的，而圣子这一位格就是上帝。但是，身为上帝的圣子成为人，取了我们的本性，就是为了让我们能够与他建立关系。换言之，我们是在圣子的人类**本性**中与他的**位格**联合，而非在他的神性中与他的位格联合，因为他与我们一样具有人性，而我们对他的神性却没有直接的知识或体验。基督作为三位一体中的第二位，他人性的一切却都和我们的人性等同，同时他还保有与圣父和圣灵一样的神性，而且这神性的奥秘隐蔽之处是可朽之人的头脑无法测透的。正如奥古斯丁所说："这就是正道。

要心怀谦卑行在其间,就能得到永生。作为上帝的基督正是我们要去的那国(the country);而作为人的基督正是我们可以去那里的道路(the way)。"⑥

这自然就引出了效法基督(the imitation of Christ)的观念,现代人受托马斯·厄·肯培(Thomas à Kempis,卒于 1471 年)所写的那本知名灵修著作的影响,也对这一观念非常熟悉,同时这也是新约圣经中的概念。⑥ 所以,看到奥古斯丁竟然没有强调这种看似与他的思维模式完美契合的主题,着实令人吃惊。个中原委实难讲明,但是从他归信之前的生活中,我们似乎能找到一些线索。奥古斯丁描写自己归信之前对耶稣的态度时说道:

> 我以为我的主耶稣基督不过是一个具有杰出智慧、无与伦比的人物;我以为,他神奇地为童贞女所生,乃是为了告诉我们,他轻视今世事物且为我们赢得了不朽;并且由于上帝对我们的关顾,他得以享有教诲人类的极大权威。至于道成肉身的奥秘,我是丝毫未曾捉摸到……但我以为基督之所以超越所有人,不是因为他是真理的化身,而是由于他拥有卓越的人格,并且更完美地与智慧有份。⑥

---

⑥ *Sermones* 123.3.
⑥ 《哥林多前书》11:1;另参《以弗所书》5:1—2。
⑥ *Confessiones* 7.14.25.

换句话说,奥古斯丁成为基督徒之前,认为耶稣就是一位拥有非凡恩赐的人,并且获得了无人能及的智慧,但是从理论上来说,任何人只要有力量、有决心,都可以获得这样的智慧。这种观点与柏拉图主义者的立场非常契合,因为柏拉图主义者认为,如果哲学家沉思的时间足够长,就可以达到超越凡人的状态。在奥古斯丁看来,伟大的新柏拉图主义者波菲利虽然坚定地反对基督教,实际上却相信有关耶稣的事情。⑥⑥ 当然,现今许多非基督徒知识分子也持有类似观点。他们乐意接受耶稣伟大的道德教导,却认为耶稣的神性不过是神话,是他的门徒强加上去的——不论他们是否有意欺骗公众。

有鉴于此,对基督教神学家而言,提倡"效法基督"就很有问题,因为这样会给人一种危险的暗示,让人觉得理论上人可以像基督一样。使徒保罗对该主题的讲述甚至也可能会促进这种现象,他说,"你们该效法**我**,像我效法基督一样"。⑥⑦ 既然保罗没有自称为神,很明显任何人只要真心愿意,都完全可以效法他。鉴于他自称是我们效法基督的榜样,所以可以说,我们很容易就可以看出人类自我改进(human self-improvement)这种哲学观念如何会从后门溜进来。

基督徒可能会落入这种误解之中,同时被帕拉纠的教导影响,这种可能性会进一步增加,因为我们从奥古斯丁那里得知,帕拉纠

---

⑥⑥ *De civitate Dei* 10.27 - 29.

⑥⑦ 《哥林多前书》11:1。

也持同样的观点。我们要格外留心，不可全盘接受奥古斯丁对帕拉纠的讲解，因为奥古斯丁强烈反对帕拉纠主义，可能会扭曲帕拉纠的真实教导。但是，似乎没有任何理由怀疑帕拉纠的这一观点，即福音就是一种信条（creed），借之"我们就可以学到自己理论上该如何生活，但并不是说我们也要靠他的恩典才能真正过好的生活"。⑱

　　奥古斯丁与帕拉纠的分歧——坚持奥古斯丁传统的人与各种不同形式的帕拉纠主义历来的分歧——就在于对基督十字架的认识。对帕拉纠而言，耶稣的死是我们要效法的一种牺牲（就跟效法他的生一样）。这也是禁欲主义自然会达到的高峰；禁欲主义主张弃绝世界、背起十字架、跟从他。但是奥古斯丁并不这样解释基督钉十字架。上帝的儿子在十字架上所做的，是任何寻常人都无法做到的。他亲身背负了我们的罪，不是为了给我们树立一种可以效法的榜样，而是为了除掉我们身上罪和死的重担，让我们可以享受与他的团契关系以及永生。我们必须与基督同钉十字架，而非被他的死激励，以至于借着圣灵的大能重生后，我们得以过一种合他心意的生活。这才是"效法"基督的意思。它是保罗所教导的，是我们要靠着在我们里面运行的上帝恩典的帮助去运用在我们自己身上的。

　　奥古斯丁并不是一夜之间就有了这种认识。他继承了一种思想传统，这种思想认为，基督徒生活就是让亚当堕落之后而失去的、

---

⑱ *De natura et gratia* 40.47.

淹没的或破坏掉的东西重新恢复。亚当是"照着上帝的形像（image）和样式（likeness）"受造，但是早期教父们大多都非常微妙地误解了这一点。在希伯来语中，*tselem*（形像）一词和 *demuth*（样式）实际上是同义词，可以交替使用，就如在新约圣经中一样。⑥ 但是对希腊人而言，如果使用两个词描述某个东西，必定是因为这两个词有所不同，于是出现了一种理论，即亚当失去了上帝的样式，但没有失去上帝的形像。

于是，救恩就被认为是将人里面上帝的形像，恢复到堕落之前人所具有的上帝的样式。照这种思路来看，上帝的形像是人本性中所固有的，也是人与低等受造物之间的区别所在，同时也是从未失去过的，即便在亚当堕落犯罪之后。

> 在人的理性灵魂或理智灵魂中必然有创造主的形像，它不朽地扎根在灵魂的不朽中。……但它之所以被称为"不朽"，乃是因为即使它在最不幸时也从不停止带有某类活力的生活。因此，虽然理性或理智也会轮流休眠，一时显得细微，一时又极度活跃，但人的灵魂始终会是理性或理智的。⑦

---

⑥ 例如《雅各书》3：9，其中用的是 likeness（样式），而非较常用的 image（形像），但是这两个词意思明显一样。

⑦ *De Trinitate* 14.4.6.（引文均参照奥古斯丁：《论三位一体》，周伟驰译，北京：商务印书馆，2018 年；部分引文根据本书英文有修改或重译，以下不再另外注明。——编者注）

另一方面,上帝的样式虽然是在耶稣基督里成为肉身的道所独有的,其他受造物却可以透过与耶稣基督联合而在一定程度上拥有上帝的样式:"万物都是借着上帝的样式造的,上帝的样式称为样式也很妥当,因为他不是由于在某种程度上分享了上帝的样式才像上帝,而是由于他本身就是样式的本原(principle),所以上帝照着这样式、借着他所造的一切也就都有了上帝的样式"。⑦

这种天生具有的上帝的样式非常重要,因为少了这种样式,宇宙将缺乏统一性。如果上帝是终极的存在和真理,他所创造的万物也必定在某种程度上享有这种存在和真理,因为如若不然,它们就是谎言,甚至不会存在。奥古斯丁对这方面的讲解非常到位:

> [受造]物可以说像[最初的]那一位——只要受造物还存在,因为只有在还存在的情况下受造物才是真的。但是,只有那一位本身是样式和真理……故此,受造物还存在的时候就是真的,而受造物只有跟一切统一的源头相像时才会存在,这源头就是一切存在之物的形式(Form),就是作为本原(Principle)的至高样式,也是真理,因为这源头没有任何[与那一位]不符的元素。⑫

85

---

⑦ *De Genesi liber imperfectus* 16.57.
⑫ *De vera religione* 36.66.这里的"形式"应当理解成与那一位(父)有关系的子。

从这种范式出发，我们就能看到为何人堕落犯罪后，人里面样式的败坏会带来这么严重的后果。原则上来说，人保留了受造时所拥有的上帝形像中的各种元素，但是后来人不再与上帝的生命有份，因为人不再照着该有的方式效法上帝。在受造次序里面，这是一个异常现象，必须加以纠正，这也是上帝的儿子——即那一位的形式（the form of the One）——借着在耶稣基督里面道成肉身要来做的事情。

但是，这种模式在当时（以及现在）都有一些难点，是早期教会从未正确面对或解决的。如果基督的救赎工作是以这种方式与受造物绑在一起，那岂不是整个受造界都要得救吗？使徒保罗自己不是也说"在亚当里众人都死了，照样，在基督里众人也都要复活"吗？⑦ 所以，基督的使命必定是着手让万物在他里面重演（recapitulation），这句话的实际意思就是整个受造次序都要被更新——起码从隐含的意义上来说就是人类全都要得救。⑦

这不一定要排除上帝恩典的工作，这里似乎奥古斯丁和帕拉纠派都误解了对方。譬如，对埃克拉努姆的朱利安之类的帕拉纠派而言，上帝的恩典就意味着上帝做工让本性变得完全。这继而也会假设上帝照着他的形像造人的时候，这种形像故意被弄成不完全的，即没有完全成形，所以之后要经历自然的过程，成长为应有的样式。

---

⑦ 《哥林多前书》15：22。

⑦ 据称《使徒行传》3：21 称之为"万物复兴"。

换句话说,帕拉纠派所谓的"恩典",其实就是受造物本性中天生就有的自然成长功能,只需要上帝动工,这种成长就会结出果实。奥古斯丁承认这一点,但也表达了不同意见:

> 你[朱利安]说,人的本性是善的,它应得这种恩典的帮助。如果你这样说是因为人的本性是理性的,上帝借着耶稣基督赐下的恩典不是给石头、树木或牲口,而只是给人,他是上帝的形像,那我会愉快地接受这一点。我不同意的是,人先有善意,以至于不需要恩典就能行动,这意志不需要领受就可以献上,似乎暗示有某种东西先于恩典,应当给予回报;那样的话恩典就不再是恩典,因为它不是白白给的,而是作为某种应给的东西给[领受者]的。[75]

86

奥古斯丁这里的意思是,只有从关系这个背景下来看,才能理解恩典。相应地,只有在造物主和照着他形像被造的人之间才会有恩典。奥古斯丁的意思**并不是**说,人因为本性中的一些东西,更容易领受上帝满满的恩典,以至于上帝为人所做的,都只不过是可以照着事件的正常进展推测出来的。

奥古斯丁弄明白帕拉纠主义暗含的观点之后,才逐渐认识到传统上所理解的上帝在人里面的形像和样式,以及到当时为止依然非

---

[75] *Contra Iulianum* 4.3.15.

常流行的"恢复论"救恩观("restorationist" view of salvation)，都是错误的。拯救不是回到伊甸园，而是另一回事。从未完全成形这种意义上来看，亚当和夏娃受造时并非"不完全"；他们受造的本性没有因为堕落而有任何增减，当道成为人的时候，他是照着"罪身的形状"而成为人。⑯ 福音不是人类自我提升的秘方，即便有上帝的帮助也不行，福音乃是关乎死去又复活得新生命的消息，是对那位主的跟随，因为他让我们看到了道路，并且让我们能够品尝他的体验，不是靠着效法，而是通过与之有份。换句话说，我们不是因为做了基督所做的事而得救，乃是因为与基督的死联合，让基督的死透过他的恩典也临到我们身上而得救。

亚当与基督徒之间的差别，实际上也是那些倚靠自己的行为救自己的人，与那些被释放不再靠自己行为救自己的人之间的差别。

> 先赐下的自由意志，能不犯罪；末后赐下的，不能犯罪。先赐下的自由，是为了立功；末后的自由，是为得奖赏；然而人性能犯罪时，就犯了罪，因着所赐下的更丰盛的恩典，就可以达到不能再犯罪的自由。起初的不朽就是能逃避死，却因着亚当犯罪而失去这种不朽；而末后的不朽却是不能死。⑰

---

⑯《罗马书》8：3。

⑰ *De civitate Dei* 22.30.

上帝如果将罪人恢复到亚当的状态，也是毫无意义的，因为他们仍然会有犯罪的能力，一有机会就可能犯罪，跟亚当一样。为何要再来一次呢？将得救之人提升到一种不能再犯罪的状态，看似剥夺了他们的自由，但是这种观点成立的前提是将他们看成已经得到一些东西的独立自主之人，并且这些东西实际上已成了他们本性的一部分。可能只有借着注入恩典才能实现这种情况，但是信徒对基督的倚靠跟病人对药物的倚靠并不一样。病人吃药的目的是得医治，一旦得了医治，他就会停止吃药，因为他不再需要药了。基督徒不会达到这种状态。与基督联合并不像抓药，而是像依附于一台维持生命的机器（用医学比喻来说）。正是因为基督，信徒才能活下去。基督徒不是以帕拉纠派的方式"提升"了，而是获准可以永远兴旺，因为基督徒依附于生命的源头，即基督。**恩典**和**信心**这类词就是用来描述这种依附关系的——恩典是从上帝的一方而言，信心则是从人的一方而言。所以我们才说自己得救是本乎恩、因着信，这不是出于自己，乃是上帝所赐的。[78]

现在我们回到了本节开头所讲的，当时我提出一个问题，即奥古斯丁是否相信唯独因信称义。我们之前注意到，他没有使用过这一词汇，这一词汇是他去世一千年后才出现的，所以他可能根本不理解这一词汇的意思。但是我们查考了奥古斯丁这方面的观点，了解了他的观点在一些基本方面与他那个时代及之前的主流基督教

---

[78]《以弗所书》2:8—9。

世界所流行的思维模式之间的偏差之后，就看到他的信仰不仅与后来称义的教义彼此兼容，也是这种教义的基础。奥古斯丁的功劳就是，将探讨从**本质**（nature）这个领域转到了**关系**（relationship）这个领域。根据上下文，我们也可以将关系描述为**位格**、**恩典**或**信心**。

得益于跟帕拉纠派之间的论战，奥古斯丁逐渐看到，凡是认为人的本性可以靠上帝的行动而改进、转变或变得完全的观点，他都必须予以拒绝，不论这样的行动是否被称为"恩典"。从这种意义上来讲，上帝在人里面的形像不是人"本性"的一部分，因为虽然这形像因亚当的堕落而受到影响，但形像的能力在客观上却没有任何削弱。这形像与人理性的灵魂或心智一样，都没有改变。否则，圣子就不可能道成肉身，那些被拯救之人也不可能得救，因为那样的话男人和女人就都不再是完整的人了。

上帝在人里面的形像真正可以证实的，就是我们都是位格性的存在，受造时就与上帝有一种关系，这种关系即便在我们堕落犯罪之后依然存在。这其中消极的一面是，我们因亚当犯的罪而有了罪咎，这并不是因为我们像亚当那样犯了罪，而是因为我们继承了亚当的罪。如果有人认为这不公平，那你只需要想一想，倘若不是这样，我们也就无法继承亚当的理性，现在也就没有任何得救的机会。救恩就是将有问题的部分矫正，而不是创造出一些从不存在的东西，也不是给之前就已存在的"本性"添上什么东西，使其产生本质上的变化。天上的信徒跟他或她在地上的时候一样，他们的地位和身份也都跟之前一样。信徒在地上所犯的罪将不再被追究，但是这

些罪也不会彻底从记忆中消失。正如奥古斯丁所描述的天上那些
有福之人的状态一样：

> 这就是知识的力量——而且在圣徒身上这种力量会
> 非常巨大——他们不但知道以前的痛苦，并且亦知道受罚
> 者永远的不幸。因为若他们不记得以前的痛苦，他们如何
> 能依照诗篇上的话，"永远讴歌主的仁慈"呢?[79] 此[上帝
> 之]城最大的喜乐，是歌颂救主的光荣，他以自己的宝血救
> 赎了我们。[80]

在此生与来生之间会改变的就是，来生我们将有新的本性，不
是我们现在的血肉之躯，而是适合天堂之状况的灵体。[81] 但是，即便
在这种灵体中，我们依然知道自己来自哪里，如何得救，为何要永远
歌颂赞美上帝的荣耀。

---

[79] 《诗篇》89：1。
[80] *De civitate Dei* 22.30.
[81] 《哥林多前书》15：50。

第三章 教师奥古斯丁

奥古斯丁与圣经

当奥古斯丁为着要不要接受基督教信仰的宣称而挣扎时,他转向了圣经,以便近距离检视那些宣称是什么。他很清楚,圣经是教会的基本文献,也是每一位基督教神学家的教科书。成为基督徒之后,他曾在若干不同场合肯定圣经是上帝所赐的、无误的。[①] 但是,尚未归信的青年奥古斯丁很快就觉得圣经缺乏古典希腊文学和拉丁文学的那种优美,圣经中的一些陈述对于一个受柏拉图哲学影响颇大的人而言,也显得非常荒唐。一旦奥古斯丁的思想接触到西塞罗优美的拉丁文,他就开始厌弃圣经,仿佛圣经低西塞罗一等。

> [圣经]和西塞罗的典雅文笔相较,真是瞠乎其后。我的傲气藐视圣经的质朴,我的目光看不透它的深文奥义,实际上圣经也能让孩子受益,但我不屑成为孩子,倒把我的满腔傲气视为伟大。[②]

---

① *Contra Faustum* 33. 6;*Enchiridion* 4;*De civitate Dei* 11. 6, 15. 23, 16. 2, 18. 38, 20. 1;*De Trinitate* 15. 17. 27 – 15. 19. 23.

② *Confessiones* 3. 5. 9.

奥古斯丁跟当时和现在许多自诩为知识分子的人一样，认为几乎任何寓言故事都比圣经有意思。摩尼教虽没有特别正面、十分深奥的东西，但他们发声指责基督教的圣经，这对奥古斯丁而言已经足够了。随着时间的流逝，奥古斯丁才意识到摩尼教对圣经的反对，并没有他们自己想象得那么难以对付，因为即便是旧约中比较棘手的经文，依然可以作为上帝的话语来讲解，而不会对道德上或神学上的健全（integrity）产生任何影响。奥古斯丁确实没有立刻就被其他基督徒劝服，但是他逐渐认识到，自己可以用一种比最初更加正面的方式来看待圣经。一旦他开始这样做，也就可以进一步接受圣经中的信息了。③

安波罗修是米兰大主教，也是当时最伟大的思想家之一，正是他劝服了奥古斯丁，让奥古斯丁开始认真对待圣经。④ 奥古斯丁曾听他讲道，他的讲解也给奥古斯丁留下了很深的印象。⑤ 安波罗修讲道的主要大纲非常清晰，奥古斯丁深受吸引。安波罗修认为，人里面有上帝的形像和样式，所以我们获得对上帝的认识既有可能也顺理成章。我们的推理能力反映了上帝的心智，这种信念对受柏拉图主义熏陶、渴望寻求终极绝对真理的人非常有吸引力。

安波罗修的教导吸引奥古斯丁的第二个地方在于，安波罗修并不局限于圣经的字面意思，他认为字面意思太过肤浅，所以就深入

---

③ *Confessiones* 5.14.24.

④ *Confessiones* 6.4.6.

⑤ *Confessiones* 6.3.3–4.

挖掘经文背后的属灵含义。奥古斯丁和当时差不多所有知识分子一样，都认为真理隐藏在表面背后，而且有可能和第一眼看上去的直观印象有很大差别。所以奥古斯丁几乎不费吹灰之力，就接受了安波罗修所倡导的寓意解经法（allegorical approach）。奥古斯丁还直接引用《哥林多后书》3：6（"那字句是叫人死，精意是叫人活"），从圣经的角度为这种解经方法正名，甚至还写了一本完整的著作（《论精意和字句》[*De Spiritu et littera*]）来证明这种解经方法是对的。

当然，并不是安波罗修发明了寓意解经法——远非如此。寓意解经法起源于亚历山大里亚的异教学者，在基督降临几个世纪之前，他们发现教授荷马的叙事诗令人非常尴尬。他们认为文学应该有提升道德的作用，但是这些有关奥林匹亚男神和女神的故事却并非如此。所以，为了克服这一困难，他们提出一种概念，认为希腊神话中的故事具有隐含的属灵真理。头脑简单的人可以只满足于故事的叙事，而头脑更为复杂的人可以去探究故事，挖掘故事背后深层的奥秘。[⑥]

希腊文学的这种寓意解经法被亚历山大里亚的犹太学者、生活在耶稣时代的斐洛（Philo）拿过来，应用在旧约的解释上。后来，生活在公元 200 年左右的基督教神学家亚历山大里亚的克莱门特（Clement of Alexandria）将这种方法引入基督教界。他的学生奥利

---

⑥ *De natura boni contra Manichaeos* 24.

金又将其发展成一种非常成熟的体系。随着时间的流逝,这种体系
又有了一些发展和变更,于是安波罗修从奥利金所留下的这种传统
中获得了基本的寓意解经技能。

在现代,寓意解经彻底失去了可信度,我们很难认真看待这种
方法,如果我们在奥古斯丁等人所写的注释中看到这种方法,往往
容易轻看他们的讲解。这是非常不幸的,因为尽管寓意解经法有不
足之处,也不像之前那么可行,但是我们依然可以从中学到宝贵的
功课,去应对现今教会仍然面临的一些挑战。

早期教会的多数人都认为圣经的内容在客观上是真实的,但是
他们很少有人对圣经中的历史事实感兴趣。他们最关心的,是学习
圣经中所教导的属灵功课。举例而言,没有人愿意费心研究考古
学,而圣经大部分的内容都来自一个不同的世界。几乎没有人研究
希伯来语,也鲜有人知道伟大的亚述帝国、巴比伦帝国和法老所统
治的埃及。大家相信在过去某个遥远的时候,摩西曾带领以色列人
离开埃及为奴之地,但是他们不太关心历史事件。也没有客观的方
式能够证明这件事确实发生过,大家只有相信那些在场的见证人所
作的见证是真实的。他们对福音的态度也是这样,奥古斯丁曾写过
一句非常著名的话,"普世教会的权柄若不打动我,我就不会相信福
音"。⑦ 以色列人一直相信,出埃及对于他们作为上帝选民的民族身

---

⑦ *Contra epistulam Manichaei fundamentalem* 5.6.奥古斯丁所说的"普世教会的权柄",
指的是接受使徒们身为目击者所作的见证。

份是必不可少的,但在多数基督徒看来,出埃及主要的意义就是属
灵上脱离罪的辖制。这种里面脱离罪、得以自由的体验,是福音的
核心,也是任何信徒都可以体会的,包括那些被迫做奴隶的信徒。

有关耶稣生平、受死和复活的记载与旧约的记载有所不同,这
是公认的。耶稣生活在较近的时代,属罗马帝国管辖。殉道者查士
丁(Justin Martyr,约 100—约 165 年)声称,本丢·彼拉多(Pontius
Pilate)在罗马的皇家档案中存放了一份有关耶稣受死和复活的报
告。⑧ 德尔图良了解这一故事,也说了很多相同的事。⑨ 但是,似乎
没有人去搜寻罗马官方的记录,以证明福音书的记载是否属实。现
代人急切想做、理所当然也会做的事情,古人似乎并不在乎! 现代
许多学者认为,查士丁和德尔图良只不过是在摆弄缺乏实质内容的
辞令,所以写不出相关文献,但是我们不应这么急躁地评判他们。
并不是他们无法调查原始资料,而是他们不屑于这样做。

今天我们走向了另一个极端,竭尽所能地倚靠考古学家、碑文
以及相关学科发现的证据。但是,这些发现真能让我们更加明白圣
经的含义吗? 证明圣经所说的在历史上确实是真的,这固然有用,
但这类证据却无法改变人的生命。大多数人希望了解的是如何生
活,他们如果看圣经,更大的可能是为了寻找道德上和属灵上的指
引,供今天所用,而不是为了了解那些消失已久的文明在历史中的

---

⑧ Justin Martyr, *Apologia* I, 48.

⑨ Tertullian, *Apologeticum* 5.2,21.24.奥古斯丁可能并不知晓查士丁的著作,但是他必
定读过德尔图良的作品。

细节。

圣经中许多属灵信息都比较容易弄明白：爱上帝、爱邻舍、善待恨你的人等等。将这类诫命付诸实践可能有些困难，但至少我们应该怎么做是非常清楚的。但是，如果圣经讲的内容是我们所厌恶的，可能就会产生问题。譬如，在《诗篇》137:9 中我们看到作者祝福那些杀害巴比伦的婴孩、将这些婴孩摔在石头上的人。有些人曾经被巴比伦人掳走，他们肯定不会对巴比伦人有多少好感，这也能理解，但是毕竟基督教的信息是我们要爱仇敌，而不是消灭他们！奥利金解决了这个看起来矛盾的问题，他的解释如下：

> 义人毁灭一切邪恶的仇敌，甚至连他们的孩童也不放过，而他们是刚刚种下去的罪的苗头。我们也这样理解《诗篇》137 篇的话……巴比伦（意指"混乱"）的"婴孩"，就是由刚刚种下去，正在灵魂中生长的恶产生的混乱念头。拿住它们的人，用坚硬而坚固的理性和真理摔断它们的头……由此他成了有福的。这样说来，就算上帝真的吩咐人杀死作孽的，包括孩子和众人，他的教训与耶稣的宣告也绝没有不一致之处。⑩

93

---

⑩ Origen, *Contra Celsum* 7. 22.（引文均参照奥利金：《驳塞尔修斯》，石敏敏译，北京：生活・读书・新知三联书店，2013 年；部分引文据本书英文有修改或重译。——编者注）安波罗修在 *De paenitentia* 2. 11. 106 中说了同样的话。

奥古斯丁也遵循同一原则,但却是以他自己独有的手法:

> 我们刚一出生,这世界的困惑就发现了我们,迫使我
> 们窒息,虽然我们当时还是婴儿,对各种错误还没有任何
> 概念。虽然有些婴儿注定成为耶路撒冷公民,而且在上帝
> 的预定中已是耶路撒冷公民,但目前他们还是囚犯,也只
> 能从父母在他耳畔的低语中学习去爱。他们教导他、训练
> 他,让他去贪婪、偷窃、撒谎、拜偶像……同样,巴比伦也在
> 我们年幼的时候逼迫我们,但是我们一旦长大,要怎么做
> 呢? 报复她! ……让她的婴儿窒息……在石头上摔得粉
> 身碎骨而死。巴比伦的婴儿是指什么? 就是诞生的邪恶
> 欲望。⑪

奥古斯丁的解释比奥利金和安波罗修的解释更个人化、更详
细,但基本信息是相同的。巴比伦的婴孩应从属灵意义上来理解,
一旦这样来看,摔碎他们就成了一种道德义务,在属灵上也属于不
得不为。然而,奥古斯丁的解释重点有所不同,随着时间的推移这
一点会越来越明显。奥利金和安波罗修都从一般意义上论及受试
探,讲到不要等到犯罪的冲动变得太强烈才去抵挡这种试探,而奥
古斯丁在讲论这节经文时,则将其放在预定进入天国之人早期的生

---

⑪ *Enarrationes in Psalmos* 136. 12.

活背景下。与其说这是关乎当试探来临时如何对付试探,倒不如说是关乎彻底放弃那些拦阻信徒享受上帝的生活方式。

虽然乍一看可能不太明显,但这种放大的视角逐步带领奥古斯丁越来越强调圣经经文的字面意思,在这点上他超过了其导师安波罗修,也超过了当时一般人的做法。奥古斯丁越研究圣经经文,就越发现圣经是基督徒生活的指南,所以要在每日喧嚣的生活中活出圣经,而不是在远离尘世的天堂活出圣经。这也是上帝的儿子成为人之后所做的。永恒之道成了肉身,这为奥古斯丁提供了可靠的根基,使其越来越从字面解释圣经的今世之道。今世之道是永恒之道的图像,其目的是为了适合我们使用、适合我们理解,但并没有因此而变得更"真实"或缺乏道成肉身的特点。

虽说如此,奥古斯丁也无法容忍将善与恶这样的重大问题降低到会说话的蛇和一个果子这种层次。当然,《创世记》对堕落的记载肯定有一些更深奥的象征。正如奥古斯丁所说:

> 蛇象征魔鬼,魔鬼当然不单纯。圣经说它比一切野兽都狡猾,可见它很聪明……我们不能纠结于蛇不在伊甸园,怎么能跟伊甸园里的女人说话。蛇从属灵层面进入伊甸园,而不是从身体上进去。[12]

---

[12] *De Genesi adversus Manichaeos libri duo* 2.14.20.

　　同样,摩西也给以色列人留下了看似无穷无尽的饮食规条和凸显族群特色的规条,其中很多都明确被耶稣和他的门徒废除了。那么该以哪种方式将这些规条看作上帝的话语呢? 在这里,旧约虽然没有太过不可信,却很难去应用——当然,除非从中发现属灵含义,表明这类经文仍然跟教会生活有关。奥古斯丁解释道:

> 对于真正想明白旧约的人而言,整本旧约从四重意义上被传承下来——历史的、原因的、类比的和寓言的……在圣经中,从历史的意义来看,我们会看到曾经写下或曾经做过的事……从原因的意义来看,我们看到人**为何**会说或会做一些事。从类比的意义来看,我们看到旧约和新约不存在冲突。从寓言的意义来看,我们看到并非圣经中的所有内容都可以从字面来理解,而是要从比喻的意义上来理解。[13]

　　正是这类考量,才促使早期基督徒走向寓意解经。如果我们从他们的方式来看,就不得不认同说,圣经文本在今天引发的属灵问题与过往一样多。早期基督徒相信,既然整本圣经都是供他们学习的,当然圣经中的每一部分都可以真实地应用在他们身上。[14] 假如

---

[13] *De utilitate credendi* 7.17.
[14] 《提摩太后书》3:16。

字面意思不能直接接受，就要找出另外一种意思，这时候就需要用
到寓意解经法。奥古斯丁阅读旧约时，会在两种不同的解经方法之
间徘徊，所以每一种解经方法都有用武之地。一方面，预言和应验
这个伟大的主题，也清楚表明耶稣基督的福音就是以色列信仰所指
向的目标。正如奥古斯丁所说："基督降临之前，读旧约时都蒙着一
层帕子，而基督降临之后，帕子就除掉了，即恩典就来了，我们也认
识到自己因他而称义，所以我们会做他所吩咐的。"⑮另一方面，新约
也揭露了旧约原有的内容，尽管我们还看不到："这种恩典在旧约中
被掩藏起来，但是已经在基督里以适应当时时代的合宜方式显现出
来，因为上帝知道如何正确地命定万事"。⑯

　　奥古斯丁从未解决这两种解经方法之间的张力，而是哪种方法
最适合他的论点和情况，他就采用哪种。真正令奥古斯丁印象深刻
的，并不是圣经如何使用人类语言来传递背后隐藏的属灵真理，而
是圣经如何宣称上帝的儿子来到地上——道成了肉身！⑰ 真理不只
是一种观念，而是一个可以与之认同的位格，因为他来到世上就是
为了与我们认同。⑱ 根据奥古斯丁的理解，道成肉身改变了事实的
本质，让宇宙中最深奥的奥秘向有信心的人敞开。奥古斯丁并没有
假装自己知道这是如何发生的，而且有一段时间这对他而言一直是

---

⑮ *De spiritu et littera* 17. 30.
⑯ *De spiritu et littera* 15. 27.
⑰ 《约翰福音》1:14;例如,*Confessiones* 7. 19. 25。
⑱ *Confessiones* 7. 18. 24.

个难题,他既不能解决,也不能任其与他的理性思想共存。但是,即便奥古斯丁对道成肉身的理解尚不明朗,他也非常清楚基督教的教导超越柏拉图主义所有的教导。

> 我相信[哦,主],我在读你的圣经之前,无意中先钻研了[柏拉图主义者的]这些著作,是出于你的旨意……以至于我能分辨出臆断与认信之间的不同;能知道看见目标而不识途径的人,与找到通往幸福天乡——不仅为参观而是为了定居下来——之路的人,二者有何区别。⑲

对奥古斯丁而言,柏拉图主义与基督教的区别在于,前者是对终极现实的想法,后者则是对终极现实的体验。体验并不否认想法,却超越想法,让想法显得很苍白,相形见绌。⑳ 在奥古斯丁看来,哲学从根本上来说就是简化论,因为哲学试图用思想解释超越思想之能力的事物。然而,基督教信仰拥抱思想,却也让信徒认识更高的真理。㉑ 位格性知识比理性推演更直接、更灵活,因为位格性知识可以同时处理知与不知的悖论。观念的终极还是观念——你要么理解,要么不理解。但是,人是一种需要更深认识的奥秘,而且人就

---

⑲ *Confessiones* 7.20.26.

⑳ *Epistulae* 137.5.17.

㉑ 有关奥古斯丁对于哲学与基督教信仰之关系的看法,参见 *De civitate Dei* 7.29,8.9 - 10,11.2,22.22,26 - 28; *De doctrina Christiana* 2.40.60。

像上帝一样,最终也只能通过爱来认识。[22] 圣经的美好与奇妙就在于,它不是一套哲学体系,而是上帝的位格性启示。理解这种关系,跟理解所有位格性关系一样。在一个层面上,圣经迫使我们进入它所说的那种体验之中,但是在另一个层面上,圣经又包含一些我们永远也不可妄想测度的奥秘。换句话说,圣经就像另一个人一样——真实,同时却无法测透。

如果奥古斯丁在解释圣经的方式上与同时代的人有差别,那也是因为他看到了"另一个自己"——圣经就是他灵魂的镜子,是为了让他(进一步说也是让我们)在上帝的知识和爱的光照下,透过自我的知识和爱去教导救恩之路。[23] 在解经时,信心是以爱来做工,也透过爱做工,从而使我们过一种纯正的生活,以此让我们真正认识属上帝的事,因为内心纯正的人才能见上帝。[24]

奥古斯丁这种理解圣经的方式,可以从他的写作风格上清楚看见。奥古斯丁曾就《创世记》中创世的故事写过不下四次注释,并认为这部分内容是基督教世界观的根基,除此之外,他主要集中对以下经文进行注释:保罗书信;约翰著作(尤其是第四卷福音书和《约翰壹书》),重点在于爱和道成肉身;以及《诗篇》。奥古斯丁曾论到《诗篇》说:"我使用这些诗篇向你发出的是何等的祷告! 使我内心燃起对你多么大的爱火! 我抱着如此热情,假如可能的话,真想将

---

[22] *Confessiones* 12.15.19.

[23] *De Trinitate* 10.3.5.

[24] *Enchiridion* 4-5. 参见《马太福音》5:8.

这些诗篇向全世界朗诵,用以谴责人类的狂妄！可是全世界不是都在歌唱它们吗？没有人能躲避它们的炙热。"㉕

诗篇作者与上帝之间关系的热烈对奥古斯丁颇有吸引力,所以奥古斯丁写的《诗篇》注释比他写的任何其他圣经经卷注释篇幅都要长。他相信,诗篇明确支持的那种敬拜式的灵性是正确解经的关键。㉖这对他产生的影响可以在他处理神迹的问题时看出来。批评的一方争辩说,神迹不会再发生,所以圣经中记载的那些神迹可能也没有发生过。奥古斯丁在回应时,并没有说神迹是过去的事;相反,他论辩说神迹仍然在发生,只不过不再用圣经那样的方式记载下来供后人了解。㉗同时,他还宣称神迹不再经常发生,因为不再需要用神迹来证明福音的真理,所以如果神迹跟之前一样频繁发生,大家就会被神迹吸引,不会被福音的信息吸引,而神迹本来的目的就是为了支持、证明福音的信息。㉘在奥古斯丁看来,真正的神迹就是,许多人即便没有亲身经历过新约中所记载的事件,却依然愿意相信福音。㉙凡是看到上帝在世界上的作为并为此称颂上帝的人,都很容易接受圣经启示中所记载较为不寻常事件的真实性。

奥古斯丁与奥利金或者奥利金同时代的拉丁教父哲罗姆相比,实在算不上是一位真正的圣经学者或解经家。他不懂希伯来语,希

㉕ *Confessiones* 9.4.8.

㉖ *De doctrina Christiana* 2.41.62.

㉗ *De civitate Dei* 22.8.

㉘ *De civitate Dei* 22.8-9.

㉙ *De civitate Dei* 22.5.

腊语也是初级水平。虽然这可能不太重要,但关键是当时没有可靠
的拉丁语圣经译本,直到哲罗姆的翻译版本出现,这让奥古斯丁处
于极为不利的境地。[30] 但是,从奥古斯丁与哲罗姆之间的通信可以
看出,奥古斯丁并不赞赏哲罗姆的成就,也不认为哲罗姆是更出色
的解经家,更不认为自己应当以哲罗姆为准。这两人不在同一频道
上。哲罗姆是个真正的学者,他在乎经文的意思,也竭尽所能避免
采用寓意解经,并且立志学好原文,将原文翻译成合宜的拉丁语。
他还希望将旧约正典界定为现存的希伯来语书卷,而不包括我们现
在统称为次经的希腊语外添书卷。

　　另一方面,奥古斯丁根本无意仿效哲罗姆的学术行为。奥古斯
丁对寓意解经持开放态度,因为他认为圣经中有隐藏的真理,也认
为既然使徒都没有坚持用希伯来语旧约,他也没有必要这样做。这
在《诗篇》中尤为重要,因为希腊语《诗篇》往往与希伯来语《诗篇》有
出入。哲罗姆对这类文本问题的敏感是奥古斯丁所没有的,所以这
可能也是奥古斯丁不尝试(至少不经常尝试)注释性写作的原因。

　　但是,倘若奥古斯丁只是因为文本问题而让我们失望,那么谈
到解释圣经的学问(即释经学)时,他将给我们留下不同的印象。奥
古斯丁非常擅长这一领域,他这方面的作品现在仍然对神学家和文
学理论家有极大的吸引力。据称他这方面的主要著作被称为《论基
督教教义》(On Christian Doctrine [Teaching])。奥古斯丁并没有

---

[30] 这个版本大约于公元 400 年出现,但是奥古斯丁显然并未使用。

奥古斯丁的人生智慧

一套现代意义上的系统神学,其至早期教会的信条在他的思想中也不占主要地位。然而对他而言,圣经是一个非常连贯的神学架构,对教会的生活和教导大有权威。他并没有因为圣经中没有提到传统就轻视传统,但他也从未将传统高举到与上帝赐下的话语同等的地位。为了澄清圣经中不清楚的地方,他也同意诉诸圣经以外的见证,尤其是受洗信条。㉛ 但是,圣经一直都是至高无上的,而且如果不符合圣经的传统被当作捍卫非正统观点的手段,他就会回到唯独圣经是基督教教导的源头这一原则。㉜

对奥古斯丁而言,因着启示的神圣性,圣经的真正含义体现为神谕(divine oracles),而对神谕的解读可以脱离其历史背景;实际上,也必须这样读圣经,因为否则圣经对教会就失去了作用。如果原文的语境是他解经的主要准则,圣经就成了记录上帝百姓发展状况的历史文献,而不是基督徒生活和实践的指南,这两者差别很大。因为那样的话圣经就成了对过去的记载,而不是对现在的指导,更不是对将来要成之事的应许。

这一点的重要性最清楚地体现在奥古斯丁对圣经文本的字义与字义背后的精义所做的区分中。当然,这也是保罗所教导的,这种教义产生的背景是新约教会纠结于要不要遵守犹太律法。保罗

㉛ *De doctrina Christiana* 3.2.2.

㉜ *De baptismo* 2.3-4; *De natura et gratia* 37.44; *Epistulae* 93.10. 另见 *De doctrina Christiana* 2.42.60。

教导说,字义会叫那些错误领受字义背后精义的人"死"。㉝ 奥古斯丁同意这一点,并以此作为论据驳斥帕拉纠主义。㉞ 但是,随着奥古斯丁对释经的认识不断提高,他越来越将保罗的这种区分当作理解圣经——尤其是旧约圣经——的范式(paradigm)。律法虽然表面上显得非常不符合基督教,但是在律法严格的表面之下,隐藏着上帝恩典的信息,这信息在福音中也充分显露出来。有鉴于此,奥古斯丁教导说,旧约应当被理解成以后要来之事的影子和预表(type),这样他才能既公正地对待经文的字面意思,又不会忽略经文的属灵含义。㉟ 实际上,他将寓意解经变成了我们现在所说的预表论(typology),而二者之间的不同之处在于,寓意解经无视经文的字面意思,而预表论则认真对待经文的字面意思,同时也认为字面意思是其他意思的原型(prototype)。㊱ 奥古斯丁在这方面比在其他任何方面都更加接近改教家愿意称之为"圣约神学"(covenant theology)的思想,即从字面解释旧约,但将旧约作为以后要成就之美事的应许和预兆。

奥古斯丁是为教会——渴望从圣经中寻求上帝并在上帝的恩典中长进的教会——写作的。圣经中所包含的信息就是为了让人

㉝ 《哥林多后书》3:6。
㉞ *De spiritu et littera* 5.8.
㉟ *De spiritu et littera* 15.27; *Epistulae* 102.17.
㊱ 这种区分是现代的做法。奥古斯丁会认为预表论属于寓意解经的一种变体。使徒保罗也持同样的观点,参见《加拉太书》4:21—27。

去体验,否则它就没有任何价值。他知道很多人都认为学习阅读圣经是浪费时间。对他们而言,根本没有引导(约束)读者的准则,如果强加这样的准则就等于是在消灭圣灵的感动。

今天仍然有很多人持相同的观点——他们认为你只需要翻开圣经,上帝就会在没有任何外在注释的情况下,直接显明经文的含义。奥古斯丁对这种观点的回应是,老师的义务是指导自己的学生学习阅读的技能。在这方面,圣经跟其他书并无二致。孩子们从父母那里学会母语,再去学校学习认字。导师的工作不是给学生洗脑,让他们照着某种标准思考,而是要让学生装备好,可以自己阅读、思考。奥古斯丁也是这样看待自己评注者的角色——不是像释经家那样去告诉别人圣经的意思,而是为别人提供工具,让他们亲自阅读、理解经文。

> 制定解经准则的人就像教阅读的人一样,而教阅读的人就是告诉别人如何自己阅读的人。结果就像那些懂得阅读的人一样,他们不需要其他人告诉他所读的书是在讲什么,同样,那些掌握了我在这里所写准则之人,也不需要解经家为他们讲解所遇到晦涩难懂的经文。[37]

换句话说,若一个人学会如何阅读圣经,那么除了可能需要解

---

[37] *De doctrina Christiana*,preface,9.

释一些晦涩难懂的名称和事件之外，他根本就用不着解经书！不论我们对这种方法持何种观点，至少这有助于我们理解奥古斯丁自己为何不写解经书——他其实是在努力从一种更加根本的层面上帮助人理解圣经。

事物和记号

奥古斯丁开始教导阅读圣经的方法时，会先从根本上对他所谓的**事物**（things）和**记号**（signs）做一种区分。一件**事物**是一个客观存在的对象，不表示其本身以外的任何东西——如木头、石头、牛等。而一个**记号**则表示其本身以外的东西。词语肯定是记号，因为词语本身没有客观实存；其含义完全取决于所指的对象。但是事物也可以是记号，这在圣经中很常见："摩西为了让苦水变甜而往苦水里投的木头、[38]雅各当作枕头的那块石头，[39]以及亚伯拉罕用以代替他儿子而献上的那只公羊，[40]其本身都是事物，但是也都可以作为其他事物的记号"。[41]

再者，从另外一种意义上来讲，词语之类的记号也可以指事物——当然不是指物质的物体，而是指可以进行定义的知识上的概念。词语可能有语义范畴，但词语并不是无限制的，也不是随意的；

---

[38] 《出埃及记》15:25。
[39] 《创世记》28:11。
[40] 《创世记》22:13。
[41] *De doctrina Christiana* 1.2.2.

词语的一种语义和另外一种语义之间必然有某种关联，即便这种关联很难想象得出。举一个现代的例子，"mouse"一词首先指一种啮齿目动物，但其词形让人联想到人皮肤下面的东西——"muscles"（肌肉），或者"little mice"（小老鼠）。当然在现代，这个词被进一步拓展，指一种电脑配件，*这很可能跟后者的形状有关。在这两种情况中，我们都能看到一种客观上并不存在的关联，但这却有助于我们理解并定义我们观念上的经验领域。

我们可以用灵活的方式，用词语指代不同的事物，却不会忽视这些事物背后共同的概念，这对于我们理解奥古斯丁的解经非常重要。一方面，奥古斯丁捍卫我们现在所说的文本的"字面意思"，并且提防任何想要推翻这种"字面意思"的人："当我们透过对一些词语的分析，再基于扎实的普世基督教信仰基础，得出多种真实的含义，并本着这些含义去读上帝所默示的圣经时，我们要选择那种确定是作者原意的含义。"⑫

奥古斯丁尤为担心的是，有些人因为经文的字面意思不符合自己想要解读出的意思，就抛弃字面意思。上帝的话语并不是为了满足我们的想法和期望，而是为了挑战我们，而且往往以非常具体的方式向我们发出挑战。故此，必须尊重经文的字面意思，如果没有充分的理由，不得将字面意思视为不可能或不适宜。⑬

---

* 指鼠标。——编者注

⑫ *De Genesi ad litteram* 1. 21. 41.

⑬ *De doctrina Christiana* 3. 10. 14 - 15.

奥古斯丁说这番话的背景是要"正确"解释《创世记》的问题,这一难题困扰了他大半生,同时也是早期教会争论的主要内容之一。44 摩西写下我们现在所看到的经文时,他可曾想到很多世纪之后读者会从中读出这么多的意思?44 摩西写道:"起初,上帝创造天地。"45他这样写的意思是什么呢? 奥古斯丁并不确定。谈到上帝时,奥古斯丁说道:

> 我肯定地说,你借着永恒不变的道,创造了一切可见和不可见之物。但我是否能同样肯定地说这正是摩西写"起初,上帝创造天地"一语的本意呢? 因为对于第一点,我在你的真理之中,看出是确无疑的,但我是否能同样在摩西的思想中看出他写这一句的本意是如此呢? 摩西用"起初"一词,可能说创造的开始,用"天地"二字也可能不是指已经成形完善的属灵和物质世界,而是刚刚开始尚未成形的世界。我看出这些意义都可能,但哪一个是摩西的本意,这很难断定。然而,这位伟人写这一句时,不论他想表达的是所述的这些意思还是有更多的意思,他的见解都是正确的,而且用恰当的方式记载下来了,这一点我毫无

㊹ 奥古斯丁接受当时普遍的看法,即摩西是《创世记》的作者。
㊺《创世记》1:1。

疑问。⑯

正是在解决这类问题的时候,奥古斯丁才觉得事物与记号之间的区分非常有用。摩西描述的是事物,但是我们没有任何理由怀疑他所说的是真理。可能在他的理解中,他所描写的事物其实是一种记号,指向更深层的真理,但是这一点我们无法确定,也不知道他心中想表达的深层真理是什么。然而,既然上帝创造世界有目的,他所造的事物也可以是记号,我们完全可以从事物本身推测出其含义。我们读经的时候不能带着"要么—要么"的精神,而应带着"既—又"的精神;即我们不需要在物质性的解释与理智性的解释之间二选一,而应接受这两种解释都是对的,相信在摩西的理解中,可能他写的内容本身就具有不同层次的含义。奥古斯丁将自己与圣经中的先祖进行比较时写道:

> 如果我享有最高权威而有所著述,我宁愿如此写,使
> 得我的话会向不同的读者传达多面向的真理,而非排斥其
> 他观点的、对事物的单一见解——只要其中没有违背我本
> 意的错误教义。……摩西下笔时,定已想到我们在这些文
> 字中所能发现的、所不能发现的,以及尚未发现而可能发

---

⑯ *Confessiones* 12.24.33.(此引文中译本出处为《忏悔录》卷十二,二十三章,中译本编排疑有误。——编者注)

现的真理。[47]

所以在紧要关头,奥古斯丁开始和有些人一样,相信摩西已经意识到他自己所写的内容具有多重含义,甚至相信摩西对他自己所写内容的理解比我们的理解还要丰富！奥古斯丁在这里甘冒风险,我们可能认为他的观点已经超越了他早期的认识局限。但是,即便我们不接受他的结论,也不能无视他所要表达的要点:言语完全可以传达出不同却彼此兼容的含义,因为言语既可以指它们本身所是的事物,也可以作为记号指代一些更深层次的东西。

奥古斯丁不认为这有问题。他相信上帝故意让圣经有些晦涩,就是为了考验我们,让我们自己去思想。我们理当努力克服困难,因为这些困难虽然给我们带来挑战,但是我们在解决困难的过程中,却会在信心和爱心上成长。这也是我们教育孩子的方式,所以看到上帝用同样的方式教育他的属灵后裔,我们也不当感到奇怪。[48]但是,晦涩的经文一定要根据意思明了的经文来解释,绝不可以晦涩的经文为借口,来推翻上帝已经明确表达的意思。[49] 圣经是给知识分子读的信息,同时也是给受教育不多的人读的信息,且知识分

---

[47] *Confessiones* 12.31.42.(此引文中译本出处为《忏悔录》卷十二,三十章;中译本编排疑有误,而英译本章节为 12.31.42,为本书作者误作 12.32.43。——编者注)

[48] *De doctrina Christiana* 2.6.7.

[49] *De doctrina Christiana* 2.9.14.

子必须非常谦卑才能领会圣经里的信息。⑩

　　奥古斯丁对事物和记号做了基本的区分之后，立刻着手分析"事物"的概念，并将其细分成供人使用的事物、供人享受的事物，以及既可供人使用又可供人享受的事物。供人享受的事物是指本身能让我们满足的事物，而供人使用的事物是指作为达到某种目的之手段的事物。第三类则是前两类的组合。整体而言，人类会发现在自己的生命旅程中，这三类事物都包含了。我们天路旅程的终点就是天家，那里是我们真实所属，这就是奥古斯丁所说的完全供我们享受的"事物"。但是，在地上的时候，那些生存和长进的手段就是供我们使用的事物，都是为了帮助我们抵达最终的目的地。不幸的是，我们很容易过于欣赏这世界的美，以致耽延了前行的旅程，甚至忘记了我们最终的目的地。这是一种欺骗，是因着我们处于堕落状态而产生的，我们必须竭尽全力去逃避、去胜过。

　　　　我们远远偏离了上帝，如果我们想返回天父家中，就
　　必须使用这个世界而不能享受这个世界；我们必须借着所
　　造之物来看上帝那不可见的事物，这样我们才能透过暂时
　　的、物质的物体来抓住属灵的、永恒的事物。⑤

⑩ *Enarrationes in Psalmos* 146. 10. 12.
⑤ *De doctrina Christiana* 1. 4. 4.

在这方面,奥古斯丁专门澄清了天家的本质。天堂绝不是一种永恒的伊甸园,充满了各样的乐趣,天堂乃是圣三一上帝——圣父、圣子、圣灵——的居所,奥古斯丁将上帝描写成我们真正"享受的对象",但是他同时也指出,上帝根本不是真正的"对象",乃是我们存在的源头和悟性的源头。这里我们直面奥古斯丁最深的确信。终极现实不是一种"事物",乃是一种位格性存在(personal being),而真正完美的平衡关系也存在于这种位格性存在之中,并在其中彰显出来:"统一存在于圣父里面,平等存在于圣子里面,而统一与平等之间的和谐则存在于圣灵里面。由于圣父,这三种属性都成为一,由于圣子,这三种属性都彼此平等,由于圣灵,这三种属性都彼此和谐"。㉝

三位一体不可能被用于促进某种隐秘的目的;三位一体既是万物的源头,也是万物的目的。上帝本身只可以被享受,上帝的百姓也蒙召永远以他为乐。㉝ 就上帝的内在实存(inner being)而言,他是任何人的言语都无法表达的,但是他如此爱我们,所以对我们开恩,让我们可以用我们自己并不充分的方式跟他讲话,并且应许接受我们的赞美和敬拜,即便这样的赞美和敬拜远远达不到他所当受的程度。**上帝**一词本身就表明了这种悖论,因为它只是一个无法充分定

㉝ *De doctrina Christiana* 1.5.5.

㉝ 长老会人士(Presbyterians)非常熟悉这种观念,因为《威斯敏斯特小要理问答》(Westminster Shorter Catechism)第一问是:"人首要的目的是什么?"小要理问答给出的答案可能就是直接来自奥古斯丁:"人首要的目的是永远荣耀上帝并以他为乐。"

义的声音。但是聆听的时候,它却将我们指向了根本无法言喻的事实,让我们不得不去思考。㉞

主动向我们显明他自己的那位上帝,就是至高的心智,因此他也是最高的智慧,因为智慧无外乎将心智的观点应用于人生的事务上。上帝是眼不能见的,但他并非抽象的存在,我们肉体的感官能看到的一切事物最终都指向他。很明显,如果我们要用正确的方式以上帝为乐,就必须具备这样做的资格和能力。不幸的是,我们在这方面遇到很大的拦阻,而这种拦阻并不是由于我们受造的有限性(因为我们的有限是上帝规定的,所以这种有限很好),而是由于罪的玷污(因为罪让我们里面上帝的形像受到玷污,所以我们不能按照起初受造时的目的与他连接)。上帝已经证明了这一点,因为他差他的儿子进入世界,在人性的束缚下过了一种纯洁的生活。㉟ 同时,他还差他的儿子治愈我们身上罪的恶疾。因着他实际生活的样式,我们有时发现他的做法与我们之前的做法截然相反。譬如,我们曾因骄傲而犯罪,他却弃绝了一切骄傲,以他的谦卑救赎我们。但是在其他场合,我们发现他跟我们做同样的事。他跟我们一样,也是由妇人所生,并且像人那样死去,好救赎我们这些灵里死亡的人。他在地上做成这工之后,就回到了天堂,但是他将通往他国度的钥匙交给了教会。

㉞ *De doctrina Christiana* 1.6.6.
㉟ *De doctrina Christiana* 1.11.11 - 1.12.12.

　　凡教会中不相信自己已罪得赦免的人,都不会得到赦
免,但是凡相信、悔改、离弃自己的罪的人,都会凭着信心
和悔改得救,前提是他已经被教会所接纳。凡不相信自己
的罪可以得到赦免的人,都将落入绝望之中,越来越糟糕,
就仿佛他能得到的最大益处就是作恶。⑤

　　这是更大的背景,每个信徒的天路之旅在这种背景下才能说得
通,也是在这种背景下才会发生。我们要以上帝为乐,超过以任何
其他事物为乐,而且因着基督的牺牲,这种享受对我们而言变得唾
手可得。世界上的其他任何事物都是为了供我们使用,好叫我们能
够充分地、不受任何阻拦地以上帝为乐。但是,这也带来一个非常
重要的问题,奥古斯丁将这一问题描述如下:

　　我们这些享受其他事物、使用其他事物的人,本身也
属于事物。人实际上是了不起的事物,是照着上帝的形像
和样式造的,而人之所以高于动物,不是因为人必死的身
体,而是因为人有理性的灵魂。同样,人是否应当以自己
为乐、使用自己,或两者兼有,也成了一个重要的问题。⑤

⑤ *De doctrina Christiana* 1. 18. 17.
⑤ *De doctrina Christiana* 1. 22. 20.

106

奥古斯丁承认,上帝吩咐我们彼此相爱,但是,这难道是因为我们要以彼此为乐吗,还是有其他原因? 为了回答这个问题,奥古斯丁说,我们对彼此的爱最终指向一个更高的目标,即上帝的爱。他这么说,是因为上帝吩咐我们爱人如己,而不是为了自己的目的而爱自己。奥古斯丁由此得出结论:"凡以正确的方式爱邻舍的人,都应当敦促自己的邻舍尽心、尽性、尽意爱上帝。以这种方式爱邻舍如己的人,就会将对自己的爱和对邻舍的爱引向对上帝的爱。"⑱

得出这种结论之后,奥古斯丁继续指出,爱可以透过四种不同的方式彰显出来。首先,我们可以爱那些高于我们自己的事物。其次,我们可以爱自己。第三,我们可以爱与我们同等的事物,最后,我们可以爱在我们以下的事物。之后他又补充说,人的灵魂很容易接受第二种和第四种方式。我们都爱自己,我们都爱我们的身体——我们的身体比我们自身低一等。人需要在另外两种爱上接受指教,所以另外这两种爱才是律法和先知的总纲,正如耶稣所说。上帝吩咐我们要爱他,而他高于我们,上帝也吩咐我们爱我们的邻舍,而他们与我们同等。上帝之所以这么吩咐,就是因为这两种爱都不是自发的。这些真理不会自然而然地给我们留下印象,所以上帝要将之启示给我们。

现代人可能认为,上述论证远远偏离了圣经,而奥古斯丁会对这种想法感到震惊。对他而言,圣经中的一切都是指向基督,也都

---

⑱ *De doctrina Christiana* 1.22.21.

在讲论我们跟基督的关系以及我们在基督里面的关系。在这种框架下,圣经才说得通,因为这就是圣经最初的成书目的。正如奥古斯丁所言:

> 在总结我们目前为止所探讨的内容时,应当清楚认识到,律法和整本圣经的目的,就是去爱我们应当以之为乐的那一位[即圣三一上帝],去爱与我们有团契关系并且同样以上帝为乐的人[即我们的邻舍]。⑲

这也是耶稣对律法和先知的总结,所以这也是奥古斯丁解释律法和先知的起点。耶稣告诉当时的犹太人,他们迫切寻求的圣经就是在讲他。⑳ 这也成了奥古斯丁释经的最高主题,他以此来解释旧约以及新约中所遇到的很多难解经文。㉑

整本圣经中的基督

奥古斯丁读圣经时,最显著的反应就是认识到:"基督在那些书卷中的每一处都向我显现,更新我"。㉒ 在他的一本驳知名摩尼教徒福斯图斯所持神学的作品中发现这一评语并非偶然。奥古斯丁归

---

⑲ *De doctrina Christiana* 1.35.39.
⑳ 《约翰福音》5:39—40。
㉑ *Enarrationes in Psalmos* 16.51,45.1,98.1.
㉒ *Contra Faustum* 12.27.

信之前接受摩尼教的二元论，并深受影响，当时他无法明白神圣的
存在怎能进入这个罪恶的物质世界。用他的话来说：

> 至于我们的救主，你的独生子，我以为他为了拯救我
> 们，从你令人眩目的光明之体而出……我以为这样的本性
> 不可能生自童贞女马利亚，否则必然和肉体相混；而照我
> 所想，我看不出怎样能与我们混为一类而不受玷污。因此
> 我害怕相信他道成肉身，因为那样我将不得不相信他受到
> 了肉体的玷污。㉝

可能有些令人吃惊的是，奥古斯丁读了新柏拉图主义哲学家普
罗提诺的作品之后，就摆脱了这种极端认识，因为普罗提诺说服了
他，不要轻视物质，而是要将物质视为追求终极觉悟的第一步。根
据奥古斯丁对普罗提诺的理解，身体是哲学家转向内在灵魂的第一
步，因为灵魂住在身体里面。属灵的灵魂可以住在物质的身体里
面，并以身体为途径，帮助追求真理的人对他们自身有更深的觉悟。
这种信念让奥古斯丁克服了之前的障碍，开始接受上帝是有可能道
成肉身的。灵魂在个人里面所做的，上帝的儿子也可以为那些信他
的人做成。

㉝ *Confessiones* 5.10.20.

　　你的道,也即永恒的真理,无限地超越受造物最上层的部分,他提拔服从他的人[并吸引他们]到他身边,他用我们的泥土在下界[即地上]为他自己盖了一间卑陋的居室,为了促使服从他的人转离他们自己,而转向他,治疗他们的病症,培养他们的爱。他们不能再对自己有信心。他们必须变得软弱,因为他们在自己的脚下,看到了神性如何因着分享我们的"皮衣"而变成软弱的。㊿

　这对奥古斯丁而言相当于迈出了很重要的一步,但是他自己也承认,他还有一段路要走。一开始,他认为耶稣是拥有超凡智慧的人,并将耶稣由童贞女出生这件事解释为一种记号,象征着他具有教师的伟大权柄。读四福音书的时候,最令奥古斯丁感到震撼的,就是四福音书的作者竟然将耶稣刻画成一个彻彻底底的人,但是奥古斯丁并没有看到这种刻画背后的深层含义。

　　鉴于圣经的记载是真实的,所以我在基督身上看到一个完整的人,不是仅有人的肉体,或仅有灵魂和肉体而无心智,而是一个真正的人。但我认为基督之所以超越其他所有人,不是因为他是真理的化身,而是由于他拥有卓越

㊿ *Confessiones* 7.18.24.引自《创世记》3:21,是指亚当从恩典中堕落之后穿的衣服。

的人格,可以更完美地与智慧有份。⑥⑤

　　现代读者很容易接受耶稣完全的人性,所以认识到这点很重要——这种观点不仅完全违背摩尼教的教导,也被很多正统的基督徒所反对。譬如奥古斯丁的至交阿里庇乌,他不相信基督拥有人的灵魂或心智,而是认为基督是完全的灵,只不过穿上了人的肉体而已。⑥⑥ 这是一种出自阿波利拿留(Apollinarius)的异端。虽然公元381年的君士坦丁堡公会议已经将其定为异端,但是在许多平信徒当中,这种异端显然依旧非常活跃,很有市场。这也提醒我们,教会会议上所做的教义性决定,可能要花很长时间才能影响到普世教会的信徒。⑥⑦

　　奥古斯丁之所以比许多与他同时代的基督徒更加出色,就是因为他以独有的方式承认了耶稣完全的人性,但是后来他逐渐看到,这种很明显的正统教义不过是一种知识上的成就而已,并非属灵上的改变带来的结果。他已经解决了灵如何进入肉体这一哲学难题,但却仍然不知道上帝的儿子为何道成肉身。他越来越反对柏拉图主义,但并不是因为柏拉图主义是错的,而主要是因为柏拉图主义

---

⑥⑤ *Confessiones* 7. 19. 25.

⑥⑥ *Confessiones* 7. 19. 25.

⑥⑦ 阿波利拿留是阿塔那修的门徒,阿塔那修于公元 328—373 年间任亚历山大里亚主教,被誉为 4 世纪尼西亚正统的首要捍卫者。阿塔那修的基督论有贬低耶稣人性灵魂之重要性的倾向,阿波利拿留又给出了这种观点的逻辑结论。从此之后,阿波利拿留在安提阿的竞争对手便怀疑亚历山大里亚教会接受阿波利拿留主义。

不堪重用。对他而言,柏拉图主义者与基督徒之间的区别就是"'看
见目标而不识途径的人'与'找到通往幸福家乡之路的人'(他们不
仅仅为了参观而且为了定居下来)"的区别。⑱虽然他指责摩尼教是
虚假的道路,也后悔曾浪费这么多年的时间在摩尼教徒的身上,但
他依然为着归信之前接受柏拉图主义而感恩,因为他认为柏拉图主
义为他降服于基督奠定了基础,并且承认倘若他接触柏拉图主义的
时间更晚,柏拉图主义与基督教教导之间的相似性可能就会蒙骗
他,让他偏离真理。他对柏拉图主义传统的感激程度可从下文得窥
一斑:

> 柏拉图的著作指示我回归自我。⑲我在你[噢,上帝]
> 引导下进入我内在的堡垒,我之所以能如此,是由于你已
> 成为我的帮助者。我进入心灵后,用我灵魂的眼睛——虽
> 则还是很模糊——看见……在我心智之上的永不改变之
> 光……这光在我之上,因为它创造了我,我在这光之下,因
> 为我是它创造的。谁认识真理,即认识这光,谁认识这光,
> 也就认识永恒。唯有爱能认识它。永恒的真理、真正的
> 爱、可爱的永恒——你是我的上帝。⑳

---

⑱ *Confessiones* 7.20.26.
⑲ Plotinus, *Enneades* 5.1.1.
⑳ *Confessiones* 7.10.16.

多亏了柏拉图主义,奥古斯丁才逐渐认识到上帝道成肉身是可能的,而根据基督教福音的说法,道成肉身对于人的得救必不可少。倘若上帝没有进入人的生命中,他就无法参与人的生命,人的生命就无法转变成讨他喜悦的样式。基督道成肉身成就了上帝对亚伯拉罕的应许,这应许也在以色列历史上成就了。上帝介入人类事务是圣经教导的根基,而基督道成肉身则让这种介入达到了一种完全的、符合逻辑的结局。

目前为止,一切都很顺利。但是即便奥古斯丁接受了这一切,就像他后来所说,他依然只是在将柏拉图主义的原则应用于圣经中的故事,并声称柏拉图主义者梦寐以求的东西实际上已经在基督教的圣经中实现了。奥古斯丁需要进一步阅读圣经——尤其是使徒保罗的书信——才能看清基督教福音真正的独特性是什么。在认识到上帝道成肉身逻辑上是必要的、事实上是可能的之前,奥古斯丁觉得保罗的书信非常混乱,很难读懂。他当时并不认同使徒保罗的基本原则,这意味着保罗其他的教导对他而言也很难说得通。这是保罗特有的问题,因为保罗倾向于假设自己的读者跟自己在同一个频道上,即便他的读者误解或误用了他的教导。只有当奥古斯丁接受上帝的儿子在耶稣基督里道成肉身时,保罗其他的教导才开始变得明朗。

保罗让奥古斯丁认识到,上帝的儿子来到世间,并不是为了彰显他神性中的能力才取了人性,仿佛这就是他降世的目的,他这样做乃是出于他对堕落人类的爱。他以道成肉身承受了有限,甚至是罪;原本无罪的那一位却为我们成了有罪的,好借着在十字架上为我们代死,为那些相信他的人打开通往永生的大门。这种认识给奥古斯丁带来了彻底的改变。基督不再只是真理最高的彰显而已;基督本身就是真理。此外,他就是(也必须是)上帝智慧的化身,因为如若不然,他就没有能力做他所做的事。换句话说,基督不是被动地彰显上帝,而是主动地彰显上帝;基督就是那选择成为肉身的道,这样他既能彰显上帝的样式,又能像上帝一样去行事。

　　但是,奥古斯丁转向保罗的教导,并非丝毫没有柏拉图主义甚至摩尼教的影响。在奥古斯丁归信之后写的第一本书中,他提到基督徒向"上帝的大能和智慧"祷告;因为正如他所讲的,"诸奥秘向我们所显明的这位若非上帝的儿子,又是谁呢?"[71]"上帝的大能与智慧"这一短语在早期教会流传很广,摩尼教更是对此大做文章。据奥古斯丁所言,福斯图斯甚至将这一短语纳入他写的信条当中。[72]但是,很有必要留意奥古斯丁对这一短语的引用方式,尤其是在他反驳摩尼教的时候:"让保罗告诉我们,主基督耶稣可能会是谁:'但在那蒙召的,'他说,'我们却是传基督,基督总为上帝的能力(power/*virtus*)、上帝的智慧。'[73]他为何这么说? 基督自己不是说'我是真理'吗?"[74]

[71] *Contra academicos* 2.1.1. 学园(the Academy)是柏拉图在雅典的学校。引自《哥林多前书》1:24。

[72] *Contra Faustum* 20.2.

[73]《哥林多前书》1:23—24。

[74]《约翰福音》14:6。*De moribus ecclesiae* 1.13.22 有引用。

即便考虑到奥古斯丁是在选择性地引用（可能是凭记忆在引用），有些方面还是显得比较突出，甚至可能被视为奥古斯丁刚成为基督徒那些年所特有的思想。第一个方面就是他将希腊文的 *dynamis* 翻译成 *virtus*，而更准确的翻译应该是 *potentia*。这之所以重要，是因为 *virtus* 是希腊文的 *aretē* 对应的标准拉丁文翻译，也是英语单词 *virtue*（德行）的词根，而保罗在这里想表达的意思却与此相差甚远。是道德品质这种内在力量，才能产生高贵的行为，在外邦人眼中才配得奖赏。一个人可以靠 *virtus*（德行）自救——这与基督教的教导截然相反！还有一件很有趣的事，奥古斯丁忽略了他引用的这节经文中可能最重要的部分。保罗实际上写的是，"我们却是传**钉十字架**的基督。**在犹太人为绊脚石，在外邦人为愚拙**，但在那蒙召的，**无论是犹太人、希腊人**，基督总为上帝的能力，上帝的智慧"。

如果只是忽略犹太人，我们或许可以置之不理，毕竟犹太人不是奥古斯丁的受众，但是他也没有提到希腊人，这着实令人吃惊，毕竟他（跟保罗一样）是在抨击一种过度哲学化的基督教信仰。更重要的是，他甚至忽略了"钉十字架"这个关键词，而这个词存在与否实在大不一样。摩尼教实际上不知道（或不在乎）基督是否钉了十字架。他们不相信基督拥有真正的人的身体，所以如果他根本就不是一个真正的人，那么他是否死在了十字架上又有什么差别呢？虽然摩尼教并不否认拿撒勒的耶稣"被神秘地钉十字架"，但是他们认为只能象征性地将这解释成一般性的受苦。在这种背景下，耶稣钉

十字架就是上帝怜悯的符号,而不是指他承受了人的痛苦。㉕

　　这基本上就是奥古斯丁早年追随摩尼教时所信奉的内容,后来他逐渐认识到这是一种不充分的认识,只会让他真实的属灵状况越来越糟糕。奥古斯丁归信前不久来到了罗马,当时他患上了一种几乎致命的疾病,后来他在描述这场疾病的时候写道:

　　　　我正走向地狱,带着我一生对你、对我、对别人所犯的罪行,……这些罪恶,你尚未在基督里赦免我,基督也尚未用十字架解除我犯罪后和你结下的仇怨。因为我当时所信仰的十字架不过是一个幻象,他又怎能救我脱离这仇怨呢?我的灵魂已陷于真正的死亡,因我竟然以为基督肉身的死亡是虚假的。相反,基督的肉身真正死亡过,而我这个不信基督肉身死亡的灵魂只有虚假的生命。㉖

　　当然这是奥古斯丁事后得出的观点,那时他思想中已经对这些问题有了更为明确的认识。当时以及他归信之后许多年,他都纠结于基督钉十字架意味着什么,只有当他对保罗在这方面所持的观点有了更深入的理解之后,他才弄清楚基督钉十字架的真正含义。奥古斯丁透过阅读《罗马书》,认识到上帝的救赎史可以分成四个阶段。第一个阶段是从亚当到摩西,当时罪隐藏在人类里面,只有借着死的普遍权势才能感受到罪的存在,但是却没有人知道罪是什么。⑦ 第二个阶段是摩西律法时代,当时罪"又活了",就像保罗所说的一样,罪的真正本性和含义也显露出来。⑱ 这一阶段一直持续到基督再来,基督过了无罪的生活,给我们留下榜样,让我们看到这种生活是可能的,同时他也将他的恩典赐给凡信他的人,叫他们过一种讨上帝喜悦的生活,即便他们还不能完全脱离罪的影响。第四个阶段也即最后一个阶段尚未到来。这一阶段将在基督再来的时候开始,届时现在尚未完全显露的将全部显露出来,并且让所有信他的人都经历到。⑲

在这整个事件中,从摩西律法到基督恩典的过渡至关重要,因为这标志着从基于行为的得救观转变成倚赖上帝恩典的得救观。摩西之前的世代并非无辜,而是眼瞎;从这个意义上来看,颁布律法实际上是对领受律法之人的启示和赐福,因为律法让他们看到自己真实的属灵状况。但是,正如罪是受造界面临的一种暂时现象,而并非受造界本身的一部分,律法也是一种暂时的补救方案,只在一段时间、一定程度上有效,却不能触及人与上帝分隔的根源。只有基督里所赐的恩典,才能真正克服罪的权势,因为这恩典打开了永恒的视野,让信徒经历到上帝那超越一切俗世之物的真实。但是,

---

⑦《罗马书》5:13—14。

⑱《罗马书》7:9(NIV)。

⑲ *Expositio quarundam propositionum ex epistula ad Romanos* 13-18.

基督完成这一切的方式是透过十字架,信徒自己也必须背十字架。[80]

这时,奥古斯丁逐渐认识到,福音的核心信息就是基督徒已经与基督同钉十字架,这个历史事实已经跨越时空,成了一种属灵经历。保罗所讲的这个很普通的主题,成了奥古斯丁理解基督徒生活的核心:"主的十字架象征着旧人已经钉十字架,正如主的复活也象征着新人的重生一样"。[81]

这里我们重新回到奥古斯丁在事物与记号之间所做的区分,我们现在已经非常熟悉这种区分。十字架和复活的记号是一样的,但是它们所象征的事物却不同。它们可以指历史上基督钉十字架而死以及他身体上的复活,但也可以指我们灵里的死和重生。其中第一样事物成就了摩西暂时的律法;第二样事物则是上述成就带来的永恒果效,因为这种成就终结了律法。这并没有让旧约中记载的事件失去其历史真实性。相反,这让旧约记载的事件有了意义,因为这种解经表明,过去发生的事情——摩西律法时代的事——在当下有直接的应用。寓意解经尝试在现世与永恒之间建立起一种假想的关联,而基督的十字架已经真实地建立起了这种关联。我们现在所敬拜的上帝,并不是过去将其真实本性隐藏在人类历史的表象下,现在却将其本性显现出来的神明,而是一位真正体验过人类生活,并将这段历史带进他永恒的自身之中的上帝。换句话说,我们

114

---

[80] 参见《马太福音》16:24。

[81] *Expositio quarundam propositionum* 32 - 34.3.

并不是要超越物质世界，去体验一些物质世界以外的东西，而是为了在我们作为物质存在时，在我们肉身上发现圣灵更新的大能，因为圣灵将基督在历史上的工作转化到了我们在地上的生命中。

奥古斯丁相信，这种"转化"（translation）的工作可谓揭示了旧约的含义，让我们看到旧约如何永远都是上帝的话语，而不只是在弥赛亚到来之前这段时间内对犹太人而言才是上帝的话语。这还帮助奥古斯丁去解释摩西和先知们所写的经卷。这方面比较好的一个例子可以在《申命记》21：23 看出，这节经文说："因为被挂的人是在上帝面前受咒诅的。"基督徒往往认为这节经文是指十字架上的基督，因为保罗在《加拉太书》3：13 的声明也容易让人产生这种想法，"凡挂在木头上都是被咒诅的"。但是，这难道是说摩西在咒诅基督吗？还是说摩西是在无心的情况下讲的这些话？如果是这样，摩西作为先知的可靠性就要打折扣，同时这也会让保罗受到"误用圣经"的指控。摩尼教很快就提出了这样的指控，但是奥古斯丁在对《罗马书》6：6 略作解释时，借助这节经文指出了钉十字架的神学精髓。[82] 在奥古斯丁看来，摩西之所以这样写，并不是因为他想攻击基督，而是因为他知道弥赛亚要背负人的罪。在保罗对《加拉太书》3：13 的描写中，基督将要为我们的缘故受咒诅，因为他亲身担当了我们的罪。

要理解这里所讲的意思，就要明白奥古斯丁使用的是拉丁语译

---

[82] *Expositio quarundam propositionum* 32 - 34.

本的保罗书信，而这个译本在有些地方会误解保罗所说的内容。这方面最知名的例子是《罗马书》5：12，保罗在那里写道："这就如罪是从一人入了世界，死又是从罪来的，于是死就临到众人，因为众人都犯了罪"；但是奥古斯丁使用的、旧版的拉丁语译本却将这节经文译为："这就如罪是从一人入了世界，死又是从罪来的，于是死就临到众人，因为众人都**在他里面**犯了罪"。换言之，不仅是死亡，甚至亚当的罪也蔓延到了全人类。基督以新亚当的身份降临，他可以挽回第一个人所做的，让人类脱离第一个人所犯的原罪。现代人对这处误译大做文章，尤其是那些想说奥古斯丁的原罪教义不合圣经的人更是这样。但是，虽然奥古斯丁无意中误解了这节经文，他总体的神学观念却非常纯正。人普遍会死就是奥古斯丁需要出示的全部证据，这样就可以表明（1）罪同样也是普遍性的——否则普遍性的死亡就不公平——以及（2）只有借着新亚当的死和复活，老亚当的堕落才能得到纠正。

奥古斯丁无意中误解的另一节经文是《罗马书》8：3。保罗写道："［上帝就差遣］自己的儿子成为罪身的样式，作了赎罪祭，就在肉体中把罪判决了"（NIV）；[*]而旧版的拉丁语译本对这节经文的翻译却是："上帝就差遣自己的儿子成为罪身的样式，就罪而言，他在肉体中把罪判决了"。奥古斯丁明白，保罗的意思是说，基督以有罪肉身的**样式**而来，但他本身并不是罪人——这提醒人物质的身体并

---

* 参见圣经新译本。——编者注

不邪恶，而且人有可能过一种无罪的生活，尽管从堕落的亚当生出的人现在还都做不到。不幸的是，在奥古斯丁使用的拉丁语译本中，原本罪才是问题，却被改成了圣子用以根除这种问题的手段。根据这种误解，无罪的圣子在肉身中成了罪，看起来就好像人的罪已经被一种神圣的罪（divine sin）胜过了。

这种拉丁语译本的译法根本说不通，但是奥古斯丁却诉诸自己的神学准则绕开了这一误解。耶稣基督在十字架上成了我们的替身，代替我们献上自己，赎了我们的罪。他这么做的方式是次要的。奥古斯丁借助记号与事物之间的区分，就能够调和基督为我们成了有罪的（一种记号）、却不会犯罪（事物）这种观念。换句话说，他的解经方法让他得出了正确的结论，即便他读的译本有误。

奥古斯丁误解的第三处经文是《哥林多后书》5：21。保罗在这里写道，"上帝使那无罪的他，替我们成为罪"（NIV），但有些拉丁文抄本却删掉了"他"，* 从而这节经文就变成了"无罪的上帝为我们犯了罪"。⊗ 这里奥古斯丁再次诉诸记号这种比喻性用语，从而绕过了这一难题，因此也在译本有误的情况下，对这节经文做出了正统的解读。

现代的读者往往对经文的准确性有很高的要求，所以很难理解这一点。我们不要忘记，印刷术是奥古斯丁去世一千多年后才发明

---

* 圣经和合本的译文中没有这个词。——译者注
⊗ 拉丁文动词"成为"（make）跟罪连用时也可以指"犯"。

出来的,在此之前每个人读的书都是手写的,所以难免会有错误。我们往往无法领会的是,这个问题是众所周知的,而且读者养成了一种分辨的技能,可以辨别出经文原本的意思,即便所读的经文内容跟他们预期的不一样。^㊵ 当然,有时候他们也会曲解所读的经文,他们所认为的经文的意思其实并非经文的本意,但这种问题相对少见。更严重的是我们在这里看到的那种困难。抄经员可能很容易就看漏了他本应抄写的内容,一旦他犯下这样的错误,这种错误就会像病毒一样,让后面所有以他抄写的内容为蓝本的手稿都受到影响。一旦发生这种情况,应该说奥古斯丁对经文的第六感就会前来相助。鉴于奥古斯丁理解圣经总的主旨,他可以让这类棘手的经文符合圣经的主旨,他也确实这样做了。虽然今天我们难以接受他的方式,但是我们须记得他不得不面对经文的传递问题,要意识到至少在某些情况下,他的释经原则让他不至于落入一些因为抄写错误而产生的谬误之中。

说了这么多,有一点还没有改变——奥古斯丁依然没有彻底摆脱摩尼教的影响。保罗写的这些经文虽然提到基督成了罪身的**样式**,但都非常模糊。一方面,可以从十分正统的角度解读这些经文,即基督跟我们一样,都是真实的人,只是没有罪。但是另一方面,也可以从这些经文中解读出这样的含义,即虽然基督看着像人,但实际上并不是人——就像天使一样,外表看着像人却并不是人。促使

㊵ *De doctrina Christiana* 2. 12. 18, 3. 1. 1 – 3. 4. 8.

奥古斯丁更坚定地走向正统阵营的一节经文,就是《加拉太书》3：13,我们也已经看过这节经文,保罗在这节经文中说基督为我们成了被咒诅的。

奥古斯丁在解释这节经文的时候,无法从记号这种修辞性语言中寻求逃避。不论基督实际上是否成了被咒诅的,保罗都明确说基督成了被咒诅的。当然,咒诅跟罪不一样,罪是一种客观事物,而咒诅则不是。咒诅这个词语本身就有这样的含义:赋予本身非常中立的事物一种价值判断。但是"咒诅"这个词既不能说是一种比喻,也不能说是一种寓言。用迈克尔·卡梅伦(Michael Cameron)的话来讲:"保罗的用词……并不是指在属灵上将自己的灵魂钉十字架,而是指基督出于对罪人的爱,以独一无二的方式单方面让他自己降服在死亡之下。"⑧奥古斯丁之前以为这只不过是以比喻的手法表达属灵经验而已,但是现在他逐渐认识到,这是一个真实发生的事实,含有属灵大能,并且也传递出了属灵大能。照他之前的观点来看,基督的牺牲主要是为了给其他人树立一个可以效法的榜样,但是照他后来的观点来看,基督的牺牲就完全不同了。上帝的儿子成了人,并为我们死在十字架上,他所成就的事是人类绝对无法靠着自己做成的。

但是,奥古斯丁在理解基督为我们成了被咒诅的这件事时,又

---

⑧ Michael Cameron, *Christ Meets Me Everywhere*：*Augustine's Early Figurative Exegesis* (Oxford：Oxford University Press, 2012),149.

往前走了一步。基督不仅受苦、死在了十字架上,而且从他开始公开传道起,他就教导门徒认识摩西律法的真正含义。根据奥古斯丁的理解,当耶稣允许门徒在安息日掐麦穗吃,他自己又在安息日治病的时候,就已经为他后面钉十字架埋下了伏笔。敬虔的犹太人不能接受这种行为,因为他们坚持按照字面意思来遵守律法,不顾任何其他考量。如果因行善受苦,那更好;义人所做的这种牺牲在上帝面前是可喜悦的。但是耶稣宣称安息日是为人设立的,而不是反过来,这就推翻了犹太人理解上帝和上帝话语的方式。㊱

　　四福音书中最大的讽刺就是,这个无罪的人却被同时代的犹太人列为有史以来最十恶不赦的罪人。凡是律法的字面意思会影响真实意思的地方,他都随时准备弃绝这类字面意思。由于过度从字面意思解读,律法已经成了咒诅,正是在这种意义上,耶稣才感受到了律法加在他身上的诅咒。㊲ 他为了向跟随他的人指明属灵的公义,就降服于世间法官的宣判,而这种宣判已经被属灵的公义推翻。律法是针对人类的,只有真正的人才能偿付律法带来的惩罚,但是只有身为上帝的人才能超越律法,从律法中带出新生命。上帝的儿子在肉身中牺牲了自己,借此让人有机会不再照着律法的字义活,乃是照着他拯救的恩典活。钉十字架不是其他人要效法的榜样,钉十字架乃是向旧的思维模式死去,并重生得到全新的生命。

㊱《马可福音》2:27。

㊲ *Expositio epistulae ad Galatas* 22.1.

118 　　作为人的耶稣背负了罪，这就是他为我们舍己的核心内容。即便他是道成肉身的上帝，他仍然是以人的身份受苦、死去，以人的身份将自己交托天父在这方面所定的旨意。所成就的并不是他的意思乃是天父的意思，这显然也表明他尽上了人应有的谦卑。⊗ 正是基于这一事实及后续发生的事件，我们才可以得救，我们与他同钉十字架才变得可以理解，且十分必要。我们不能站在上帝的位置上，但是我们可以与一个跟我们一样的人一同受苦，正是基于这一点我们才得到了救赎。基督借着为我们死在十字架上，毁灭了罪身，从而让我们有可能治死自己的肉体。这也是奥古斯丁对《加拉太书》5:24 的解读，在奥古斯丁使用的译本中这节经文内容如下："与基督同钉十字架的人，就已经把肉体连肉体的邪情私欲同钉在十字架上了"。有人可能会争论说，这并不是保罗所写的内容，但是鉴于奥古斯丁使用的经文原文非常模糊，所以他的解经即便不是非常确定，看起来也是有道理的。保罗所写的其实就是"基督的那些人"(Those of Christ)，这在今天一般都被翻译成"属基督的人"。但是，当然，凡属基督的人都已经与基督同钉十字架，正如保罗在同一封书信的前面所说的一样。所以有鉴于此，奥古斯丁的改写也就可以说是正当的了。⊗

　　这对奥古斯丁的论证而言非常重要，因为基督被钉十字架是信

⊗ 《马太福音》26:42。
⊗ 参见《加拉太书》2:20。

徒经历上帝恩典的核心。借着被钉十字架,基督证明了他的爱是真实的,他的爱又释放出改变生命所需的大能。我们主耶稣基督的恩典并非空空的套话,而是真实的属灵能力,可以对经历这恩典的人产生重大影响,因为这恩典不只带给他们一套新的观念,也让他们在每日的经历中体验到永生所结的初熟果子。⑩

　　奥古斯丁意识到这一点之后,才终于明白基督作为"上帝与人之间的中保"是何等重要。这种表达来自保罗,在《提摩太前书》2:5出现过。使徒保罗在那里强调说,基督是以人(而非上帝)的身份履行了自己中保的角色。他无法以上帝之道的身份履行这样的角色,因为圣父与圣子完全同等,这使他无法履行这样的角色。中保不能只代表一方;一个中保要完成这项十分重要的工作,就必须既是完全的上帝又是完全的人:"上帝的独生子成了中保,他既是上帝又是人,因为他作为上帝的道,是与上帝在一起的上帝,但是他放下了自己的威严,以至于成了人,同时他又将人的卑微地位提升,让人达到上帝的面前,这样就成了上帝与人之间的中保。"⑪

　　一旦奥古斯丁明白这一原则,这就开始成为他作品中的主要标

────────────

⑩ 奥古斯丁在写《加拉太书》的注释过程中形成了这种观念,《加拉太书》也是所有新约书卷中奥古斯丁完整进行注释的唯一一卷书,但他也在驳阿迪曼图(Adimantus)的作品中发展了这种观念;此作品大概也是奥古斯丁在同一时期写成的。尤其参见 *Contra Adimantum* 21。

⑪ *Expositio epistulae ad Galatas* 24.8. 这是保罗在《加拉太书》3:20 的观点。

志之一。[92] 基督肉身的死不仅凸显了咒诅的真实存在,还保证了救赎的真实性。他所受的苦并不是要象征性地教我们学习谦卑和忍耐,这是犹太禁欲主义。相反,他的受苦成了一个生命的终结和另一个(更高的)生命的开始。事实上,正是因为这一事件,基督徒生活才有了可能。不仅如此,基督中保的角色也是旧约与新约之间的关联所在,是在后者的启示下揭开前者含义的关键。

奥古斯丁通过阅读《加拉太书》3:19—20 得出这一了不起的推论。我们再次看到因旧版拉丁语译本中的错误而带来的误解。保罗写道"律法是借天使赐下的,且委托给了一位中保"(19 节,NIV),这里的"中保"意指摩西。但在奥古斯丁所读的译本中,这处经文变成了"后裔是借天使在中保手下所赐的",这里将后裔(正确地)和中保(错误地)都解释成了基督自己。这种影响就是,让摩西的律法成了所应许的亚伯拉罕的后裔(即耶稣)的启示,而摩西的律法虽然有中保的功用,但这只是因为摩西的律法是基督的影儿。换句话说,正确阅读律法的人会从中看到基督,并据此来解释律法的含义。实际上,这意味着基督已经道成肉身住在以色列中间,也代表以色列,而以色列这个民族一直都被天使看顾,直到这道成为肉身,在肉身中成就在此之前旧约已经应许的、作为影儿的内容。但是虽然旧约只不过是将要成就之事的影儿,我们也不能误解旧约——希伯来圣

---

[92] 参见 Gérard Remy, *Le Christ médiateur dans l'oeuvre de Saint Augustin*(Lille: Presses de l'Université de Lille, 1979)。

经中的话也是基督自己的话。

> 上帝的道(就是基督)在先知里面,并借着先知讲明真
> 理,所以我们可以说"耶和华讲话"。同样,上帝的道也可
> 以借着天使讲话,让天使宣扬真理,所以我们也可以说"上
> 帝讲话""上帝显现"。㊸

当然,正因如此,旧约的使者往往在他们所说的话前面加上"耶
和华如此说"。在当时,使者与信息之间存在或至少看似存在某种
区别,但是一旦基督来到,就可以看出这种区别根本算不上区别。
即便在旧约中,信息与使者也都是基督——前者是他话语的内容,
后者是他用以传达这种内容的人类器皿。

120

我们不得不再次承认,奥古斯丁得出这结论的方法是基于有误
的文本,但是和我们之前看过的那些情况一样,虽然如此,他依然成
功得出了合理的、甚至是正确的结论。在这一具体问题上我们发
现,他对旧约如何启示基督的理解,让他离开了当时以及之前所通
行的那种寓意解经。这其中最重要的一点就是声称,旧约中上帝
以圣子的身份向以色列的族长和先知显现,只不过他化妆成了
天使。

至少这是多数古代圣经注释学者所认同的观点。譬如,在《创

㊸ *Contra Adimantum* 9.1.

世记》18 章,三位使者在幔利橡树那里向亚伯拉罕显现,唯一的争议
是显现的这三位是圣子和两位天使,还是上帝的三个位格。但是,
鉴于对基督与天使之间关系的理解,奥古斯丁拒绝所有这类解释。
对奥古斯丁而言,三位一体的各个位格只有在新约中才同时显现。
在旧约中,上帝一直都没有让人直接用眼睛看到他,但是他偶尔也
会通过天使与人沟通。换句话说,在幔利橡树那里向亚伯拉罕显现
的三位天使般的人物就属于这种情况——他们不是上帝,而是上帝
的三位使者。这一原则同样适用于所有这类天使显现的场景。

> 我们凭着人所能有的理性……又凭着圣经所显明的
> 坚定权威,已经确定,在我们的救主道成肉身之前,凡说到
> 上帝向列祖们显现的地方,列祖们所听到的声音,所看到
> 的显现,都是天使们的作为。他们要么是代表上帝说话行
> 事,像我们已指明先知们常行的那样,要么从别的受造者
> 取了可以象征性地将上帝向人显明的形像,像圣经多次表
> 明先知们也曾用过的那样。[94]

相比于奥古斯丁同时代或之前时代的人所说的一切观点,这种
观点更加贴近现今多数圣经学者乐于接受的观点。这虽然不足以
让奥古斯丁成为一名"现代"解经家,但至少也(再次!)让我们看到,

---

[94] *De Trinitate* 3. 27.

虽然他使用的圣经译本存在不足，但他的释经结论并没有像我们一开始想的那样，受到非常不利的影响。跟之前一样，我们可以看到，他因为有深层的神学原则，没有陷入错误之中，即便这些原则本身也有些含糊。

不得不说，很多时候奥古斯丁的释经前提几乎没有对他产生任何实际的影响，因为他不常引用旧约。除了《创世记》中的创造故事之外，唯一能够长期吸引奥古斯丁的旧约书卷就是《诗篇》。奥古斯丁被《诗篇》吸引的部分原因是他热爱音乐。即便在归信之前，他就因为听到基督教的歌曲而被吸引到教堂，而《诗篇》则是基督教敬拜和委身的核心。当然有些常见的文本问题也容易降低他所说内容的价值——如旧版拉丁语译本翻译不准确、希伯来语和希腊语文本之间存在着巨大的差距。[35] 但是，他的注释中比较突出的一点就是他对诗篇作者声音（voice）的理解方式。今天我们知道《诗篇》是由跨越多个世纪的不同作者完成的。虽然在某些情况下，传统上认为是大卫王所写的那些诗篇确实是他写的，但是无疑许多诗篇的写作日期都被认为要晚于大卫王。以《诗篇》126 篇和 137 篇为例，这两首诗篇写的是被掳至巴比伦这件事，所以这两首诗篇的写作日期至少比大卫王的时代要晚四个世纪！

奥古斯丁显然不太在乎大卫是否为《诗篇》的作者。就他而言，

---

[35] 旧版拉丁语圣经是在希腊语的基础上翻译而成的，但是奥古斯丁完成这本注释不久，哲罗姆就从希伯来语重译了《诗篇》。

诗篇作者的声音其实就是基督借着人类作者讲话的声音，所以人类作者是谁并不重要。他在这里采用的原则跟他解释旧约其他经文的原则一样：基督借着天使和先知等中间人向他的百姓讲话。但是在《诗篇》中，基督的声音让我们更深地认识上帝的奥秘，因为许多诗篇都透露了诗篇作者的内心状态。《诗篇》涵盖了人类情感的每个方面，奥古斯丁将这一点解释为一种记号，象征着上帝的儿子与我们在人性上认同的程度。《诗篇》51篇这类诗篇尤为如此，在这一篇中作者承认他自己何等有罪。奥古斯丁认为，从这里我们就可以看出基督背负我们的罪、为我们的罪而死需付出何等的代价！正如他所说：

> 在圣教会里，甚至极严重的罪行本身也可以得到赦免。凡真诚地根据自己罪情轻重悔改的人，从来都不应对上帝的怜悯感到失望。在悔改的行动中，对于罪行性质足以使犯罪者与基督的身体分离的，我们看重的不应是其行动的时间［花在悔改上的时间］长短，而应是他［展现出来］的悔恨程度，因为"忧伤痛悔的心，上帝必不轻看"。[96]

鉴于奥古斯丁的这种视角，我们就不难理解，为何他认为《诗篇》22篇是所有诗篇中最重要的一首。这首诗篇的第一节就是耶稣

---

[96] *Enchiridion* 17.65. 这处引文指《诗篇》51:17。

在十字架上所说的："我的上帝，我的上帝，为什么离弃我？"⑨⑦这一著名的引用自然也会让奥古斯丁的假设显得更加可信；耶稣确实说过这些话，所以解释诗篇的时候一定少不了耶稣！进一步讲，使用这首诗篇来说明保罗所强调的与基督同钉十字架再合适不过，因为耶稣在十字架上的时候经历到了这首诗篇中所描写的那种情感的全部。

> 我们的主借着诗篇作者发出的声音，披戴着我们的软弱，说出这样的话："我的上帝，我的上帝，为什么离弃我？"从他的祈求没有直接得到许可这种意义上而言，他的确被离弃了……我们必须[在今世]拒绝旧约中的益处，才能学习求告并期盼[来世]新约中的益处……从他的人性和他仆人的样式中，我们可以学到在今世被藐视意味着什么，也可以学到应当对永恒存有什么样的期待。⑨⑧

《诗篇》22篇是奥古斯丁解释圣经的关键，也是将圣经应用于基督徒生活的根基。基督在十字架上的受苦和他对死亡的得胜，都是对基督徒的应许，告诉基督徒今生的苦难将在天堂复活的生命中得到成全和公开称义。

---

⑨⑦《马太福音》27：46；《马可福音》15：34。
⑨⑧ *Epistulae* 140.

　　我们主的受难象征着我们在世的时光,即我们哀哭的时光……主所受的一切苦难对我们而言,除了象征着我们正在经历的这段悲伤的、必将死去的、充满试炼的时光之外,还有什么意义呢? 这是一段肮脏的时光,但是要将这种肮脏用作田里的粪肥,而不能任其脏兮兮地留在屋子里。我们当因着我们的罪而悲伤,而不是因着我们的欲望得不到满足而悲伤。一段肮脏的时光,如果能够得到善用,也会成为一段硕果累累的时光……一块洒满粪肥的田地之所以这样,是为了结出更丰硕的果实。⑨⑨

　　基督无论前往何方,他的百姓都要跟在他的身后。但是,要充分理解这句话的意思,有必要再往前走一步。基督的牺牲并不是一个单独的事件,与上帝全盘计划中的旨意或背景无关。相反,他的牺牲是上帝对堕落之人的爱的最高彰显,只有理解这一点,我们才能用正确的方式读圣经、应用圣经。奥古斯丁下面这番话清楚表明了这一点:

　　　　律法和整本圣经的成全与终结就是爱;爱我们应当以之为乐的那一位,爱可以与我们一起以上述那一位为乐的

⑨⑨ *Sermones* 254.5. 奥古斯丁在讲的是《诗篇》22篇。

人,因为不需要颁布一条诫命,吩咐我们当爱自己……如
果你认为自己已经明白了全部或部分圣经,却不知道你必
须建立起这种对上帝和对邻舍的双重之爱,那你其实还没
有明白。[100]

爱成全了律法,在所有的爱中,最大的爱莫过于基督为他所拣
选得蒙拯救的人献上自己的生命。

人类的命运

四福音书清楚表明,上帝的儿子降世的目的就是死,耶稣的生
平和事工也是从这个角度进行呈现的。很明显,这预设了他的牺牲
是必要的,也是上帝所定下的,不是因为上帝需要这一牺牲,而是因
为人类的危险状况要求耶稣牺牲。基督教的信息就是上帝创造了
一个美好的世界,但是罪进入了这世界,败坏了他所造的万物。对
古代世界而言,这是一种很难理解的观点。多数人在看待恶的问题
时,都会假定恶是某种客观事物,就像物质一样,是跟"灵"相对的,
而灵则是好的。人类之所以犯罪,是因为他们的灵魂被肉体玷污,
新约中有很多经文都被人用来支持这种观点。使徒保罗经常提到
"肉体/血气/情欲"(flesh)就是人里面邪恶的原则,习惯了异教思维

124

---

[100] *De doctrina Christiana* 1.35.39 – 1.36.40.

模式的人就很容易用二元论来解释保罗所写的经文。[10] 还有一种很有影响力的观点就是，上帝超越物质世界，在物质世界之上，所以不会被物质世界中的疼痛和苦难影响。

譬如，阿里乌派坚持认为基督不是完全的上帝，因为基督受苦了而且死过，上帝却没有。奥古斯丁时代的神学家不得不驳斥这种异端，在反驳的过程中，他们发现自己重新构建起了世界的样子。他们不得不构建一种可以与神性兼容的人性观，至少可以在道德和属灵上兼容的人性观，因为若非如此上帝的儿子就不可能道成肉身。这又意味着要重新思考整个罪与恶的问题，基督徒必须认识到罪与恶是外来的事物，而不是创造次序中本身就有的。

将罪带入这世界的，并非创造的不完美，而是受造物的悖逆，因为受造物被赋予了自由意志，可以选择是否遵行上帝的旨意。最初这种选择是由撒但做出的，而撒但就是那个堕落的大天使，是这世界的王，同时还有一批天使(或者我们现在所称的鬼魔)跟它一起堕落。撒但与跟随它的天使的堕落是宇宙中的奥秘，圣经并没有完全揭示出来。但是我们知道，在上帝创造这个物质的宇宙时，撒但就已经堕落了，因为在创造的故事中，它的身份是那试探人的，要来诱惑人类的始祖。跟其他受造物一样，亚当和夏娃原来也是好的，但是跟其他受造物不一样的是，他们跟造物主拥有特殊的关系，因为他们是照着造物主的形像和样式造的。那种关系之所以被破坏，并

---

[10]《罗马书》7:25,8:8;《哥林多后书》10:3;《加拉太书》5:13,17。

不是因为他们物质本性中那种内在的局限，而是因为他们违背了上
帝明确的命令。撒但引诱他们去做上帝所禁止的事，他们听撒但说
话的时候，完全知道自己在干什么。他们犯罪并非意外，而是一种
刻意的选择，所以他们受惩罚是罪有应得。亚当和夏娃从伊甸园中
被赶出去，他们在伊甸园中所享受到的免死保护也被撤去了，他们
被判接受永远的咒诅。此后，他们的后裔仍然拥有他们受造时被赋
予的上帝的形像和样式，但也自然而然地继承了他们与上帝之间破
裂的关系，这也被称为他们的有罪状态。[102] 这些加在一起就形成了
被定罪的群体(*massa damnata*)，每个人都属于其中的一员。这是
奥古斯丁最常重复的内容之一，他的其他一切有关这一主题的教导
都建立于这一基本前提之上。[103]

　　这样说的时候，奥古斯丁并没有教导任何之前未曾多次讲论的
内容，尤其是没有教导过圣经本身未讲过的内容，但是他又更进一
步，因为他对经文有自己的独创理解。尽管早期教会的其他所有人
都认为亚当和夏娃被造时所得到的"形像和样式"是指着上帝实存
的独一性(oneness)而说的，但根据奥古斯丁的解释，这种"形像和样
式"是指上帝的三一性(Trinity)。

　　这比乍听上去更合逻辑，尤其是如果我们考虑到当时对三位一
体的争论。虽然当时还没有界定出适当的术语，但是越来越清楚的

---

[102] *De libero arbitrio* 3. 18. 52，3. 19. 53；*De peccatorum meritis et remissione* 1. 9. 9 - 10.

[103] *Ad Simplicianum* 1. 2. 16；*Enchiridion* 27；*De civitate Dei* 21. 12；*De dono perseverantiae* 21. 53.

是,所有关于上帝的探讨都必须将上帝视为拥有两种不同"层面"或维度的存在。从我们现在所说的"本性"(nature)来看,上帝是一,但是人绝不是照着上帝这种意义上的形像所造的。即便我们认同说,必须从属灵层面来解释这种形像,并将这种形像应用于理性的灵魂之类的事物,我们跟上帝本身仍然有无法丈量的差距。现代思想可能认为,灵魂的"属灵"本质会提供与神圣存在之间的某种关联,但是奥古斯丁则会将这种观点视为一种柏拉图主义或其他古代的希腊哲学。⑭ 对他而言,正如对所有正统基督徒而言一样,甚至人理性的灵魂也是受造物,这意味着,就其存在而言,他与创造灵魂的造物主完全不同。

　　另一方面,三位一体体现了上帝关系性的一面,因此他可以与人类交往。我们可以向圣父、圣子和圣灵这三个位格祷告,可以在这一层面上与他们相交,但是我们不能与他们的神性存在连接在一起。所以,我们可以说自己是照着三位一体的样式受造的,这样说非常合理,即便我们现在对这种说法的解读与奥古斯丁有所不同。

　　今天我们可能会说,上帝的形像就是某种让我们与他建立位格性关系,并给我们能力与其他人建立位格性关系的东西。但是,对奥古斯丁而言,上帝在人里面的形像从理性的灵魂彰显三重品格

---

⑭ 这种观念就是:"灵魂"应当是上帝之灵的一部分,但是已经与上帝之灵分开,就像从火中迸发出的火花一样。

(threefold character)这种意义上来讲是三位一体的,他将这三重品格描述为存在（being）、自我意识（self-awareness）和自爱（self-love），或者说记忆（memory）、理智（intellect）和意志（will）。在他所写的《论三位一体》中,很多内容都是在讲这些主题,结果就是,现在奥古斯丁有时候被高举为心理科学的创始人。这可能有点牵强,但毫无疑问,他是第一个对心智（mind）深处进行探索的思想家,他这方面的分析至关重要,可以帮助我们理解他如何处理人的堕落及其影响。

奥古斯丁并非凭空想出他有关形像的教义。当他第一次提出心智具有三重内在模式时,他以非常谨慎的方式将这种观点应用于三位一体:

> 我愿意人们对自身的三个方面思索一下。这三个方面和三位一体当然大相径庭,我提出来只是为了使人们学习、钻研,能体会出二者的差异。我所说的三个方面是:存在、认识和意志……我是一个有认识能力的、有意志的存在。我知道我存在,而且我有意志;我愿意存在而且愿意认识。生命、思想、本体——此三者不可分割却又彼此区分。[106]

---

[106] *Confessiones* 13. 11. 12.

在这个早期阶段，奥古斯丁非常谨慎，并不提人的心智是三位一体的形像；而只说这是三位一体一种可能的例证。但是后来当他再次触及这一主题时，他讲得更加明确：

> 上帝说："我们要照着我们的形像，按着我们的样式造人。"……由于"我们的"在数目上是复数，所以，假如有人说人是照着一个位格的形像造的……就都是不正确的，但是由于事实上人是在三一形像中受造的，经上就说是"照着我们的形像"了。接着以免我们认为得要相信在三位一体中有三个上帝，经上继续说上帝就照着自己的形像造了人。⑯

在有意识地努力完善这一主题的过程中，奥古斯丁自然地从上帝是爱这一原则入手。上帝的三位一体由一位施爱者、一位被爱者以及施爱者与被爱者之间流动的爱构成。⑰ 三位一体在人身上的形像就是心智。心智本身是存在的，当心智正常发挥功用的时候，它就可以以同等的程度认识自身、爱自身。⑱ 但是像上帝一样，人的心智并没有消耗在自己身上，也没有被自身所消耗。它有能力走出自身以外，去认识并爱其他事物，而且当它这样做的时候，它充分意识

⑯ *De Trinitate* 12. 6. 7.
⑰ *De Trinitate* 8. 10. 14.
⑱ *De Trinitate* 9. 4. 4.

到了自己的内在潜能。就其本身而言,正常的人类心智是完美的,因为它的这三个方面具有相同的实质(substance)。⑩ 当然,人的心智与上帝之间的差异也是受造物与造物主之间那种正常的差异;人的心智会改变,也会衰败,而上帝的三位一体却不会。⑩

虽然奥古斯丁在这里找到了描述三位一体的图画,但却不能令他感到十分满意。因为,尽管这种刻画相对比较完美,却仍有较强的独立性(self-contained),从内在来看不够充分。没有哪个人的心智能够充分认识自我,所以也没有哪个人的心智能够充分爱自己。我们爱自己所了解的,但是如果我们所了解的不够完全,相应地我们的爱也会不够完全。⑪ 心智如果要胜任上帝的形像,其本身不仅要完全,还要能够与其所指向的原型建立对应关系,而这种原型各方面其实都非常超越、极其完全。为了解释为何会这样,奥古斯丁继续讲三位一体的第二个形像,他将这种形像描述成"记忆、理智和意志"。⑫ 他依然坚持认为这三者彼此同等、相互关联:

> 假如它们不是同等的,不仅彼此不同等,而且每一个
> 都与总体不同等,它们当然就不会彼此包含了。事实上,
> 它们不仅彼此包容,每一个还被包容进了全体。我记得我

---

⑩ *De Trinitate* 9.4.7.
⑩ *De Trinitate* 9.6.9.
⑪ *De Trinitate* 10.4.6.
⑫ *De Trinitate* 10.11.18,14.8.11.

有记忆、理智和意志；我明白我理解、意欲和有记忆；我愿
意我意欲、记忆和理解。⑱

　　用这种三重体系作为三位一体的形像，其优美之处在于，虽然
这三者中的每一个都能单独予以考量，但是其中任何一个都不能脱
离其他两个来进行构想。譬如，记忆明显跟理智或意志不是同一回
事，但是如果离开理智或意志，记忆也将变得不可想象，正如理智或
意志离开记忆也不可能发挥作用一样。如果缺了理智，就没有办法
进行记忆；如果缺了意志，也就不可能定意做任何事。然而事实上，
记忆不仅存在，还往往被理智所用，从而透过意志塑造人的行为。
构成心智的其他每一个元素差不多也可以这么说。理智离开资料
就无法发挥作用，他们倚赖记忆。如果不输入记忆的资料并且由理
智对资料进行分析，意志也将变得不合情理。我们现今的人可能会
比之前历世历代的人更容易理解这一点，因为我们知道电脑差不多
也是以这样的方式运转，其中存储器提供原材料，软件程序则根据
使用者的意志对这些原材料进行处理。电脑与人类大脑的相似性
是显而易见的，但是对奥古斯丁而言，发明电脑的那个人类大脑是
照着上帝的形像造的，而上帝的三个位格则体现了与我们的心智运
作类似的区分与合一。
　　对奥古斯丁而言，"记忆、理智和意志"这种类比要比之前的"存

---

⑱ *De Trinitate* 10.11.18.

128

在、自我意识和自爱"更接近三位一体,因为前者更强调互动的关系
中所涉及的活动。在之前的图画中,第一个元素直接被放在那里,
另外两个元素则以某种方式与之关联,但是在这里我们却看到这三
者同时发挥作用进行互动,且又都保持心智上的统一:"把心智带入
它自身的记忆、理智和意志之光中,并且发现,既然人们看到它总是
知道它自己、总是意欲它自己,人们必定也同时看到它总是记得它
自己、总是理解并爱它自己。"⑭

当然,形像与原型之间总会有差距,这里的原型就是上帝自己。
在这种情况下,奥古斯丁注意到心智并不总是在思考自己,很多时
候仿佛构成心智的三种元素实际上就是同一个,因为在特定的场合
下几乎不可能区分这三者。正如奥古斯丁所描述的,"这告诉我们,
在心智的幽深之处,有对一些事物的意识,当它们被想到时,就跑到
了开阔地,在心智的视野里更显清晰,然后心智发现它记忆、理解并
爱着自己,即便在它思考着其他事物的时候"。⑮

人的心智如果要正确地认识自身,就必须停下来去反思,而上
帝在认识自身的时候却不需要这样做。

> 心智对自身的视野属于心智的本性,当心智思考自身
> 的时候,就可以重新获得这种视野……但是除非心智思考

---

⑭ *De Trinitate* 10. 12. 19.
⑮ *De Trinitate* 14. 7. 9.

自身，否则心智不会出现在自己的视野之内，也不会看到自己，但是心智仍然知道自己，就仿佛这是自己对自身的记忆一样。⑯

奥古斯丁认识到，对三位一体的这种类比要优于之前的那种类比，因为这种类比提到的词语先是通过心智的思考而形成，之后再通过共同的意志与它结合起来。⑰ 在第一种类比中，思想中的言词本身就是目标，但是现在我们发现它更加主动、更加富有创意，所以也更像上帝的道，而它本来的目的就是要反映出上帝的道。

奥古斯丁只有完成从自我到他者的终极跳跃，才能让他提出的心理学上的类比达到完全。在刚刚展示的这两幅图画中，人类的心智基本上只关注自身，但是这还不够好。正如他所说的："心智的三位一体并不是因为记得、理解并爱它自己，所以就是上帝的形像，而是因为它也能够记忆、理解并爱那创造了它的上帝。当它这么做时，就变得智慧了。"⑱

奥古斯丁在这里才真正开始考察人与上帝之间的位格性关系，而这种关系对于人类的福祉和救恩至关重要。自爱是非常自然的，也是人希望的，但是如果离开上帝的爱，自爱实际上就等同于某种

---

⑯ *De Trinitate* 14. 6. 8.

⑰ *De Trinitate* 14. 10. 13.

⑱ *De Trinitate* 14. 12. 15.

形式的自恨,因为它与自己存在和身份的本源隔绝了。⑲ 一个人如果不能认清自己的本相,即自己是照着上帝的形像造的,自己今生一切的所是和所有都是蒙他所赐,就是已经忘记了自己真正的身份,也必因此而受苦。

> [一个人必须了解自己]才能理解自己,照着自己的本性生活。意思就是,人必须竭力照着自己的本性调整自己生命的次序,臣服于那位配得[他顺服的],其他一切都是次要的。……心智通过堕落的欲望做了许多事,仿佛已经忘记了自身。它见识了上帝更为卓越的本性之美;但是,虽然它本应专注于享受这样的美,实际上却掉头离开,将上帝的卓越归到了自己身上。它试图在不倚赖上帝的情况下变得像上帝一样,企图通过一己之力效法上帝,所以虽然它自认为不断地在高升,实际上却在不断地往低处滑落。若是离开了唯一自足的那一位,它不可能单独存在,任何事也不可能让它感到满足。⑳

对奥古斯丁而言,这具有非常实际的重要性:当人堕落陷入罪中的时候,上帝就受到了侮辱,因为他的形像——标志着他的权能

130

---

⑲ *De Trinitate* 14. 14. 18.
⑳ *De Trinitate* 10. 5. 7.

以及他对受造界的统管——成了仇敌魔鬼的俘虏。原本应当成为受造界最高荣耀的人,现在却成了恶的工具;如果考虑到拥有上帝形像意味着天生就有能力管束受造物,这就更显严重了。奥古斯丁认为,从任何客观意义上来说,这种形像都没有遭到破坏,也没有被摧毁。亚当堕落之后,并没有产生心理上的残疾,他依然可以充分使用自己的理性官能,包括意志上的自由。只是这些官能的使用发生了巨大的改变,它们非但不服侍上帝,反倒成为背叛和悖逆的器具,从而让人有可能通过一些途径伤害自身和其余的受造物,而这些途径一开始的目的都是为了帮助亚当治理受造界。即便人有意志的自由,也不表示堕落的人可以躲避犯罪。这种自由让人可以选择做事的地点和做事的方式,但是由于人的罪性,人与上帝隔绝了。人可能选择做的任何事,从本质上来说都是罪恶的,即便这样的事本身是好的。⑳

　　人的心智完全被罪的权势俘虏。具体来说,很难想象堕落的意志会和完好无损的记忆与理智一起发挥作用。使徒保罗说他想行善却行不出来的时候,这并不是因为他的理智让他知道何为善而他的意志却无力去行。他的心智有能力鉴别何为善,甚至也想去行善,但是由于他在属灵上被抵挡上帝的权势所奴役,所以他无法实现这种意愿。这不仅会让他感到无助,还会让他成为有罪的

───────────────

⑳ De libero arbitrio 2. 10. 29;De vera religione 14. 27;De gratia et libero arbitrio 2. 3 - 6.这一原则在英国国教《三十九条信纲》(Thirty-Nine Articles, 1571)第十三条中得到了确认,其背景是称义之前的行为,这种行为即便本身是好的,"也具有罪恶的性质"。

（guilty）。奥古斯丁对《罗马书》7：18（"因为立志为善由得我，只是行出来由不得我"）进行注释的时候说：

> 对于那些没有正确理解他的人而言，保罗在这里似乎废除了选择的自由。但是考虑到他说自己知道何为善也想行善，这怎么可能呢？想行善属于我们的权力范围，但是行出来却不属于，这都是因为原罪的影响。人类最初的本性中现在只剩下因罪而受的刑罚。所以，死亡就成了某种第二本性，而造物主的恩典则让那些凭信心顺服他的人脱离了死亡。⑫

然而，耶稣基督身为无罪之人并没有受到这种罪的重压和折磨，因为他与神格（Godhead）中的圣父和圣灵有属灵上的联结，所以他那理性的人类心智能够正常运转。耶稣不是一个超人也不是一个怪人；他乃是亚当假如没有堕落陷入魔鬼的掌控之中所当有的样式。⑫

亚当的堕落触及了个人生命的各个方面，并且影响到整个人类。在亚当里我们都是一个人，不论我们自己是否犯了罪。对婴儿来讲尤为如此，他们即便还没有犯任何实际的罪，依然是有罪的。

---

⑫ *Ad Simplicianum* 1.1.11.

⑬ *De peccatorum meritis et remissione* 2.24.38. 另参这一章节之前的那些章节，尤其是 2.22.36 和 2.23.37。

　　小孩子不知道自己在哪里受造，也不知道自己被造成了什么样式，更不知道谁造了自己。但是小孩子却已经有了罪，即便他还无力遵行诫命。这当中有非常浓重的无知的迷雾，而且小孩子被这种迷雾深深地淹没，仿佛睡着了一般，很难醒过来。所以也难以将这些事向他们指明，让他们认识到这些事。我们只有等待小孩子自己从这种喝醉般的状态中醒过来……这可能要花上很多个月、很多年的时间。在此之前，许多事情成人如果做了就会受惩罚，而他们如果做了却不会被问责。但是，如果婴儿是在出生之后才具有了这种极大的无知和软弱之恶，那么他们又是在哪里、在什么时候、以什么方式突然做了什么样的极不敬虔的事，才落入了这种黑暗之中呢？[24]

　　我们继承了亚当与上帝的疏远。鉴于这是属灵上的而非道德上或理智上的疏远，所以只有通过属灵上的重生才能纠正这一点。哲学家曾试图通过道德上和理智上的方案来加以纠正，但是尽管其中有些做法是好的（柏拉图主义在这方面的做法尤为令人印象深刻），却无法实现目标，因为人的生命中存在属灵上的不足，无法通过这种方式进行解决。所以使徒保罗才对哲学有这么负面的看法。不论哲学在理论上多么出色，在实践中都毫无用处，基督徒必须非

---

[24] *De peccatorum meritis et remissione* 1. 36. 67.

常警惕,不要被伪装成真相的东西所引诱。奥古斯丁知道自己原本
很容易就会落入这种圈套之中,所以他才下定决心,一定要警告其
他人留心这种危险。

上帝在解决人类难以逃避的有罪状态这个问题时,并没有通过
能够让人的心智逃避罪的知识对人进行启蒙,而是通过让信他的人
得到在基督里的新生命。上帝没有赐给堕落的人类一系列目标去
达成,仿佛救恩可以与身体健康测试相提并论似的,而是让圣灵内
住在人的里面协助人,使人与基督联合。上帝以这种方式,将基督
在十字架上所流宝血的拯救大能加在他们身上,并借着赦免他们,
救他们脱离罪的重担,收纳他们进入上帝的家中与上帝相交,来弥
补他们不可避免的失败与缺乏。这一切都是白白赐下的,是为了叫
他所拣选的人得益处,因此他的拯救工作也被统称为**恩典**,这个词
的意思就是"宠爱"(favor)。⑫ 奥古斯丁非常清楚,从某些方面来看,
我们被收养为上帝的儿女这件事依然没有完成。我们已经被带进
他的家里,但是还没有完全符合他的样式。奥古斯丁对《哥林多后
书》4:16("外体虽然毁坏,内心却一天新似一天")进行注释时说:

> 很明显,那些内心仍然在一天新似一天的人并没有完
> 全更新。他们在多大程度上尚未完全更新,就在多大程度
> 上处于旧的状态之中……也仍然在多大程度上属于这世

---

⑫ *De Trinitate* 14.16.22.

界的儿女,即便他们受过洗……但是,他们灵里在多大程
度上明白过来并过与之相应的生活,就在多大程度上属于
上帝的儿女。⑫

对奥古斯丁而言,人的受造、堕落以及圣子道成肉身构成了上
帝整个计划的各个不同部分。世界上发生的任何事都不是偶然的,
不论外面看起来如何。我们可能会以为某些事是好的或坏的,或者
是有可能抵挡上帝旨意的,但这种印象只是表面的。从更深的程度
上来说,上帝完全掌管着一切事,就连撒但在上帝的面前也只能唯
命是从。此外,若对整个宇宙而言如此,那对每个人的个人生活也
是如此。奥古斯丁与很多古人不一样,他不相信我们人类受某种未
知的、非位格的命运所掌控。也不相信我们的家庭、民族或国家面
对既定的命运只能逆来顺受。相反,福音的信息乃是:上帝看顾他
所造的每一个人,也在此基础上与我们交往。犹太人有专门的特
权,但是基督降生之后,救恩的大门就向每一个民族的人敞开了,尽
管不是每个人都从中受益。

其中的原因就是上帝指定一些人得永生,而非所有人。这是基
督教信仰中最大的奥秘之一,这奥秘非常难以领悟,奥古斯丁甚至
建议传道人在讲解这一奥秘时要小心谨慎,以免那些不太容易理解

---

⑫ *De peccatorum meritis et remissione* 2.7.9.

的人或信心较弱的人失去盼望。㉗ 他所认识到的挑战在今天依然非常艰巨,许多自称"基督徒"的人都拒绝圣经教导的这一关键内容。

毫无疑问,预定论(对这一奥秘的叫法)在圣经中有明确的教导,尤其是在保罗的书信中。应当承认,这一教义在初代教会并没有太多的发展,当时的教会更愿意从上帝的预知而非预定的角度来思考这一问题。其中的差别就是,从前者的观点来看,上帝只是知道将要发生的事,却没有导致(cause)这样的事发生;而从后者的观点来看,是上帝命定了(ordain)将要发生的事。早期教会观点的典型代表,就是 2 世纪的作家塔提安(Tatian)在《写给希腊人的信》(*Address to the Greeks*)一书中的说法:"道有大能可以预见未来的事件,但是这些事件并不是命中注定要发生的。这些事件之所以会发生,是因为那些享有自由的主体(free agent)选择做这些事。"㉘

类似的说法也出现在德尔图良和希腊伟大的教会史学家凯撒利亚的优西比乌的作品中。他们生活的时代比奥古斯丁早两代。㉙ 东方伟大的约翰·克里索斯托是与奥古斯丁同时代的人,他表达了当时希腊教会中普遍的(后来成为标准的)观点:

> 上帝从不强迫人,不会让人必须怎么样,也不会以武

㉗ *De dono perseverantiae* 16.40,22.57 – 59,61.
㉘ Tatian, *Oratio ad Graecos* 7.
㉙ Tertullian, *Adversus Marcionem* 2.5;Eusebius of Caesarea, *Praeparatio Evangelii* 6.11.

力逼人就范,相反他希望人人得救。他不会强迫任何人去
做任何事,正如使徒保罗所说:"他愿意万人得救,明白真
道。"(提前 2:4)倘若上帝希望每个人都得救,为何有的人
会不得救呢? 答案就是并非每个人都选择顺服他的旨意,
而上帝不会强迫任何人去顺服他。⑬

奥古斯丁继承了这种传统,从未公开反对过,因为他认识到,有
时候甚至新约也从预知的意义上描写上帝的预定。⑬ 现代的解经家
常说,奥古斯丁在 411 年与帕拉纠主义展开论战之前,一直相信上
帝的预知,当时他对预定论还没有更明确的概念,但是这种说法很
难被证实。奥古斯丁在驳帕拉纠的文章中对预定论的含义所做的
探讨确实比之前要深入得多,这毋庸置疑。但至于他当时是因为改
变了对这些问题的看法,还是只是对他思想中本已存在的观念进行
了进一步的发挥,目前仍不确定。有可能在他被环境所迫不得不讲
解预定论之前,他已经对预定论的概念有了不成型的想法,因此在
解读他对预知的观点时,应当考虑到这一点。⑬ 然而,他确实教导

⑬ John Chrysostom, *Homiliae XXV in quaedam loca Novi Testamenti*,"De ferendis
repraehensionibus et de mutatione nominum," 3.6,这是针对《使徒行传》9:4 的讲道稿
(*Patrologiae cursus completus. Series Graeca*, ed. J.-P. Migne, 161 vols. [Paris,
1857-1886],51:144)。哲罗姆在他的 *Commentarius in Ieremiam* 5.26.3 中说了大致
相同的内容。

⑬ *De dono perseverantiae* 17.41,18.47.

⑬ 比如,他在 *Ad Simplicianum* 1.2.8-9 和 *Confessiones* 10.6.81,10.29.40,10.37.60
中所说的内容,而这些内容都是他跟帕拉纠主义展开第一次论战之前已经写成的。

过,预定论是基于他对《罗马书》不完整的注释中所提到的预知,而在他即将离世的时候,奥古斯丁明确表示想撤回这种观点。[13] 奥古斯丁早年所说的一些话虽然听起来好像是出自德尔图良或克里索斯托,但也让人觉得只有奥古斯丁才会如此表达。即便讲到人类的心智时,奥古斯丁实际上也聚焦于上帝和他的思考过程:

> 人对过往之事的记忆并没有迫使人在过去做那些事,
> 同样上帝对未来之事的预知也不会迫使他去做未来的事。
> 你记得过去所做的一些事,但是事实上你并没有做自己所
> 记得的所有事;同样上帝虽然提前知道自己将要做的一切
> 事,他却没有提前做成那些事。他并不是行邪恶之事的那
> 一位,乃是要对行邪恶之事的人施行公义报应的那一位。[14]

然而,不论奥古斯丁的思想中有着怎样的怀疑,证据表明他在受到挑战之前,在这一主题上的教导一直都属于教会标准的立场。在受到挑战之后,他开始重新审视这一立场,并且根据帕拉纠及其追随者的教导所挑起的论战重新修订这一立场。但是,很难说这就表示奥古斯丁改变了自己的神学立场,因为他已经理解了上帝心智中的预知和预定,这样的预知和预定是超越时间和空间的,而且我

---

⑬ *Epistulae ad Romanos inchoata expositio* 60–61. 有关奥古斯丁撤回这种观点,参见 *Retractationes* 1.22。

⑭ *De libero arbitrio* 3.4.11.

们所谓的预知和预定在上帝的心智中其实是同一回事。用他的话来说,"我们怎能用自己微弱的智力,明白上帝的预见为何跟他的记忆和理智是同一回事,上帝为何在观察事情的时候不逐一地考虑,而是在一个永恒的、不可改变、不可言传的视野中认识所有的事呢?"⑬

当然,上帝心意中这种连接的作用让预知变得无关紧要,因为预知只适合时空架构,而不适合上帝。另一方面,预定虽然也是在时空的维度中表达的(因为否则我们就无法理解预定),实际上预定却是永恒中的现象——其在"过去"的有效性和在"将来"的有效性是相同的,因为这两种情况首先都需要从永恒的角度来理解。

我们先停下来,追溯一下奥古斯丁的逻辑渊源,这样就能看清预定论对他而言意味着什么,以及他为何认为预定论是福音信息重要的一部分。在他看来,人类因为亚当犯罪而遭受永远的咒诅,人类也不可能逃脱这样的咒诅。这本身是一种决定论(determinism)——我们都要下地狱,不论想不想去,而且我们怪不得其他任何人,只能怪自己。这就是我们所继承的现状。罪的工价乃是死,我们都要死,不论我们是否乐意,都别无选择;我们不得不接过给我们的东西,尽可能加以善用。

如果一开始我们先看一看这个不言自明的事实,就会明白甚至在我们开始做任何事之前,我们选择的自由就已受到了严格的限

---

⑬ *De Trinitate* 15. 7. 13.

制。比如说,倘若我们真能选择过无罪的生活,我们就会有能力不
选择死亡,但显然这是不可能的。最后,在奥古斯丁的论证中,真正
起决定性作用的论点是死亡的普遍性,而非罪的普遍性。保罗曾
说,众人都在亚当里死了,众人也都要在基督里复活,这并不是说众
人都在亚当里犯了罪,也不是说众人都要在基督里成为无罪的。[136]
其中的差别可能看似微不足道,但其实并非如此,因为那些在基督
里复活的人并没有因此成为无罪的。相反,他们是赖恩得救的罪
人——换句话说,他们得救是出于上帝的决定而非他们自己的选
择。上帝的审判超乎我们的理解,但这些审判总是正确的。

> 由于全人类都是从亚当而生,所以他们都在朝着被定
> 罪的路上直奔,除非他们先在基督里重生。此外,上帝已
> 经规定他们要在死之前重生,他是最慷慨的施恩者,要向
> 那些预定得永生的人施恩。同样,他也是最公义的施行报
> 应者,要报应那些预定受永死的人,不仅包括那些做过错
> 事的人,也包括那些虽然没做过任何事却有原罪的婴儿。[137]

这非常重要,原因有几点。天堂是上帝的家,只有他才可以决
定谁能进去。我们不能选择不倚靠他,自己单独进去,我们也没有

---

[136]《哥林多前书》15:22。

[137] *De anima et eius origine* 4.11.16.

权利在上天堂之后挑选自己的座位。⑬ 那些已经得救的人也不配领
受他们所得的礼物,没有权利享受所得的益处。上帝不是要设立国
家福利体系! 他既然明知有些人会下地狱,为何还要创造他们呢。
在尝试解释这一问题时,奥古斯丁并没有拿他们的自由选择作为理
由,而是从一些更为根本的方面来入手:

> 如果上帝创造了一些承受忿怒的器皿,为要毁灭他
> 们,但他们不属于从亚当而来的被定罪的族类,那么他就
> 是不公义的(罗 9:22)。出生成为承受忿怒之器皿的人当
> 得惩罚,但通过重生成为蒙恩器皿的人得到不配得的
> 恩典。⑬

这种主张是奥古斯丁预定论教义的核心。那些要求得到公义
的人实际上是在要求普遍被定罪,因为那正是全人类当得的份。福
音的奥秘和奇迹并不在于有些人罔顾福音而下入地狱,乃在于有些
人因福音而蒙拯救脱离地狱! 对很多人而言这都是非常难以接受
的,因为我们本能地以为努力的人才配得赏赐,什么都没做的人则
不配得到赏赐。然而在天国里,我们发现一切都颠倒过来了。下午
五点钟才上班的工人与工作了一整天的工人拿同样的工资,不论其

---

⑬ 《马太福音》20:20—28。

⑬ *Epistulae* 190.3.9。

他人是否认为这有失公允。⑭ 并不是因为要奖励懒散的人——新约
中有清楚的证据表明，无所事事的人在审判的那一天将会受到亏
损。⑭ 但是，尽管我们蒙召要努力工作，我们的工作却应当是怀着因
所领受之物而生出的爱和感恩来服侍主，而不是竭力去挣得那只有
作为礼物才能赐给我们的东西。即使我们奉基督的名行神迹，如果
我们内心与上帝的关系不对，我们也与他的怜悯无份，最后依然会
被他拒绝。⑭

　　我们只有靠着上帝的恩典才能得救，而不能靠着自己任何的行
为（或者缺乏行为）得救，这种观念虽然令许多人难以接受，却是可
以理解的。更为难以理解的观念是，上帝创造亚当和夏娃的时候，
有意让他从起初美好的光景中堕落。然而这却是奥古斯丁所教
导的：

　　　　倘若上帝想让第一个人持守受造时的美好状态，并且
　　　在第一个人生孩子之后、去世之前的某个合适的时间让他
　　　达到更好的状态，叫他不仅不犯罪，甚至也不想犯罪，那么
　　　亚当必定就会希望保持无罪的状态，就像他受造时一样，
　　　而上帝必定也会提前知道亚当会有这样做的意愿。但是，
　　　鉴于上帝知道亚当会误用他的自由意志并且会犯罪，所以

⑭ 《马太福音》20:1—16。
⑭ 《马太福音》25:1—30。
⑭ 《马太福音》7:21—23。参见 *De dono perseverantiae* 11.25。

上帝就为着可能发生的这种情况预备自己的旨意,这样即
便亚当做了相反的事,上帝也能借此做一些好的事。故
此,那位全能者的美意并没有因为人邪恶的意愿而被破
坏,反倒得以成就。⑬

138 | 奥古斯丁知道救恩是上帝做成的,且并不是每个人都会得救,这些
事实综合起来自然就可以得出结论:上帝拣选某些人得救,而没有
拣选其他人。但是,上帝拣选的依据依然是人的逻辑无法测透的
奥秘。

上帝让一些人在基督里重生,并赐他们信心、盼望和
爱心,却没有赐他们坚忍,同时上帝又赦免了其他一些人
的恶,并施恩给他们,叫他们成为他的儿女。这一切是如
何发生的,实在令人惊奇。难道不是吗?……他将一些孩
子的父母带入他的国度,却让这些孩子与他的国度无份;
同时他却将一些抵挡他之人的儿女带入他的国度。尽管
信徒的儿女可能并没有做什么坏事,而不信之人的儿女也
没有做什么好事,他却这样做了。上帝的审判是公义、深
奥的,也是不能指责、测不透的。⑭

---

⑬ *Enchiridion* 104. 也参见 *De Genesi ad litteram* 11.9.12,其中奥古斯丁说了大致相同
的内容。

⑭ *De correptione et gratia* 8(18).

奥古斯丁必定非常清楚圣经中看似与他的教义相悖的经文,他也清楚、真诚地进行了回应。有人提出反对,认为保罗在《哥林多前书》15:22 说在基督里"众人"都要复活暗示了一种普救论,对此奥古斯丁回应说:

> 这意味着即便极多的人要受永死的惩罚,但那些领受永生的人则要在基督里、也是透过基督领受永生,而不能用其他任何方式得到永生。同样,上帝"愿意万人得救"(提前 2:4)这节经文的意思是说,虽然有大量的人是他不想拯救的,然而那些得救之人之所以得救,纯粹是因为他想拯救他们。⑯

这种论证非常复杂,也不尽如人意。特别是,他对《提摩太前书》2:4 的解释颠倒了这节经文,也没有解释这节经文如何与预定论的教义相一致。为此许多人拒不接受他的这种解释。但是公允地说,奥古斯丁在其他任何地方再提到这节经文时,都给出了更为合理的解释。上帝所说的"万人"并不是指"每一个个体",而是指"各个类型的人"——就是说,不仅仅有犹太人、富人、有智慧的人或任何单一类型的人。人的思想不可能确定谁愿意得救、谁不愿意得

---

⑯ *Epistulae* 217.6.19.

救,所以我们必须毫无例外地向每个人传福音。而他们是否回应则取决于上帝,而非我们。⑯ 这基本上就是现今会给出的那种解释,它也符合我们的认知,即福音要传给各种人,与摩西的律法正好相反,因为摩西的律法只给了犹太人。

奥古斯丁还坚称传讲上帝的话语是有效的。我们不知道基督为何来到这个世界,也不知道上帝为何差遣他的使者前往某些国家而不去另外一些国家,但是他的话语传到哪里,哪里就会有人相信并得救。

> 以弗所人听到上帝的话语之后,并没有将之当作人的话语来听,而是当作上帝的话语来听。是上帝在人的内心做工,根据他的意旨呼召他们,叫他们不至于徒然听到福音,而是悔改相信,也叫他们不将福音当作人的话语而是当作上帝的话语,而福音事实上就是上帝的话语。⑰

换言之,基督徒非但不应该闲坐在那里,揣测谁得救谁不得救,反倒应该遵行上帝的呼召,去传讲上帝的话语,并见证上帝借着他们的传讲将他的羊带入他的国度中。我们的呼召不是要给我们借口,不去传扬福音,而是恰恰相反——我们乃是奉差遣去收割庄稼

---

⑯ *De correptione et gratia* 14(44),15(47).

⑰ *De praedestinatione sanctorum* 19.39.

的工人。⑭ 我们的工作是将粮食收在仓里;我们不用分别里面的糠秕,而是由上帝在最后审判时分别出来。⑭

　　奥古斯丁并没有吹嘘他从上帝领受的属灵呼召,也没有因此自认为高人一等。他也没有声称知道谁是(更重要的是,谁不是)像他一样蒙拣选、蒙召的人。但是,他毫不怀疑有这样一种呼召,这种呼召适用于所有得救之人。这不是基于人任何的功德,不论这样的功德取决于血统还是个人成就。没有人能解释上帝为何将他的手放在某些人身上而不放在另外一些人身上;这属于他主权的奥秘。但这也是上帝之爱的奥秘。本来无权得到上帝怜悯的人却能够得到上帝的怜悯,并且从罪人转变成基督的仆人。没有一个人恶到不能这样被改变,所以即便是最邪恶的人也有盼望。同时,也没有一个人在今生蒙福到可以滥用上帝的良善。那些自视过高的人可能(也经常会)被降卑,因为只有灵里谦卑的人才能进入天国。上帝的道路不同于我们的道路,不论我们在世人眼中是"好"还是"坏",我们都必须被改变,靠着上帝的恩典成为新造的人。

　　预定论不仅是我们将来在永恒中生命的根基,也是我们现在经历上帝的根基。认识上帝就是爱上帝,爱上帝就是顺服他的旨意,认识到万事互相效力,叫上帝所爱的、照着他旨意蒙召的人得益处。这一精髓能够让信徒经受得住一路上发生的任何事,并且无论今生

140

---

⑭《马太福音》9:37。

⑭《马太福音》13:25—29。

遭遇多大的挫折都能一直得胜。最后,我们必须传讲这一教义,因为如果不传讲的话,靠行为称义的教义就会大行其道,而后者否认了福音。

> 必须照着圣经中宣讲预定论的方式和宣讲的清晰程度来讲预定论,好叫被预定的人知道上帝的恩赐和呼召是不会后悔的,否则就不得不说上帝的恩赐是照着我们的功德赐下的,而这正是帕拉纠派的观点……恩典先于信心,因为如果信心先于恩典,意志必定也会先于信心,因为如果没有意志,人不可能有信心。但是如果由于恩典先于意志从而先于信心,那么恩典必定也先于一切顺服和爱,而人单单是因为爱才真正顺服上帝。恩典将这一切带给那领受恩典的人,所以恩典必定要先于这一切。⑩

基督徒的生活是由上帝的恩典塑造的,只有回应上帝的恩典才能过基督徒生活。这就是预定论这项教义所教导的内容,也是预定论对信徒如此重要的原因。我们不是因着我们的行为得救——包括归信之前和归信之后的行为——而是靠着上帝的爱和恩典得救,上帝不顾我们自身的卑微而拣选我们,他也要将我们带回家中,带回他立定世界的根基之前为我们预备的荣耀之中。

---

⑩ *De dono perseverantiae* 16.41.

第四章　牧者奥古斯丁

奥古斯丁与教会

　　希波是北非沿海地区一座中等规模的港口城市,奥古斯丁从公元 396 年开始担任希波主教,直到 430 年去世为止。与每个担任那一职位的人一样,他的职责是向当地的教会讲道,教导会众。他每场讲道的听众人数我们不得而知,但是我们可以猜想他通过种种不同的方式,向绝大多数当地人讲过道。在希波及其周围地区,很可能散落着许多附属教堂或小礼拜堂,奥古斯丁对这些教堂负有最终责任,但是通常情况下,他应该会委派下属的某位长老(presbyter/elder),代替他去这些地方承担牧养职责。即便如此,他可能偶尔也会去偏远地区,而且只要人们愿意,随时都可以去听他讲道。无论是直接的还是间接的,他的影响力必定遍及这座城市及其周边地区。偶尔他也会代表自己的教会去参加教会会议(synod),在会议期间他应该也参与牧养工作。他还可能在行省首府迦太基的教会讲过道,因为教会会议在迦太基举行。

　　然而,除此之外,他并没有去过更多地方。他从未参加过普世教会大公会议(ecumenical council),尽管 431 年在以弗所召开的大公会议邀请了他。因为那时他已经去世,北非也已经被阿里乌派的汪达尔人占领，所以北非任何主教都根本不可能前去参加这次会议。结果就是，西方教会最伟大的神学家在担任主教期间竟然从未去过迦太基以外的地方，但是他通过信函与更广阔的世界保持着联络，而且他的许多信函都保留了下来。

奥古斯丁所隶属的教会就是北非教会，这也是他最熟悉的教会。北非教会的历史可以追溯至 2 世纪，北非行省也是罗马帝国第一个以拉丁语作为固定敬拜语言的行省。最早的拉丁语基督教文献来自德尔图良，他曾在公元 200 年前后花了近三十年的时间在迦太基写作。不久之后，精力充沛的迦太基主教西普里安（Cyprian）紧跟他的步伐，继续用拉丁语写作，然而 258 年西普里安殉道。313 年基督教成为合法宗教时，教会已经得到了很好的发展，不仅城市有教会，一些乡村也有了教会。不幸的是，就在这时候，教会突然因为惩戒问题一分为二，而这个问题也被证实非常棘手。

北非看上去与殉道者有着非同寻常的关联，从德尔图良时代之后，殉道者一直备受尊敬。相反，那些逃避逼迫的人则因为他们的胆怯而受到鄙视。在 4 世纪初，整个罗马帝国曾经试图以非常严厉的手段，将基督教全盘消灭。许多人为了活命，就向国家妥协。他们按照国家的要求，将自己手头可能持有的所有圣经经卷悉数上交，同时还敬拜罗马皇帝和异教神明。有些人妥协了，有些人逃走了。然而，尘埃落定之时，许多人后悔自己没有坚持信仰，也寻求重新被教会接纳。是否应该接纳（以及按照什么样的条件接纳）这样的人，也就成了教会合法化之后所争论的最主要问题。

　　与此密切相关的问题就是,应当给予殉道者多大程度的尊重。
问题是,这种尊重大多数情况下都近乎迷信,因为人们将那些殉道
者的尸骨和其他遗物保留下来,作为具有神奇力量的物件。我们已
经看到,即便是奥古斯丁的母亲莫尼卡也曾经这么做,并且为此受
到安波罗修的责备。迦太基一个名叫露西拉(Lucilla)的妇女也做了
同样的事,她想在领圣餐时让主教为一名殉道者的尸骨祝福。主教
拒绝了她,为此,露西拉和她的支持者就指控这名主教跟最近迫害
教会的那些仇敌勾结。露西拉似乎一直是个制造麻烦的人。当上
述这位名叫凯希里安(Caecilianus)的主教在 305 年被选中时,露西
拉和她的朋友拒不承认他,理由是为他祝圣的阿普塔加的菲利克斯
(Felix of Aptunga)曾在大逼迫期间将圣经交给当局。为此,他们选
举了一位与之抗衡的主教——马约里努(Majorinus)。他们竭尽全
力让会众同意他接替凯希里安。他们甚至给君士坦丁皇帝写信,但
是皇帝并不认同他们的做法。

　　结果导致抗议者与主流教会决裂,他们指责主流教会妥协让
步、不洁净,并建立了由所谓的真信徒构成的教会。他们逐渐被称
为多纳徒派,这个名称源于一个叫多纳徒(Donatus)的人。此人是
他们早期的领袖之一,被公认为是一个品德极其高尚的主教。多纳
徒派不是异端——他们没有传讲任何非正统教义——但他们是分
裂教会的人,因为他们跟主流教会决裂,而且拒不承认主流教会的
权威。这种区别非常大。这意味着在一种层面上,奥古斯丁能够跟
多纳徒派交往,并且使用他们的著作——尤其是一流的多纳徒派神

学家提科尼乌(Tyconius)的研经作品。奥古斯丁在写相关主题的作品时也吸纳了他的文字。在另外一种层面上,奥古斯丁又跟他们水火不容。他们不仅退出主流教会,还攻击主流教会,说主流教会堕落,顺服不信上帝的国家。他们的一位主教锡尔塔的佩提利安(Petilianus of Cirta)不遗余力地对奥古斯丁进行人身攻击,认为《忏悔录》证明了奥古斯丁品性放荡。作为回应,奥古斯丁对会众说:"[批评我的人]说了许多他们根本不了解的事情,也说了一些他们非常了解的事情。但这些事情都只是我的过去,我已经对付了这些往事,而且我处理这些事情的决心要远超过他们处理自己之前错误的决心,因为我已经跟这些错误决裂,将之抛诸脑后。"①

他继续说道,他不相信自己,只相信教会,因为他在教会中学到不要将信心放在人的身上,而是放在上帝的恩典和怜悯之上。但是,这些都没有给多纳徒派留下太多的印象。奥古斯丁开始崭露头角的时候,他们已经形成了自己的观念,认为真教会必定要受逼迫。所以在他们的眼中,虽然基督教合法化让主流教会受益,但却是对福音的抛弃。

在奥古斯丁看来,多纳徒派对社会和政治都有害。他们跟其余教会决裂的理由并不符合教义,奥古斯丁鄙视这种分裂倾向,认为这是顽梗的表现。作为一个有学术背景的人,他或许能够容忍那些有不同想法的人,但是与他有相同信仰的人拒不与他团契,则令他

---

① *Enarrationes in Psalmos* 36.3.

感到难以理解。在他看来,多纳徒派在属灵上是生病的,所以他要
处理他们的问题。奥古斯丁曾经劝说自己的群羊,督促他们与多纳
徒派交往,试着与他们和好,他说道:

> 和谐终将到来,光也终将到来。所以,亲爱的各位,我
> 凭着爱心劝你们,要向这些人[多纳徒派信徒]彰显你们作
> 为基督徒和大公教会成员所具有的温柔。你们要面对的
> 这些人都是病人。他们的双眼已经发红,需要长时间温柔
> 的治疗。你们任何人都不应当像买东西那样跟他们讨价
> 还价,也不应当跟他们进行信仰辩论,因为这样只会挑起
> 争端。可能你们会受到侮辱——如果是这样,就要心存忍
> 耐,当作没听到。请认真对待我所说的。照顾有病之人就
> 意味着要如此回应——而不意味着挑起争论……请再三
> 考虑,思想其中的利害关系。为你的仇敌祷告。[2]

多纳徒主义到了什么程度,以及它相对于主流教会有多大的力
量,都很难准确界定。我们只知道,它非常强大,足以和主流教会分
庭抗礼。而且在许多农村地区,多纳徒派占多数。奥古斯丁刚去希
波的时候,那里还是一座多纳徒派占多数的城市。奥古斯丁担任主
教的前十五年,这种情况给他带来了很大的挑战。在此期间,当局

---

② *Sermones* 357.3.

往往会宽容多纳徒派,这要么是因为当局私下里对他们心存怜悯,
要么是因为多纳徒派人数众多,难以镇压。为了消除这种分裂有过
很多尝试,包括非常大度地让多纳徒派主教和牧者在不失去主教地
位的前提下,重新融入主流教会。在 411 年的教会公会议上,多纳
徒派知道他们处于守势,也显得非常固执,但是他们在辩论中失败
了,而这场辩论的裁判是一名叫马塞利努(Marcellinus)的帝国
特使。

　　不久之后,皇帝颁布法令,收回多纳徒派法律上的特权,并将他
们的财产给了主流教会。多纳徒派的教士也被吩咐顺服主流教会,
作为交换,他们的身份将获得认同。尽管农村地区有人反对,但是
似乎他们大多数人都照做了。然而,不幸的是,皇帝颁布的法令所
取得的成功给奥古斯丁留下了深刻的印象,以至于他开始不再像之
前那么反对武力镇压分裂派。他开始将耶稣所说的“勉强人进来”
(路 14:23)这句话,当作胁迫固执的多纳徒派的理由。当有人提出
反对,说使徒们从不强迫任何人接受他们的信仰时,奥古斯丁则回
应说,使徒们都是渔夫,他们满足于自己的收获。他继续辩称,但在
这些渔夫之后,上帝差派了猎人,正如先知耶利米所预言的一
样。③ 在他的眼中,“这些猎人就是我们自己,我们的职责就是将灵
魂从那些异端大山脚下的荆棘中解救出来,这些异端大山就是阿里

---

③ 参见《耶利米书》16:16。

乌、福提努(Photinus)和多纳徒"。④

　　当绝大多数人都接受了主流教会的"真理"时,依然有一些人负隅顽抗,这种情况也让奥古斯丁更加心硬。⑤ 他继续宣称,包容是主教正常的行为准则,然而有时候也不得不使用武力,因为尽管蒙光照最多的那些人因为爱而被吸引到真理面前,但是绝大多数人只有在遇到威胁的时候才会对真理做出回应。⑥ 考虑到当时的情况,他的反应或许是可以理解的。因为当时他感到自己所处理的这个扫尾行动,是为了将那种真正不可理喻的人清除掉,但是这样做势必会带来一些长远的灾难性影响。不管我们是否喜欢,这种在后世看来如此丑陋的对异端和宗教异见人士的逼迫,其主要支持和依据都是来自奥古斯丁这种态度。直到今天为止,都有人为此而痛恨奥古斯丁,指责他是假冒为善之人。

　　对多纳徒主义动用武力之后,奥古斯丁便不再为多纳徒主义而忧心,但是多纳徒主义并未就此消失。在许多地方,多纳徒派转入了地下,虽然不停地有人企图消灭它,但是每一次它都幸存下来,直到 7 世纪北非被穆斯林占领为止。此后,多纳徒派似乎就消失了,因为人们转信了伊斯兰教。有些主流教会的成员移民到欧洲,但是任何多纳徒派如果要跟他们一起移民,必须放弃他们的分裂主义。随着基督教在北非的消亡,多纳徒派也随之消亡,因为多纳徒派从

---

④ *De utilitate ieiunii* 12.

⑤ *Epistulae* 86. 2.

⑥ *Epistulae* 185. 21.

未在其他地方出现过——奥古斯丁也曾用他们的这种局限性,来证明多纳徒派不是真教会。

实际上,奥古斯丁不能因为多纳徒派忠于殉道者和殉道精神而指责他们,因为在北非这种情感很普遍,也被视为他们的优点之一。从奥古斯丁所代表的主流教会的观点来看,多纳徒派的弱点有二。第一,他们的分裂主义纯粹是地方性的。北非以外的地方没有多纳徒派,其他地方也没有类似多纳徒派的人。如果他们在更广泛的基督教世界没有追随者,又怎能自称是真教会呢? 其他人都可以适应这种新的政治现状,为何唯独他们不可以呢? 难道只有他们是对的,其他人都错了吗? 第二,他们不愿意原谅悔改的罪人。与摩尼教徒一样,多纳徒派也是完美主义者,这种立场难免会带来假冒为善和双重标准。但是教会不是由一群完美的人组成。教会是罪人的医院,教会里的人都是需要上帝的赦免和恩典以得救上天堂的人。上帝之爱的伟大之处并不在于把坏人变成好人,而在于向那些原本不配的人彰显怜悯。这是根本点,正是在这一点上,奥古斯丁对多纳徒主义的驳斥遭到了摩尼教和帕拉纠主义同样强烈的反对。虽然方式不同,但是这三种运动都否认了上帝恩典的本质和大能。

但是推动奥古斯丁的因素并不止于此。与他之前的西普里安一样,奥古斯丁也相信“教会之外无救恩”。⑦ 这当中的原因就是上帝将圣经赐给了教会,教会应确保圣经中的信息在世界各地得到全

---

⑦ Cyprian of Carthage, *Epistulae* 73.21.

备、纯全的宣讲。分裂主义和异端贬低教会的这一使命,尽管他们持守了使徒的大量教导。在基督里的信心从听上帝的话语而来,而只有通过教会的服侍才有可能听到上帝的话语。[⑧] 故此奥古斯丁说任何人都不可能"视上帝为满有怜悯的父,除非他愿意尊教会为母"。[⑨] 有一次奥古斯丁在凯撒利亚城讲道的时候,发现会众当中有一个多纳徒派主教。他指着这位主教对众人说:

> 这个人确实可以从教会以外获得他想要的一切。他可以享受高贵的职位,他可以参加圣礼,他可以唱哈利路亚、说阿们,也可以持守福音。他还可以奉父、子、圣灵的名,持守并传讲这一信仰,**但是他无法在普世教会之外找到救恩。**[⑩]

147

对奥古斯丁而言,教会的重要性是不可撼动的,因为他相信信徒可以而且只有在教会中才能罪得赦免。[⑪] 教会的纯洁性不应当来自完美的教会成员,因为教会成员都是赖恩得救的罪人。教会的纯

---

⑧ 参见《罗马书》10:17。

⑨ *Enarrationes in Psalmos* 88.2,14; *Contra litteras Petiliani Donatistae*, 3.9,10. 这种思想经常反映在他的作品中。比如,参见 *De sancta virginitate* 2; *De baptismo* 1.16 - 25; *De natura et gratia* 21.23, 以及多封书信(392.4,398.2,402.1,405.1,408.3,409)。

⑩ *Sermo ad Caesareae ecclesiae plebem* 6.

⑪ *Enarrationes in Psalmos* 101.21.

洁性应当来自于上帝在讲道和圣礼中所启示的应许,信徒都是因为这应许而联结在一起。这些应许因为得到全世界基督徒的一致认可,又因为在有直接传承自使徒之权柄的教会中出现,所以其真实性可以得到保证。⑫ 个人可能会在自己的职责上失职,但是整个教会的见证却不会受到损害,而且可以用来制衡少数有过犯之人的错误做法。⑬

最终,对教会及其地位的这种客观认识,只有通过诉诸同样客观的事物——圣经和圣礼——才可以得到捍卫。在圣经中,福音保有纯粹性,圣礼也表明了福音的应许。那些传讲上帝的话语、施行洗礼和圣餐的人可能会堕落,也可能会变成异端,但是这些仪式却传递出了其本身的信息,并不会因这些人受到影响。⑭ 圣灵赐给教会牧者们所需要的恩典,让他们完成自己的任务,而教会有责任考察圣职候选人,确保他们适合担任圣职,但是并不会因为他们个人不适合担任圣职而导致他们的服侍无效。⑮ 另一方面,奥古斯丁指出,遵行自己所讲之道的牧者,其影响力必定会大于那些不遵行自己所讲之道的牧者。正如他所解释的:

---

⑫ *De utilitate credendi* 35.

⑬ *Contra Faustum* 13.5;*Epistulae* 400.2-3;*Contra epistulam Parmeniani Donatistae* 2.13.28.

⑭ 例如,奥古斯丁曾打算承认多纳徒派的洗礼。参见 *De baptismo* 1.1-2.

⑮ *Confessiones* 4.12.19,11.2.2.关于不配之人服侍的有效性,参见 *De baptismo* 3.10.15,4.10.17,6.2.4.奥古斯丁的这一原则后来成了教会的正式教导,并且被纳入英国教会《三十九条信纲》第 26 条及其他地方的信仰文件中。

内心扭曲、诡诈之人也可以传讲正确的、真实的内容。
这就是那些"求自己的事,并不求耶稣基督的事"(腓 2:21)
的人所传讲的耶稣基督。但是,由于好的信徒在听的时候
是顺服主而不是顺服任何人······所以即便在听那些行为
上不造就人的人所讲之道的时候,也可以受益。这样的讲
道人可能有心求自己的事,但是他们不敢在讲台上讲出
来,因为讲道这件事是基于教会在纯正教义上的权柄······
这样,他们虽然说的是自己不做的事情,许多听的人仍会
受益,只是如果他们也做自己所说的,听的人必定会受益
更多。⑯

奥古斯丁很在意对大公教会的归属,而他就是大公教会在希波
的代表,但是他跟大公教会的联系没有后来那么紧密。他了解伟大
的尼西亚公会议(325 年)和君士坦丁堡公会议(381 年)。在这两次
会议上阿里乌主义(Arianism)和阿波利拿留主义(Apollinarianism)
被定为异端,而奥古斯丁也谴责这两派。但是他从未提及与这两次
会议有关的信条,因为当时这些信条尚未进入常规的基督徒敬拜
中。对他而言,所谓信条就是我们所熟知的《使徒信经》的前身。
《使徒信经》的内容源自受洗仪式,在受洗仪式上,希望归信的人会
被要求宣告他们的信仰。当然,《使徒信经》的基本内容跟这两次会

---

⑯ *De doctrina Christiana* 4. 59 - 60.

议上所形成的信条内容一致,只是《使徒信经》的起源不同,从根本上来说也更个人化。这和奥古斯丁基本的观点一致。对他而言,教会是一个根植于爱并在爱中成长的团体。凡全心全意爱上帝的人,自然会期待加入教会,在信徒一起敬拜、作见证的时候,对基督一无所知的人会看到上帝的爱透过信徒的生命向他们流露出来。在奥古斯丁看来,基督教信仰让人们进入一种团契之中,而在这种团契中占据优势地位的就是弟兄之爱。按照他的说法,"如果这种信仰不能形成一种可以让弟兄之爱发挥作用的聚集和团体,它的果效就会减少"。[17]

教会是基督的身体,基督的门徒则紧紧连接在这身体之上,以至于他们不仅成了基督徒,还成了基督的肢体。[18] 他甚至一度表示,凡是形容基督的话,都可以用来形容教会——反之亦然。[19] 基督对他儿女的爱,实际上也是基督对他自己的爱,就像身体上各肢体彼此之间的爱也是身体对自己的爱一样。[20]

后来,奥古斯丁的言论被应用于庞大的国际组织,即我们所熟知的普世教会(the universal church)。但是,虽然他承认更广阔的基督教世界的重要性,但这并不是他的主要关注点。对他而言,基督徒经历的核心在于地方堂会,在那里可以看到上帝的爱将人们联

---

[17] *De fide et symbolo* 9. 21.

[18] *Tractatus in Evangelium Ioannis* 21. 8.

[19] *Sermones* 341. 11 - 12.

[20] *Homiliae decem in Iohannis Evangelium* 10. 3.

结在一起。一个人如果带着这种爱去另一个地方,必定也可以在他所进入的任何一间真教会中发现同样的情况,但这都是次要的。普世教会中的这种爱,每一个基督徒都可以在自己所在的堂会当中经历到,这也是他分辨其他信徒和会众属灵状况时所需要的标准。同时,奥古斯丁也意识到教会内也有堕落的危险,并且他不认同无论如何只要归属于教会就可以得救的观念。

> 那些直到生命的尽头依然保持与普世教会团契关系的人,如果道德行为为人所不齿并且当受谴责,他们就没有理由感到非常稳妥……那些有这样行为的人难免会受到永刑,他们不可能进入上帝的国度之中……吃基督的身体、喝基督的血并不只是参加外在的圣礼那么简单。它还关乎活在基督里,好让基督也活在他里面。[21]

至于后来声称对普世教会拥有管辖权的罗马主教,奥古斯丁从不认为他的地位更高,虽然他承认彼得在众使徒中的地位确实最高。[22] 奥古斯丁在米兰归信的时候,西罗马帝国皇帝还经常住在那里,所以他能够亲身观察教会与国家的关系,但是安波罗修的个性不属于那种轻易向世俗压力低头的。相反,奥古斯丁见证了教会站

---

[21] *De civitate Dei* 21.25.

[22] *Contra epistulam Manichaei fundamentalem* 4.5;*Epistulae* 397.3.7. 彼得一般被认为是罗马第一任主教,只是奥古斯丁不太重视这一传统。

在自己国教的官方地位上，惩戒那些不符合基督徒标准的皇家官员，包括皇帝本人。奥古斯丁归信后不久，狄奥多西（Theodosius）皇帝屠杀了帖撒罗尼迦人，因为这件罪行，安波罗修强迫狄奥多西当众悔罪。安波罗修成功做了这件事，这也表明了真正使力量平衡的关键所在，而奥古斯丁也继承了这一点。410年罗马落入蛮族手中之后，他从容面对，并且借此机会来说明地上的皇帝更迭交替，唯有地上的教会以不完全的形式所代表的上帝国度才会存到永远。

在罗马遭到洗劫的那一刻，奥古斯丁明白了教会是多么地不完全。许多富人逃出罗马城，前往北非避难。他们的出现并没有引起当地人的仇恨，反倒被很多人视为千载难逢的良机。一个叫皮尼阿努（Pinianus）的富有男性曾跟塔加斯特主教阿里庇乌待在一起，后来他出现在希波，奥古斯丁所在教会的会众要求立即在那里按立他。皮尼阿努无意成为长老，就竭力圆滑地逃避这一棘手的境况。他说那样的话他只会在希波服侍（这很合会众的心意），但是他不能保证自己会留在这座城市。譬如，倘若这里受到蛮族的攻击，他就会像最近逃离罗马那样逃离这里！奥古斯丁并未怎么被这种请求打动，因为他自己被按立主教时心里也不情愿，而且被按立为主教也没有给他带来任何伤害。但是皮尼阿努的妻子梅拉尼娅（Melania）和岳母阿尔比娜（Albina）——二人都留在了塔加斯特——却更加直接。她们认为希波人并不是欣赏皮尼阿努这个人，而是想要他的钱。如果他成了他们教会的神职人员，他们就会期待他用他的财富来使他们受益。这让奥古斯丁感到很震惊，因为他不想承认这就是真相。在回复阿尔比娜的指责时他写道：

> 你为何指责我的会众是那种无比卑劣的贪婪之人？
> 他们想要的是好的——一名正派的长老。这算是贪婪吗？
> 你为何认为我的会众这么在乎给教会的捐赠？我一无所
> 有的时候被邀请来到这里……相反，皮尼阿努如果来这
> 里，他的钱相比于现在将会更少，所以你不能说我的会众
> 是因为他的财富，倒不如说他们是因为他轻视财富才喊着
> 要他。也可能会众当中确实有一些乞丐嚷嚷着，希望得到
> 他的帮助，但是乞讨的穷人不应当被视为贪婪之人！㉓

奥古斯丁竭力美化这种情况，但是不难看出奥古斯丁对现状的
评估是错的，而阿尔比娜的评估才是正确的。奥古斯丁才是那个超
越世俗、不在乎物质好处的人，而皮尼阿努不是这样的人。正如奥
古斯丁接下来对阿尔比娜所说的：

> 你对我们教会的攻击是针对我说的吗？这样的话也
> 不是完全不合理，因为这里的每个人都以为我们是靠教会
> 财产生活。他们以为我们的钱只会花在教堂和修道院上，
> 却很少资助穷人，而且也没有人能证明我们的钱是怎么用

㉓ *Epistulae* 126.1.

的。所以你的指责似乎是针对我说的……我求上帝为我
作证，我敢说参与教会治理并非我的初衷，这是一个可怕
的重担。如果能摆脱这一重担的话，我宁愿摆脱，阿里庇
乌也跟我的想法一样。㉔

至少这听起来不假。奥古斯丁太过忙于其他事情，没有太多时
间关注俗世事务，包括慈善事工。至于皮尼阿努和梅拉尼娅，他们
回到了塔加斯特，最后去了巴勒斯坦，在那里见到了帕拉纠和哲罗
姆。奥古斯丁跟他们保持联络，甚至当他发现他们在耶路撒冷所交
往的是什么样的人之后，写了他的两部驳帕拉纠作品献给他们。㉕

从这一切我们可以看出，在奥古斯丁生活、服侍的那间教会，富
裕而有地位的人更可能得到重用。因为他们所受过的教育、所认识
的人将有助于他们完成所托付他们的任务。但是同时，金钱并不意
味着一切。从上帝而来的真实呼召、敬虔而禁欲的生活以及——最
重要的——信仰正统，都是担任圣职所必备的条件，这也是世俗的
益处所无法换来的。教会带领者可能过多来自上流社会，但他们同
样要遵守教会对带领者的要求。

教区工作的考验

坏消息自然比好消息更可能被记录下来。如果事情进展顺利，

㉔ *Epistulae* 126.1,6.

㉕ *De gratia Christi* 1.1；*Retractationes* 2.50.

往往不会引起任何波澜,因为没有什么可说的。只有在出现麻烦的时候,才需要说出来。我们在使徒保罗的书信中非常清楚地看到这一点。比如,在读保罗写给哥林多人的书信时,读者很容易就会认为哥林多教会几乎是彻底失败、无可救药的。哥林多教会当然有它的问题,但是这些问题很容易让人受到影响,看不到它好的一面。保罗致信的其他教会也可能有同样的问题。毕竟,如果情况真的像看起来那么糟糕,保罗致信的会众根本不可能读他写的信,他写的信也根本不可能对他们产生任何影响。而真相却是,保罗的书信得到了妥善的保存,而且最终成了正典,这就表明当时背景下的大多数人都觉得这些书信是有益的,也想保存下来供将来的人去读。

与之类似,奥古斯丁的书信和讲稿看起来也是单方面的。他因为许多不同的原因而给不同的人写信,我们很难对他的信函进行归类。但是可以猜想,当他详细讲述一些问题的时候,必定是因为某个问题需要澄清,而不是因为教会里面只有那一个问题,除此之外都很好。他的讲章则不一样,因为一般情况下他都会面向同一群会众讲道,所以从他的讲道中我们能更好地认识希波教会的情况。但是这里我们也必须留心。古代的讲道人认为自己没有义务讨好听众,而听众在任何场合下对这种花言巧语都会起疑心。他们知道如果一个讲道人迎合他们,这个人可能就会有他自己的小算盘。帕拉纠这样的异端就是这么做的,他想让会众自认为在上帝面前已经足够好,而不是奥古斯丁所说悲惨的罪人。

在奥古斯丁生活的世界,人们期待有人提醒他们理想的状态,尽管他们非常清楚自己达不到那样的状态。他们去教会是因为他们知道自己在知识上和生活方式上都需要被挑战。如果一名讲道人未能满足他们的这种需要，就相当于失职，而奥古斯丁也明白会众对他的期待是什么。这并不是说他所警告的每一样罪在会众当中都非常普遍。一如既往，有些听众可能比其他人的罪更大，而且许多人可能都会认为自己所行的其实没有那么坏。我们没办法对此进行判断，只能借助那些流传下来的案例进行评判。只要我们记得，就本质而言，这些案例更可能是特例而非常例，我们或许就可以避免错误地评估奥古斯丁和他的牧养事工。

在奥古斯丁时代，罗马世界正在经历深刻的社会转型。我们统称为"异教"的那些传统宗教不再受欢迎，开始进入最后的衰落期，尽管这些宗教的某些元素作为迷信的行为幸存下来，有些甚至今天依然非常普。㉖ 从属灵上来说，他们竭尽全力占领下层社会，尽管有些贵族由于因循守旧而继续信奉祖宗的神明。也有一个非常有活力的知识分子阶层，一般情况下他们对哲学的喜爱要超过任何宗教，且自认为可以完全自由地挑选自己想要的信仰。奥古斯丁归信之前也属于这一阶层，所以他对这一阶层非常了解，但是不要忘了，奥古斯丁的父亲是一名异教徒（尽管 371 年他在临终之前受了洗）。教会里大多数人都是初信的基督徒，即便他们当中有些人已经是第二代或第三代信徒。异教依然存在家人的记忆中，而奥古斯丁对此

㉖ 占星、幸运符等类的事物更普遍地幸存了下来。

很清楚。奥古斯丁曾跟一名多纳徒派信徒对质。这名多纳徒派信徒为自己的信仰进行辩护,他的理由是自己的信仰是从已逝的父母那里继承的,而他认为自己必须持守对父母的记忆。对此,奥古斯丁回应说:"但是你还没有死去、被埋葬。你还活着。你的父母虽然是多纳徒派,却也是基督徒。而你父母的父母可能也是基督徒,但是他们的祖父母和曾祖父母必定是异教徒——所以为何你不跟他们一样也是异教徒呢?"⑦

在奥古斯丁时代,对基督徒而言,宗教传统主义(religious traditionalism)实际上并不是一种选择,因为他们几乎所有人都跟这个人持相同的立场。他们当时仍然没有意识到还可以有其他选择,也没有意识到基督教可能不会保留下去,更没有意识到教会甚至可能消失——就像最后被穆斯林征服之后的北非教会一样。在这种情况下,许多人采取折中策略也就不足为奇。他们研究基督教,成为初信者,但是出于种种原因,他们就是不受洗。在这方面,他们就像使徒保罗在宣教旅途中遇到的会堂里那些敬畏上帝之人一样,或者就像现今有些教会中的"拥护者"(adherent)一样,他们跟教会有关联,却不愿意成为会众中的一员。

奥古斯丁的优先任务之一,就是让人们从这种过渡状态中出来,成为教会真正的成员。他首要的关注并不是组织上的;他不是要建立一个超大型教会,以此作为向其他主教吹嘘的资本。他所关

---

⑦ *Sermones* 359.8.

154 心的远比这更加严肃。对于一个相信教会之外无救恩，也相信受洗是成为教会成员必备条件的人而言，一直停留在初信者这种状态是非常可悲的。这样的人站在拯救之恩的边缘，却没有完全与拯救之恩有份。他们很有可能一生都在听上帝的话语，甚至内心和生活上也遵循上帝的话语，但是死后却无法得到救恩。[28]

　　这种忧虑是非常真实的，因为当时很少有人能够活到五十岁以上，突然死亡也是一个无时无刻不在的威胁。所以，看到奥古斯丁常常拿这说事，我们也不应感到奇怪。譬如，相邻的毛里塔尼亚（Mauretania）行省首府塞提夫（Sitifi）城发生地震时，那里的人不得不去乡下待五天，直到情况稳定下来之后才能回家。在此期间，有两千名居民受洗。[29] 公元 410 年，当蛮族打到罗马附近的时候，当地的居民也非常恐慌，有七千多人受洗。[30] 奥古斯丁甚至准备讲述那些预言将要发生但实际没有发生的灾难。君士但丁堡曾经有一个人预言将会有火从天降下毁灭这座城市，后来虽然预言没有应验，却有上百人因此受洗。[31]

　　有时候初信者认为自己不受洗的理由很充分。其中一个例子就是罗马派驻迦太基总督凯希里安。作为一名重要的政治人物，他不得不执行许多令人感到不愉快的任务，包括处决奥古斯丁的朋友

---

28 *Sermones* 27.6.

29 *Sermones* 19.6.

30 *Sermones* 19.6.

31 *Epistulae* 228.8. 这一事件应该发生在公元 398 年。

罗马护民官马塞利努,而对马塞利努的判决几乎确定是不公正的。凯希里安可能感觉在这种情况下,受洗会定他的罪,让他下地狱。因为如果他已经受了洗,这就相当于犯了不可饶恕的罪。奥古斯丁试图减轻这种惧怕,就指出凯希里安如果已经是受洗的基督徒,必定会得到属灵的力量把本职工作做得更好而不是更坏:

> 信主的基督徒如果是敬虔、良善之人,岂不能更好地为公众的益处服务吗?如果不是为了好好服务其他人,你一切的打算和担忧又有什么意义呢?如果不是为了好好服务其他人,你成日成夜地睡大觉可能会更舒服,这样要远远好过熬夜处理那些不能给任何人带来任何益处的公务。[32]

当然,像凯希里安这样高尚的人属于少数。更多的初信者之所以不想受洗,是因为他们想继续自己罪恶的道路,尤其是继续淫乱的事,这在都市的各阶层中都很常见。他们似乎认为只要自己活跃、保持健康,就可以抱着侥幸的心理继续过这样的生活;以后临终的时候再受洗,这样就可以轻易洗掉自己的罪。奥古斯丁没有时间处理这类事,他也非常明确地指责这样的做法。[33] 他的观点是,在临

---

[32] *Epistulae* 151. 14.

[33] Denis, 20. 6, in Germain Morin, ed., *Miscellanea Agostiniana*, 2 vols (Rome: Tipografia Poliglotta Vaticana, 1930–1931), 1:116–117.

终的时候假惺惺地受洗并不会被上帝接受。[34] 可能基督确实曾经下入地狱并释放他所要拯救的人，但是在此之后，地狱就成了一个永恒的监狱，永远也无法再打开。地狱里的疼痛有可能减轻一些，但地狱的惩罚却是永远的。[35]

奥古斯丁反对随意对待洗礼和救恩的态度，但是还有一个问题他必须解决——过度谨慎。有些受过洗的人非常害怕被罪玷污，甚至会因为一些一般人都能想明白的小问题而跟自己过不去。其中之一就是元老院议员瓦勒里乌·波普利科拉(Valerius Publicola)，他也是富有的皮尼阿努的妻子梅拉尼娅的父亲。作为一名地主，波普利科拉得跟形形色色的人打交道，而这些人肯定不会都是基督徒。他尤其关心农民群体依然信奉异教的情况，因为农民习惯了在播种之前或长途旅行之前对着神明起誓。波普利科拉相信他们是在求魔鬼帮助他们，他想知道自己是否应当容忍这样的行为。他也非常关心一大堆类似的问题，其中有些问题让我们想到了新约教会。比如，可以吃异教神庙中献过祭的食物吗？如果基督徒跟异教徒一起吃饭，发现异教徒在吃饭的过程中向他们的神明献祭，基督徒该怎么做呢？[36]

奥古斯丁对这类问题的回答非常合理，也反映出了使徒保罗所教导的内容。他告诉波普利科拉，不要因为农民对异教神明的起誓

---

[34] *De civitate Dei* 21.17 - 25.

[35] *Epistulae* 164.14; *Enchiridion* 112.

[36] *Epistulae* 46.

而担忧,因为异教神明没有能力,同样,这也适用于吃祭偶像之物这 |156
件事。㊲ 在现代人看来,这些似乎都是非常明显的,所以我们很难理
解它们为何会引发这么大的问题,尤其是对波普利科拉这样受过良
好教育的人而言。我们不可能明白他的想法,但是可能他更关心的
是公共形象,而非现实中或想象中属灵上的危险。波普利科拉必定
知道受洗可以保护他不受恶灵的力量影响,但是罗马元老院议员这
一贵族阶层是最晚接受基督教的。在他看来可能只是对异教同事
做出社交礼节上的让步,却可能被他们视为伪善。波普利科拉是否
只是出于政治上的原因而接受基督教,而他自己实际上并不信? 就
像保罗所说的,他归信之后,身上还有多少"旧人"的成分?

只要整个社会还没有完全基督教化,这些就都是不可避免的现
实问题。在现代世界中,它们不可能以相同的形式再次发生。但
是,在今天的某些社会背景下,许多基督徒得与说脏话和色情文学
对抗,这样的人就能体会波普利科拉的感受。这些问题本身可能看
似微不足道,但是我们需要持守一致的、可靠的基督徒见证,无论过
去还是现在这种需要都非常强烈。

波普利科拉也经历了 410 年阿拉里克(Alaric)和他的哥特部落
成员对罗马的洗劫,所以也要从这一背景下来看波普利科拉对异教
的顾虑。八个世纪以来,罗马从未被任何仇敌打败,许多人认为罗
马永远不可能被打败。从后见之明的角度来看,我们发现这座城市

㊲ *Epistulae* 47.

当时在政治上已经变得无关紧要。因为在阿拉里克占领罗马很久之前,政府驻地就已经迁往君士坦丁堡和意大利北部(先是米兰,后是拉文纳[Ravenna])。但罗马仍然是帝国的精神中心,所以罗马帝国的名字一直没变,而这也是罗马的陷落引起极大焦虑的原因。罗马落入蛮族手中,是因为这座城市接受了基督教,放弃了一直保护罗马安全的、他们祖先的神明吗?㊳ 基督徒也有类似的感受,只是他们灵性上的痛苦是出于其他原因。对他们而言,罗马是彼得和保罗曾经殉道的城市,但是即便有他们的光环,也不足以保护罗马免受阿里乌派哥特人的入侵。㊴

　　在这一切事上,奥古斯丁首先关心的是那些开始涌入非洲的难民,他们急需帮助。当地人并不是非常热情,奥古斯丁给希波的群羊写信,责备他们的冷漠。㊵ 当然,许多不远万里来到非洲的人都非常富有,当曾经生活奢华的人突然没落的时候,总会有人**幸灾乐祸**。为什么相对更贫穷的希波居民要对那些他们认为罪有应得的贵族施以援手呢?

　　奥古斯丁不认可这种态度。他曾经在罗马生活过一段时间,也非常清楚经历公元 410 年浩劫的人大多数都是普通人,他们与绝大多数希波人在社会阶层和道德观念上都没有什么不同。他不认为罗马是因为它的罪而遭受了特别的咒诅,不久之后,奥古斯丁竭力

㊳ *Sermones* 105. 12 – 13.

㊴ *Sermones* 296. 6.

㊵ *Epistulae* 122. 2.

在这件事上发挥积极的作用。在一篇相关论文中,奥古斯丁认为阿拉里克对罗马的所作所为并没有像所多玛所发生的那么糟糕。阿拉里克和他的部队尊重教会,每一个在教会避难的人都被放过。即使是在一个私人房屋里发现的属于教堂的金器,也被归还给了教会,这也表明了阿拉里克是多么仁慈。[41]

毫无疑问,罗马被占领确实是一个惩罚,但是上帝允许这件事发生并不是因为他想毁灭这座城市,而是因为他想洁净这座城市。在奥古斯丁这一时期的一系列讲道中,他强调说上帝的目的是除掉世界上的罪,让世界上的金子更加发光。罗马受到惩罚是为了让它在今后变得非常伟大,成为一座基督教大都市,即使当时受苦的人还不明白这一点。[42] 至于那些想知道为何彼得和保罗的遗物不能拯救这座城市的基督徒,奥古斯丁非常明确地对他们说:

> 罗马确实有使徒们的遗物。不错,他们的遗物是在罗马,但是你们里面却没有他们的遗物。如果使徒们的这些遗物在你们里面,不论你们是谁,你们都不会说这么愚昧的话,做这么愚昧的判断。你们靠圣灵蒙召的人却仍然靠肉体判断! 但愿使徒们的遗物在你们里面! 如果你们的思想中吸收了他们的遗物,你们就能看出这是应许给你们

158

㊶ *De urbis excidio* 2 - 9.

㊷ *Sermones* 81. 8 - 9, 105. 12 - 13, 296. 6 - 10.

的世上的幸福还是天上的赏赐。如果使徒们的记忆真在
你们里面,请听保罗所说的话:"我们这至暂至轻的苦楚,
要为我们成就极重无比、永远的荣耀……因为所见的是暂
时的,所不见的是永远的"。㊸ 彼得的肉体是暂时的,但是
你们却不愿意接受罗马的石头也是暂时的!㊹

奥古斯丁提醒听众,根据古代的传说,罗马是由特洛伊被毁灭
时幸存下来的人所建成的,特洛伊城内异教徒的献祭未能让特洛伊
幸免于难。㊺ 但是与特洛伊相比,罗马更应当受到惩罚,因为罗马有
福音,也知道自己需要悔改离弃恶道。㊻ 基督徒应当明白,他们的信
仰比天上地下所有的东西加起来还要宝贵,失去一座城丝毫不能削
弱我们在基督里所得到的永生的应许。㊼ 奥古斯丁所说的非常真
实,但是并不受欢迎。他饱受攻击,被指责不爱国,不愿认同罗马的
事业就是上帝的旨意。对此他回应说:

> 如果你们认为有必要,请将你们的怒气发在我的身
> 上。不论这对我们产生多大的影响,我们都不会因此咒诅
> 你们,如果你们造谣中伤我们,我们只会更多为你们祷告。

㊸《哥林多后书》4:17—18。
㊹ *Bibliotheca Casinensis* 1. 133. 6 - 7, in Morin, *Miscellanea Agostiniana*, 1:404 - 406.
㊺ *Sermones* 296. 7.
㊻ *Bibliotheca Casinensis* 1. 133. 11, in Morin, *Miscellanea Agostiniana*, 1:408 - 409.
㊼ *Sermones* 345. 7.

"让他不要再提罗马",这就是他们所说的……但是,我没有指责罗马。罗马只是刺激我,让我向上帝祷告而已,我用罗马作为例子警戒你们。我们在罗马不也有弟兄吗,他们当中有些人不是还住在那城吗? 耶路撒冷这座朝圣之城中的一大部分人不是都住在罗马吗?[48]

在奥古斯丁的想象中,世界仍然是以罗马为中心,他认为罗马会以这种或那种方式从不幸的遭遇之中恢复过来,重振雄风。他从痛苦的经历之中得知,主要的问题在于罗马帝国的行政架构不合适。在这种行政架构中,任何一名将军或总督都可以为了一己之私而造成很大的破坏。那些本来应该为皇帝效力的人却背叛了皇帝,所以难免会带来灾难。从一千五百年之后的今天来看,我们发现罗马帝国当时已经时日无多,奥古斯丁所认识的那个世界很快就将永远消失。但是,我们也知道古罗马的遗产将会在它的语言、法律以及它对普世和平与公义的向往之中保留下来。正如奥古斯丁所预见的,幸存下来的将会是一个基督教化的罗马,届时愚昧、残暴的异教将被清除掉。而一度让这座城市变得很伟大的理想也将被掩盖在基督福音的用语之中,而福音的确是永恒的,不像广场上那些被毁坏的石头。

上帝明显没有回应那些为罗马的安全祷告的人所发出的代求,

---

[48] *Sermones* 105. 12.

这也导致人们对属灵的权能产生了更广泛和尖锐的质疑。古代世界非常熟悉神庙、神谕，也非常熟悉那些承诺可以让人脱离疼痛和苦难的医治者。不论他们是倚靠民间的药物，还是倚赖心理学，或者单纯靠运气，毫无疑问那种治疗也有可能从令人半信半疑的属灵源头获得。今天世界上许多地方都不乏这样的人：表面上是基督徒，但私下里却倚靠巫术和巫医，同样，古代世界也存在这种现象，且更为常见。奥古斯丁不得不面对这一点。正如他经常所做的一样，在这个问题上他也是迎头直上：

> 有人说："我已经受洗几年了，但是受洗之后就生病了。我每天去教会，却没有丝毫好转。后来我试了一些秘密的药方，现在竟然好了。请记得——我曾亲自听到——巫医也求告上帝和天使的名。"可能会发生这种情况，但是这些天使就是使徒保罗所说的我们将要审判的那些使者。㊾

这是一种很难回应的情况，奥古斯丁做得也不是非常好。他主要是诉诸使徒保罗所受的试炼，因为保罗曾三次求主挪去他肉体中的刺，但上帝给他的回应却是要他去承受，上帝告诉他，"我的恩典

㊾ Morin, 8.3, in Morin, *Miscellanea Agostiniana*, 1：116－117. 保罗说的话出自《哥林多前书》6：3。

够你用的,因为我的能力是在人的软弱上显得完全"。⑩ 在这里,奥
古斯丁触及了一件从旧约时代就开始困扰人,却一直没有令人满意
答案的事:为何恶人常常亨通而好人却常常受苦?⑪ 奥古斯丁不得
不承认,自己在这方面并不比别人知道得更多,但是尽管这件事充
满了奥秘,他知道自己必须找到一条可行的路往前走。⑫ 基督徒不
能看见非信徒利用今生的机会飞黄腾达,就对自己的得救感到灰
心。在被问及这一点时,奥古斯丁回应说:

> 你错了。这种人并不幸福,因为他们就像在昏迷状态
> 中发笑的病人一样。不久之后,他所谓的快乐就会幻灭,
> 他也将陷入真正的痛苦之中……你成为基督徒是为了在
> 这世界上有一段快乐的时光吗? 如果你明白了恶人只是
> 暂时兴旺,不久之后他们就要被撒但搅扰,你还会感到烦
> 恼吗?⑬

基督徒的榜样不是暂时兴旺的罪人,而是基督。是基督背负了
我们的罪,并因为我们的罪而受苦。有人会反对说,这对基督而言
不会有任何问题,因为他是上帝,能够不费吹灰之力就忍受这些痛

---

⑩ 《哥林多后书》12:9;*Sermones Wilmartiani* 12.3 - 5.
⑪ 参见《诗篇》73 篇,了解这一问题早期的经典表述。
⑫ *Sermones* 311.13.
⑬ *Sermones* 250.2.

苦。对此,奥古斯丁回应说:

> 请想一想为了你的缘故有人受了多大的苦,想一想是
> 谁为你受了这些苦! 想一想这种苦是何等地大,想一想是
> 谁受了这苦——又是为了谁而受的。你抱怨说,他是上
> 帝,所以他能忍受所有的事,但我只是一个凡人。圣使徒
> 保罗让我们真正了解了你所说的! 你们抱怨的人请仔细
> 听,不要堵住你们的耳朵!"基督也为你们受过苦,给你们
> 留下榜样,叫你们跟随他的脚踪行。"[54]

奥古斯丁没有时间考虑那些为了得到上帝的回报而信上帝的
人。他写道:"如果你要求你的妻子单单爱你,你应该为了上帝自身
之外的原因而爱上帝吗? 身为基督徒,你不是唱诵诗篇说'我要甘
心向你献祭'吗?"[55]

虽然这么说,但是奥古斯丁并没有否认基督徒可以求今世的益
处,上帝是万物的创造者和维护者,他也希望自己的百姓得到美善
之物。这方面的实际含义在他写给一名富有的罗马妇女法尔托尼
亚·普罗巴(Faltonia Proba)的信中做了解释。这位妇女非常杰出,

---

[54] Morin, 8.5 in Morin, *Miscellanea Agostiniana*, 1:617-18. 这处引文出自《彼得前书》
2:21,而非保罗所写。

[55] *Enarrationes in Psalmos* 53.10. 奥古斯丁所用的《诗篇》54:6 的文本与希伯来语原文
有出入,原文是"我要把甘心祭献给你"。

她的丈夫和三个儿子都被选为执政官，这是罗马可以给予的最高荣誉，而且这一荣誉是和罗马皇帝共享的。㊺

普罗巴一直在读《罗马书》8：26，保罗在那里写道："我们本不晓得当怎样祷告"。她对此感到疑惑，就写信给奥古斯丁，想要咨询他的看法。奥古斯丁回信说，她应当为幸福的生活祷告。许多事情都属于"幸福的生活"，但是都被奥古斯丁否决了。幸福不是讨自己欢心，也不是表现得很正直，或者为其他人谋福利，尽管这样的想法很重要也很有价值。《诗篇》中为我们描写了何为终极的幸福：

> 有一件事，我曾求耶和华，
>
> 我仍要寻求：
>
> 就是一生一世
>
> 住在耶和华的殿中。㊼

这是任何一个人可以得到的最好的东西，其他一切福乐都由此而出。如果我们有上帝的同在，那么我们所经历的一切对我们就都有益处。我们应当明白他的旨意，即便这个旁观的世界无法弄明白我们到底在为什么而感到幸福。

奥古斯丁知道，有些人得出结论，认为既然一切都是上帝所命

㊺ 她的丈夫于 371 年担任执政官。她两个儿子于 395 年一起担任执政官，第三个儿子于 406 年担任执政官。这封信是 *Epistulae* 130。

㊼ 《诗篇》27：4。

令和预定的,祷告就成了一个非必需的附加物,随时可以被丢弃。
奥古斯丁对这样的人说:

> 有些人要么不祷告,要么祷告的时候不诚心。因为他
> 们从主自己的话语中了解到,在我们求告上帝之前,他已
> 经知道了我们的需要(太 6:8),所以为何还要麻烦他呢?
> 难道我们应该因为这样的人就放弃这一信仰、放弃福音
> 吗? 当然不应该! 很明显上帝预备了一些东西,比如归
> 信,并将之赐给那些没有求告他的人。但是同样非常清楚
> 的是,我们必须祷告,其他的东西才会赐给我们,尤其是那
> 能让我们坚忍到底的恩赐。很明显,有的人认为自己里面
> 已经有了这样的恩赐,所以不需要再求这样的恩赐。为
> 此,我们务必小心,不可压制祷告、鼓励无知,因为我们担
> 心对前者的劝勉可能会导致不冷不热。㊳

奥古斯丁并没有在祷告的长度和具体内容上给出任何硬性标
准。有时候简短的祷告就足够了,有时候我们却受到感动要做长时
间的祷告。正如奥古斯丁所说的:"话多并不一定表示一个人的性
情良善、稳定。经上记着说,我们的主整夜祷告,当他与死亡摔跤
时,他祷告的时间更长。他如果不是在给我们树立榜样,又为何这

㊳ *De dono perseverantiae* 16.39.

样做呢?"⑤

　　耶稣在地上的生活和传道事工是奥古斯丁有关祷告之教导的
基础,因为上帝的儿子在地上的时候,跟我们一样都是祈求者。奥
古斯丁特别注重主祷文,他对普罗巴说,主祷文是每个基督徒的终
极榜样。主祷文中的七个请求都是指向天国中蒙福的生命。而圣
经中其他一切祷告,尤其是旧约《诗篇》和智慧文学中的祷告,最终
都可以归结为这七个请求中的一个。实际上,奥古斯丁还进一步
说,凡是**没有**反映出主祷文中的某一个方面的祷告,都是属肉体的
祷告,所有真信徒都应当避免这样的祷告!

　　祷告是每个信徒生活中正常的一部分,但是奥古斯丁似乎认为
祷告是自然而然由心发出的。他没有给出详细的祷告指南,也没有
讲太多我们现在所说的默想式或沉思式祷告。更加令人吃惊的是,
对于聚会时的公祷,他几乎只字未提。圣公会传统中特有的"公祷
文"(common prayer)当时好像几乎不存在。这并不是说人们不在
公共场合祷告——他们经常在公共场合祷告。耶稣在讲主祷文之
前,警告过门徒在公共场合祷告的事情,但是这似乎对奥古斯丁没
有任何影响。他认为信徒在公开场合认罪求上帝赦免的时候,可以
大喊、啜泣、撕裂衣服、捶胸顿足。他认为这非常正常,甚至认为这
是值得称赞的。用奥古斯丁的话来说,"捶胸顿足之人克制自己的
大吼大叫并没有任何益处,大吼大叫反倒是非常合宜的,因为上帝

⑤ *Epistulae* 130.

所居住的云中也总是充满了雷声"。⑥

当然,奥古斯丁认为这种行为必定反映了一个人的内心是谦卑、痛悔的。同时,他也非常清楚有些不真诚的人也可能轻易做出这样的行为,所以他毫不犹豫地谴责这样的假冒为善之举:

> 你们倒在地上,蜷曲着脖子认自己的罪、赞美上帝;我看到了你的身体所躺的地方,但是我心里在想,你的灵魂到底在哪里。我看到你四脚朝天躺着,但是请让我看看你的注意力是否还在正直地站着,还是你的注意力已经被思绪的洪流冲走。⑥

奥古斯丁非常清楚,祷告的时候分心可能会让我们备受困扰,同时他也非常清楚有些邪恶的念头可能会在祷告时偷偷潜入我们的内心,让我们远离自己正在呼求的那位上帝。但是,他也知道麻烦来了的时候,让我们分心的事情就会消失,这时信徒如果跪下来,通向施恩座的门就会向他们打开。我们对上帝不忠心,但是上帝却对我们很信实。

我们认识到公祷并不是古代公共敬拜的主要内容,所以就会问主要内容是什么。在奥古斯丁那里,主要内容毫无疑问一定是讲

---

⑥ *Enarrationes in Psalmos* 140.18. 也参见 *Sermones* 19.2,135.7,332.4,351.6。

⑥ *Enarrationes in Psalmos* 140.18。

163

道。他们每天都有敬拜，但是似乎大多数时候只有一小部分人参加，可能周日参加的人会比较多。通常节日的时候会来很多人，而且只会越来越多，然而奥古斯丁不是特别喜欢这一点。一个原因就是，教堂建筑内的音响效果一般很差，坐在后面的人几乎听不到他讲话，除非每个人都保持安静——但是这种要求太苛刻了！奥古斯丁讲道的时候会一次讲完一个主题，而不管时间长短，但是大多数人往往不想听这么长时间的讲道。

我们知道，奥古斯丁曾在一个比较特殊的节日前往迦太基讲道，打算讲迦拿婚宴的属灵意义。在他正要切入正题，对这处经文进行寓意解经的时候，突然出现了骚动，他就停了下来：

> 我宁愿明天再讲……我不愿意因为我的软弱或你们的软弱而让事情变得很棘手。可能许多人今天来这里不是为了听讲道，而是为了庆祝节日。所以我邀请想继续听我讲道的人明天再来。这样就不会亏待热心听讲的人，也不会让不愿意听的人感到枯燥乏味。㉒

节日是大批群众聚在一起举行公共敬拜的社交场合，但是他们不希望聚会的时间太长。虽然他们可能不是单纯为了看节日表演而来——基督教毕竟是国教，市民在这样的场合下支持基督教总不

164

㉒ *Tractatus in Evangelium Ioannis* 8.13.

会有错——但是他们也不是为了得到属灵上的教导而来。从奥古斯丁的批评来看，似乎大多数人更感兴趣的还是一醉方休，而不是其他事情。[63] 但是那些第二天回来听讲的人必定会得到款待。只要时机合适，奥古斯丁就会将心里想讲的内容都讲出来，而不会有所保留。另外有一次奥古斯丁在迦太基讲《诗篇》73 篇，讲了两个小时之后他才发现自己讲得太入迷了。

> 我已经忘了自己讲了多长时间。我终于要讲完这首诗篇了，从［汗水的］气味来看，我已经讲了很长的时间。但是面对你们的热忱，我能怎么做呢？你们的火热掳获了我，我希望你们努力进天国的时候能有这种火热。[64]

奥古斯丁是非常著名、才华横溢的演讲家。但是即便如此，当他突然意识到本来热情高涨的会众已经听得不耐烦的时候，他也会很尴尬，这一点不难感受到！还有一个我们都很熟悉的问题，就是许多男人认为去教堂只是妇女和孩子的事。奥古斯丁知道，许多男人羞于说自己去过教会。所以他们干脆不再去教会，甚至将去教会说成是去干其他事，以此来掩饰。[65] 有些事情自古以来没有改变过！当他们被同侪，甚至被自称是基督徒的人讥诮的时候，这个问题就

---

[63] *Sermones* 225.4.

[64] *Enarrationes in Psalmos* 72.34.

[65] *Sermones* 306B.6.

会变得更加复杂。用奥古斯丁的话来说:"这些堕落的人越少关注自己的罪,他们对其他人那种病态的好奇心就会越大。他们不是要让别人变得更好,而只是想找到一些让他们能死死咬住的事情。"⑥⑥

　　大多数远离教会的人都是懒惰、轻佻之人,而不是无神论者或恶毒之人。事实上,当奥古斯丁宣称将会有重要事情发生的时候,教会里就会突然挤满了人。⑥⑦ 但是,即便在节日的时候想让人来教会,也是很难的一项工作,尤其是这些节日如果跟会众关系不大的话。奥古斯丁认为(在 6 月 29 日)纪念彼得和保罗是非常重要的事情,但是会众明显不同意他的观点,因为那一天很少有人露面。⑥⑧ 如果剧院有非常吸引人的节目,教会里几乎就没有人了。⑥⑨ 有一年奥古斯丁在圣劳伦斯纪念日(St. Laurence's day, 8 月 10 日)那一天讲道的时候,发现天气极其炎热,而剧院的演出也正在进行。劳伦斯在 258 年为信仰殉道(跟西普里安同一年殉道),他的事迹应该能够吸引很多人。但事实上却没有,正如奥古斯丁所悲叹的:

165

　　　　圣劳伦斯的殉道是非常著名的——至少在罗马非常
　　著名,但是在这里似乎并非如此,因为我发现你们只有很
　　少的人前来参加他的纪念活动。然而,我们跟罗马人一

---

⑥⑥ *Sermones* 19. 2.
⑥⑦ *Sermones* 355. 1.
⑥⑧ *Sermones* 298. 1-2.
⑥⑨ *Sermones* 51. 1-2.

样,都无法夺去圣劳伦斯得胜的冠冕。但是我不知道为何
这座城市没有他得胜的冠冕。⑩

那一次讲道的时候非常炎热,奥古斯丁只讲了十五分钟,还不
到他平时讲道时间的一半。需要为会众辩护的是,奥古斯丁坐着讲
道的时候会众必须站着！偶尔他也会对他们心生同情,让他们回
家,第二天再来听没有讲完的内容。⑪ 另一方面,有时候会众会要求
他继续讲下去,即便他已经讲了很长时间。⑫ 奥古斯丁很感激会众
的这种做法,这时他会毫不犹豫地称赞会众的专注和忍耐。

> 我一直都没有意识到你们疲倦了,而上帝知道我是多
> 么担心自己有时候会对你们期待过高……然而,我看到了
> 你们这么多人表现出来的兴致……我很高兴你们的兴致
> 要大于竞技场上那些愚昧之人的兴致。如果他们要站这
> 么长时间的话,必定早就对表演失去了兴致。⑬

虽然会众偶尔也会抱怨敬拜的时间太长,有些敬拜,他们当中
的许多人都不会参加;但是我们必须有一种平衡的认识,因为他们

---

⑩ *Sermones* 303. 1.
⑪ *Enarrationes in Psalmos* 32. 2. 12, 90. 1. 12.
⑫ *Enarrationes in Psalmos* 72. 34, 147. 21.
⑬ *Enarrationes in Psalmos* 147. 21.

的公共敬拜每天都有,许多人只要有时间都会尽量去参加。奥古斯
丁经常一周讲四次道甚至更多,而且每周六、周日他必定要讲道。
听他讲道的机会很多,虽然他对懒惰人的告诫让我们觉得听道的人
很少,事实上抓住这些机会听他讲道的人要比我们所认为的更多。
每天都会有圣餐聚会,有的人一次都不会错过,也有的人大约一周
参加一次。据我们来看,没有人故意不参加圣餐,虽然并不是每个
人都会在领圣餐之前先认自己的罪。当奥古斯丁发现这样的人时,
他会毫不犹豫地拒绝给他们发圣餐,但是当然他不能对每一个来教
会的人都采取惩戒措施。⑭

　从本质上来说,属灵的惩戒主要只能是鼓励人在生活中自律。
早期教会引入了许多禁食日让信徒遵守——原则上这是很好的做
法——但是许多人并没有遵守。对奥古斯丁而言,这件事非常复
杂,因为他自己有摩尼教的经历。摩尼教"禁食"的时候不吃肉,但
是他们会吃一盘又一盘非常美味的蔬菜。⑮ 奥古斯丁明白这当中存
在假冒为善,他不想让自己的会众落入这种光景。他知道,摩尼教
这样做的动机,至少有一部分是因为他们对宇宙持二元论;他还知
道异教徒和犹太人也常常禁食——所以禁食并不是灵性的保障!
然而,他之所以推动禁食,是因为摩西、以利亚和耶稣禁食,也因为
那些怀着正确的心态禁食的人都得到了益处。关于禁食,奥古斯丁

---

⑭ *Sermones* 392.5.
⑮ *De moribus ecclesiae* 2.29-30.

给我们留下了一整本论著以及六篇讲章。从中我们可以看出,奥古斯丁虽然建议会众禁食要适度,也警戒他们假冒为善的伪禁食所具有的危险,但是他对禁食的态度非常认真。⑯

奥古斯丁内心更关注的是节欲这个主题,该主题的社会影响也更严重。他自己曾经有两名情妇——一名是多年的情妇,一名是准备结婚之前的"临时"情妇——的经历让他在这一话题上非常敏感。让情况变得更加复杂的是,罗马有些领域的社会风气非常宽松,所以如果想令其变得严格,几乎从一开始就注定会失败。女人,尤其是已婚女人,应当保持忠贞,但是对男人的要求则大为不同。尤其是法律上不禁止男人跟女奴隶发生性关系,也不禁止男人将她(或自由身份的女人)当作情妇。认为这种风俗就是某种卖淫形式的观念,令许多这样做的人非常反感。奥古斯丁试图指出圣经的教导时,就遭到了抱怨。比如:

> 我的女人不是妓女,她是我的情妇。主教啊,你竟然将我的情妇称为妓女! 你真的以为我会找妓女吗? 我绝不会那么做,我也不会染指任何属于他人的女人。跟我发生关系的这个女人是我的女仆。我在自己家里难道还不能做自己想做的事情吗?⑰

---

⑯ *De utilitate ieiunii*, *Sermones* 205 – 210.
⑰ *Sermones* 224.3.

这种乱交以及离婚在罗马法律中都算不上什么,这两件事许多人都会做,至少在他们受洗之前是这样。似乎那些受了洗的人就不再这样做了,或者至少开始认为这样做是错的。有的人跟情妇断绝了关系,和妻子复婚,因为他们害怕被这位主教公开羞辱——如果有必要,奥古斯丁随时都会这么做。[78] 但是即便如此,这个问题还是存在,我们听一听奥古斯丁是如何处理这一问题的:

> 你们听我讲道的基督徒,如果有人犯了这样的罪,就不可再犯,而要请求上帝赦免……如果你们因为非法结合而玷污了自己,就要按照教会所吩咐的悔改,让教会为你们祷告。不要试图私下里[悔改]……如果狄奥多西皇帝都能不顾羞耻公开悔改,你们同样也可以。[79]

奥古斯丁并没有停在这里。他知道男人很难禁欲,所以他就诉诸他们的荣誉感和男子气概。男人理应成为一家之主,但是如果家主都不可靠,这个家庭会怎么样呢?女人保持贞节是因为丈夫强迫她们这样做,但是男人则要自己约束自己——这是一项更棘手的任务,然而却是对他们男子汉的自尊所发出的一项非常合适的挑战。[80]

在奥古斯丁牧养的会众当中,定期参加聚会的女人占了一半以

[78] *Enarrationes in Psalmos* 149. 14 – 15.

[79] *Sermones* 161. 10.

[80] *Sermones* 9. 3,12.

上，他也要向这些人讲道。在他的观念中，她们太过包容自己丈夫的失败，没有充分保护自己的荣耀。

> 女人们请听我说。女人要为自己的丈夫大显嫉妒……我不想让基督徒的妻子太过包容，相反，我想让她们成为嫉妒的妻子。我这么说非常诚心。我也命令她们这样做，吩咐她们这样做。你们的主教吩咐她们这样做。基督也借着我这样吩咐她们……不要让你们的丈夫犯不贞洁的罪。要向教会控告他们。在其他一切事情上都要顺服他们，但是唯独在这件事上要为自己申诉。⑤

奥古斯丁发出的这种责难是经过深思熟虑的，是为了用最有说服力的方式，向他同时代的人表明他自己对周围这种恶的反抗。他期待男人有担当，也期待女人在性方面与丈夫享有同等的地位——不是说女人可以像男人一样放荡，而是说女人有权要求更容易失职的另一半保持忠贞。在这方面，虽然奥古斯丁可能没有意识到，但他确实是在推动男女在互补的婚姻关系中的平等。虽然在法律上更严格也不会有什么问题，但是真正需要改变的不是法律，而是那些活在法律之下的人的态度和预期。如果他们可以被纠正过来，问题就不复存在，制约他们的法律也就显得多余了。

---

⑤ *Sermones* 392.4 – 5.

奥古斯丁高度重视婚姻。对他而言,婚姻就意味着一男一女、一夫一妻、一生一世的关系。但是,独身主义的吸引力对他也产生了很深的影响,因为他自己就立志过独身的生活。婚姻之内的性关系是合法的,但其主要目的却是为了繁衍后代。这种观念也让他能够为古代的希伯来先祖辩护。在他的想象中,这些希伯来先祖只有在妻子不生育的时候才会纳妾,因为他们需要生儿育女,让上帝在圣约(covenant)中对他们的应许得以实现。㊂ 除此之外,他认为理想的状态就是保持婚姻内的忠贞。他认为这种状态不仅可以达到,也会因为其内在的无私性而带来真爱和幸福。㊃

有一个叫约维尼安(Jovinian)的男子因为奥古斯丁提倡婚内节欲而攻击他,认为奥古斯丁这种观点是源于他之前信过摩尼教。奥古斯丁在回应他的时候写了两本书,一本是关于婚姻的,另一本是关于守童身的。㊄ 两本书所传递的信息都一样。婚姻可以繁衍后代,可以鼓励人保持忠贞,也可以用神圣的爱作为黏合剂将两个人联结在一起。童身是更高的一种状态,因为这很像今后我们所有信徒在天上要过的那种天使一样的生活。但是同时,童身只是为那些领受了特别呼召的人预备的,而且只有那些心灵谦卑、不以自己的"成就"骄傲的人才能从中获得属灵上的益处。童身可能是比结婚更高的一种人生状态,但是奥古斯丁说,做一个内心谦卑的已婚妇

169

㊂ *De bono coniugali* 22. 27,26. 34;*Sermones* 51. 13. 22 - 51. 15. 25.

㊃ *De mendacio* 19. 40.

㊄ *De bono coniugali* 和 *De sancta virginitate*。

女远远好过做一个骄傲的处女！我们再次看到，虽然我们现今的逻辑推理可能跟那时候不一样，但是最终我们都会得出极其相似的结论。和奥古斯丁一样，我们也承认上帝往往更在乎我们行事时的内心状况，而非我们所做的事，尽管所做的也很重要。

家庭是社会的基石。当我们思想奥古斯丁对家庭的论述时，我们才能看到奥古斯丁所面对的那个旧的异教世界和新的基督教世界之间张力的核心。基督教世界观是基于一种信念，即所有人都犯了罪，都同样需要救恩，但同时所有人又都是照着上帝的形像被造的，所以都配得同样的尊重。这种对立塑造了奥古斯丁在处理夫妻性关系时所采用的方式。婚姻中的任何一方都必须尊重另外一方，但是也必须认识到自己的软弱和不可靠。只有留意这一点，才有可能彰显爱，并获得已婚夫妇和他们的家庭应该享有的幸福。幸福的家庭带来幸福的社区。但是奥古斯丁意识到，在达致这一状态之前，还有一些路要走。有一次，一个遭人恨的官员在希波被私刑处死，这一悲剧促使奥古斯丁宣告说：

> 我知道一件事，这件事我们所有人也都知道。在这座城市，有些家庭没有一个异教徒，而且没有哪个家庭是没有基督徒的。实际上，如果我们仔细看，就会发现没有一个家庭基督徒人数不超过异教徒人数……因此很明显，如果基督徒不想让恶事发生，就不会发生任何恶事……当然，隐藏的恶无可避免，但是如果基督徒有意阻止，就不会

发生任何公开的恶事。每个人都可以控制自己的儿子或奴隶……如果是这样,令我们难过的事件就会少很多。[65]

他所梦想的基督教社会仍然在发展过程之中。奥古斯丁知道,还要再花好几代的时间,福音的内涵才能真正渗透到社会中。可能奥古斯丁是幸运的,因为在他生活的时代,这种乐观主义仍然有实现的可能,他不用面对许多世纪过后所留下的遗产,因为这些遗产只能证明他的原罪观念及其影响太过真实,所以今生绝不可能实现他所梦想的那个世界。事实上,他活在盼望之中,也对教会有信心,他认为教会将会引领列国走敬虔、和平之路。

噢,教会母亲,你向我们发出声音,指引你的这些孩子。你用大能指教年轻人,用耐心指教老年人,你这样做并不是基于他们年龄的增长,而是基于他们领悟力的增加。你让妻子保守贞操,顺服自己的丈夫,这并不是为了满足肉欲,而是为了生儿育女……你让丈夫成为妻子的头,这并不是为了让性别上较弱的一方跌倒,而是因为这样做乃是诚实相爱的准则。你让孩子顺服父母,好叫孩子甘心乐意服侍父母,你也让父母凭着爱心管教自己的儿女。你用信心的纽带让兄弟相连,这纽带比血缘关系还要

---

[65] *Sermones* 302.21,19.

坚固……你让我们看到当惧怕谁、当安慰谁、当劝诫谁、当警戒谁、当惩戒谁、当责备谁,也让我们看到谁当受苦。你告诉我们,并非每个人都必须得到一切,但是每个人都应得到爱,而无人应被不公对待。[86]

教会的目的是教导人认识上帝的爱,所以牧师的服侍就是为了让那种爱实实在在地体现在所有自称是基督徒之人的生活中。

传讲上帝的话语

奥古斯丁的牧养职事主要都是通过讲道体现出来的,在将近四十年的时间中讲道几乎成了他每天必做的事。奥古斯丁只有五百多篇讲章流传至今,这些讲章只代表了他所讲之道的一小部分。但是如果算上他对《诗篇》和约翰著作的讲解,他流传至今的讲章就有近八百五十篇。除了这些明显被收藏的讲稿之外,我们根本不知道为什么他有些讲章流传了下来,而其他讲章没有流传下来。我们知道奥古斯丁将大量的时间和精力花在预备讲章上面,尽管我们现在所拿到的讲稿大多数都不是他亲自写的(或编辑的)。[87] 似乎他的教会雇用了一些秘书,将奥古斯丁所说的记录下来,之后再整理成文。但这些秘书是否有意只选择公开其中一些内容则无从考证。很确

---

[86] *De moribus ecclesiae* 1. 30. 63.

[87] 一百二十四篇针对《约翰福音》的讲章除外。

定的一点是,奥古斯丁在讲道的时候偶尔也会中断,第二天再接着讲。但是,同一篇讲章他是否会讲两次或更多次则无从知晓。考虑到几乎他所有的讲道都是在希波或迦太基讲的,所以他不大可能这样做,即便他经常会重复相同的主题。

讲章的篇幅差别很大,短的只有十到十五分钟左右,长的则有两个多小时。似乎大多数讲章都属于中等篇幅,公允地说,他一般的讲道长度大约是四十到六十分钟。他一年至少要讲三百次道,而且可能比这还要多,这也可以让我们略微了解他在讲章上所下的功夫。他忠心的追随者牢牢持守他说过的每一句话,但是从现代的标准来看,这样的人并不多。他的教会往往只能坐满一半,有时候他也会抱怨会众发出的噪声和他们的不专注。所以似乎他也不得不面对所有讲道人都要遭遇的种种问题。

奥古斯丁时代跟我们现在这个时代之间比较大的差别之一就是,在当时,出色的公开演讲能力被视为受教育的必备元素。今天,**雄辩术**(rhetoric)这个词有一定贬义,但是在古代这却被视为一项非常高超的技艺。任何坐在奥古斯丁位置上的人,都应该掌握这项技艺。在当时的世界,书面文字非常稀少,也非常昂贵,口头沟通是常见的方式。所以打动听众的能力就成了取得成功的关键。相反,现代的讲道人则很少接受雄辩术培训,所以今天的讲道往往很容易就被遗忘,而且许多人都认为讲道是公共敬拜中最无趣的时刻。今天讲道的内容可能很好,但是讲的方式却不太好。在任何情况下,人们都更加习惯于听摘引精句(sound bite),而不是冗长的阐述。当然也会有例外，但是总体来看，可以说我们这个时代不是一个伟大的讲道时代。

相反，奥古斯丁是雄辩术巨人中的大师。他不得不满足别人对他较高的期待，并且使他的信息被社会上不同阶层的人所理解。另一方面，他还得足够博学，这样才能满足那些非常有学问的听众。因为如果他没有掌握古典文学（或对古典文学没有兴趣），这些有学问的听众就不会欣赏他的讲道；但是另一方面，他还得使用头脑比较简单的人能够理解的用语和解释，让他们相信他所讲的是真理。他出版的那些讲章在多大程度上反映出了这一点，确实很难说，可能所出版的讲章中省略了很多内容，尤其是如果奥古斯丁像讲道人常常做的那样，为了让那些听他讲第一遍时没明白的人理解而重复讲的话。

当然，奥古斯丁非常清楚雄辩术只是达到目的的一种手段，其本身并不是目的。在古代，许多人教授（并修习）这门技艺，但是有的人并不清楚要用雄辩术干什么。对雄辩术这一主题的古典诠释者主要关注说服人的艺术，优秀的雄辩家的目的是说服别人接受他所说的。按照这一标准，阿道夫·希特勒（Adolf Hitler）也是出色的演讲大师，但是没有人想以他为榜样。这并不是因为我们拒绝说服人的技艺，而是因为我们相信演讲者所要表达的内容应当是真实的，而且（在合适的情况下）能提高人的道德水平。一名基督教的传道人甚至会触及更深的东西，他们可以坚持说自己所讲的信息应当能够造就人的心灵。雄辩技巧是正当的，甚至还被认为是必须的，因为雄辩技巧被视为教导这些美德的最佳方式。

　　鉴于既可以通过雄辩术说服人接受真理,也可以通过雄辩术说服他们接受谎言,谁会提议让没有装备的人去捍卫真理,对抗谎言的力量呢? 为何那些想说服人接受谎言的人知道如何让听众更能接受、关注,或至少默许他们所说的,而那些捍卫真理的人却缺乏这样的技巧呢?⑱

　　在教授雄辩术的时候,奥古斯丁从亚里士多德所定的原则入手,即出色的演讲者必须一开始就表明自己要说的内容,以及为何听这些内容对听众而言如此重要。⑲ 这就是说,要指出听众为何要对演讲者所说的内容感兴趣,这也有助于我们明白奥古斯丁有时候为何岔开主题,去讲他认为跟会众有关的某种具体情形。我们知道至少有一次他这样做的时候,一名男性就因此而归信。奥古斯丁当时岔开话题讲摩尼教,但是他所不知道的是,听众当中有一个人是摩尼教徒,这个人因着他所讲的内容认识到了自己的错误。⑳

　　有时候像这样岔开话题几乎一定是有意为之的。由于奥古斯丁非常了解雄辩术,所以他在使用雄辩术的时候能够有的放矢。但是由于年代久远,我们不可能确切知道他什么时候使用了雄辩术。

173

⑱ *De doctrina Christiana* 4. 2. 3.
⑲ Aristotle, *De rhetorica* 3. 14.
⑳ Possidius, *Vita Augustini* 15. 211 - 212.

确定无疑的就是,他强烈反对岔开话题去讲听众并不十分关心的那些琐事,这样的闲聊唯一的功用就是显露讲道人何等聪明。[91] 我们也知道,相比于文体风格,他更在乎有效的沟通。他非常清楚公共演讲的规则,完全可以即兴发挥,这赋予他的讲章留存至今的自发性和个人性。他给其他讲道人的建议就是:

> 讲任何话的时候,他们都应当首先竭力让自己所讲的明白易懂,同时说话要尽量清楚。这样,如果有人听不懂,要么是因为他们头脑反应迟钝,要么是因为所讲解的主题本身就很难、很复杂,而不是因为讲述的方式有问题。[92]

有时候要说得清楚,可能就要找一些圣经中所没有的字词,因为这样的字词能够帮助讲道人将信息讲明白。有时候甚至有必要创造一些词来描述一件事情,因为如果不这样做,可能就要采用非常冗长、复杂的表达方式。(**三位一体**这个词就是一个很好的例子。)这种技艺是许可的,但前提是这样做要能澄清所讲的主题,而不会产生曲解。[93]

年轻的讲道人要想掌握这门艺术,最好的方式就是听那些这方

---

[91] *De doctrina Christiana* 4. 14. 31.

[92] *De doctrina Christiana* 4. 8. 22.

[93] *De doctrina Christiana* 4. 10. 24.

面经验更丰富的人讲道,向他们学习。㉔ 但是,在敬虔的口才(godly eloquence)这方面,最伟大的榜样都在圣经中。奥古斯丁以我们今天所不明白的一种方式,意识到了书面文字基本上都具有口语的特质。旧约圣经大多数的内容一开始都是口述的,最后记载成书的时候,这一传统所具有的特质也在文本当中保留了下来。四福音也是一样。耶稣是一位演讲者(speaker)而不是写作者,不明白这一点, 我们就无法阅读圣经中所记载的内容。即便是直接写出来的圣经经文——比如保罗书信——其中的古代修辞所具有的韵律也永远不可能失去。为了说明这一点,奥古斯丁查考了《罗马书》5:3—5 和《哥林多前书》11:16—17。他指出,即便这些经文可能从未在讲台上讲过,但是在某种程度上这些经文非常呼应讲台上所发出的声音和讲台上讲道的风格。

174

奥古斯丁知道自己是一个将上帝的话语传递给会众的管道。 正如有一次他对会众所说的,"主托付我什么,我就向你们讲什么"。㉕ 换言之,他并没有提前定好议程,而是根据情况的需要,顺服圣灵的感动。他明白,讲道人务必清楚自己想说什么,但是他抵挡住诱惑,在讲道的时候尽量不机械化。奥古斯丁不认为读提前写好的讲章是"讲道",因为那样会让他跟会众产生距离,而且会众几乎一定不会听他讲。㉖ 这也是奥古斯丁成功的秘诀——他竭力理解听

㉔ *De doctrina Christiana* 4.3.4.

㉕ *Sermones* 111.1.

㉖ *De doctrina Christiana* 4.11.26.

众,听众反过来也竭力理解他,(他认为)圣灵那掌管一切的大能与他们同在,引导他们。这种互动的意识也是奥古斯丁所坚持的:

> 我为什么讲道?我为何坐在讲道人的位子上?我为
> 什么而活?为一件事而活,就是有一天可以与基督在一
> 起。这是我的愿望、我的荣耀、我的名声。这是我的喜乐、
> 我的财宝。如果我开口说话,而你却不专心听我讲道,那
> 么我至少可以救我自己的灵魂——但是我不想独自一人
> 得到永恒的救恩,而你们却得不到。⑰

这种看法多个世纪以来一直没有变过。奥古斯丁的同事兼传记作家波希迪乌写道,虽然读奥古斯丁神学作品的人从中受益,"但是那些能够亲自听他在教堂讲道的人可以受益更多"。⑱一名现代学者在对比奥古斯丁和那些与他同时代的人时得出结论说,奥古斯丁的讲道风格和讲道方式都独树一帜。他没有阿斯特里乌(Asterius)那种讽刺的机智,也没有约翰·克里索斯托那种单刀直入的清晰。这两个人的讲道奥古斯丁可能都没有亲自去听过,他也没有展示出利奥或安波罗修(他肯定多次听过安波罗修讲道)那样的庄严、肃穆。但是,

⑰ *Sermones* 17.2.奥古斯丁的这番话呼应了《以西结书》33:1—20。

⑱ Possidius, *Vita Augustini* 31.244.

奥古斯丁能够选择正确的用词,他有这方面的天赋,借此他超越了所有的教父。他所讲的任何观念,都会给人留下深刻的印象,很难被忘记。只要他想将一个简单的陈述变成一句格言,他就一定能做到。但是他从来没有用自己犀利的思想伤害别人,相反,他所说的每一个字都带着令人无法抗拒的温柔,能够让人承认自己的罪。⑨

这段话可能有点夸张,但只是略微有点而已,现存的讲章可以作见证。更加了不起的是,奥古斯丁并没有自认为是有天赋的讲道人,他更愿意做的是花上整日整日的时间安静默想。正如他告诉会众的:"对我而言,没有什么比在一个没有噪音、不喧嚷的地方凝视上帝所赐的财宝更美好和甜蜜的——这就是真正的甜蜜与美好。而讲道、劝勉、警戒、启发、背负起对你们每一个人的责任——这却是极大的重担,重重地压在我身上,我也为此大大劳苦。"⑩

虽然这么说,但是奥古斯丁也充分认识到,不论他是否愿意,他都已经蒙上帝呼召去讲道。同时他也认为自己决不能辜负上帝在这种呼召上对他的期待。毕竟,他不是为了自己讲道,乃是为了上帝百姓的益处讲道,而他也已经选择服侍这百姓。这百姓来寻求喂

---

⑨ Frederik van der Meer, *Augustine the Bishop：The Life and Work of a Father of the Church*, trans. Brian Battershaw and G. R. Lamb (London：Sheed and Ward, 1961), 412.

⑩ *Sermones* 339. 4.

养,他就有责任喂养他们。⑩ 此外,他知道他们不是来听他的话,而是来与基督相遇,是基督透过他向他们说话。

> 我说话的声音达到你们耳中,但是我们的主则在这声音里面。你们千万不要认为任何人可以从人学习[属灵的事物]。我喧嚣的声音只不过是一种提示而已,如果里面没有那位老师,这声音就是无用的……外在的教导只不过是辅助和勉励,你们心灵的老师坐在天上。⑩

奥古斯丁多次重复这一主题,坚持上帝只想让他自己的声音被听见;他也相信那声音是借着人类传道人(human preacher)的讲道而被听见的。⑩ 奥古斯丁是上帝喂养会众的管道,奥古斯丁本身并不是食物,正如医生只是开药的,他自己并没有治疗的效果。⑩ 奥古斯丁确信自己是在遵行上帝的旨意,而不只是在自娱自乐,所以他才有了讲道所需要的信心。同样,奥古斯丁的这种确信也应当继续触动现代的读者,即便我们知道他使用的圣经译本有时候有误,他对经文的应用有时候看似很奇怪或与我们毫不相关。

奥古斯丁对自己的呼召确信无疑,这也有助于他应对各个时期

---

⑩ *Sermones* 95. 1. 也参见 *Tractatus in Evangelium Ioannis* 9. 9。

⑩ *Tractatus in Evangelium Ioannis* 3. 13.

⑩ *Enarrationes in Psalmos* 99. 1.

⑩ *Sermones* 126. 8.

的讲道人都会遭遇的那些窘迫。比如,有一次他决定讲某一首诗篇(我们不知道是哪一首),但是读经员(lector)弄错了,读了另一首诗篇,即《诗篇》139 篇。奥古斯丁没有指出他读错了,而是站起来直面这一挑战,在没有任何笔记或准备的情况下,就所读的那首诗篇讲了一场道。他相信,讲《诗篇》139 篇是上帝的旨意,所以他也相信上帝会赐他力量和当讲的话,让会众得造就。[105]

奥古斯丁是时代之子,他蒙召去对那个时代讲话。但是,他的思想一次次穿越了时空的限制。罗马被洗劫的消息传来之后,绝望情绪开始到处蔓延。对此,他指出人普遍的倾向就是将过去偶像化,把过去的时代视为黄金时代。但是,上帝却催促他的百姓活在当下,认识到审判即将来临:

> 你们回顾过去那些看似更加幸福的时光。你们就像树上结的橄榄,随风摇曳,让自己游荡的愿望在随意吹拂的和风中徜徉。但是,现在到了压榨橄榄的时候。橄榄不能一直挂在树上——因为岁末已经来临。[106]

这里提到的和时间有关的处境与人类普遍经验融合在一起,所以直到今天为止,这种解释依然非常生动,就像刚讲出来的时候一样。

---

[105] *Enarrationes in Psalmos* 138.1. 虽然奥古斯丁没有这么说,但是事实上他表现得就像一名演员,当同事出了岔子之后,他就要接过来继续往下演。

[106] *Enarrationes in Psalmos* 136.9.

奥古斯丁的这种讲解之所以很成功，其中一个主要原因就是他相信自己所讲的主题来自于圣经。而圣经作为上帝的话语，包含了上帝的子民得救所必需的一切。奥古斯丁没有直接讲他认为他们迫切需要的东西，相反，他在圣经中寻找可以应用到他们身上的线索。上帝的话语是永恒的，因为他是针对人类的境况讲的，自亚当、夏娃堕落之后这种境况就一直没有改变过；还因为它提供了基督的救法，而基督同样在时间的流逝当中没有任何改变。正如有一次奥古斯丁所说的："我们刚刚听读经员读到，圣经中的福音讲到了罪得赦免。这也是今天你们应从我的讲道中学习的。我是传讲上帝话语的牧师，我传讲的不是我的话语，而是我们的上帝和主的话语。"⑩

正如我们今天仍然在说的，会众不是去听牧师的话（the words of the minister），而是去听圣道的传讲（the ministry of the Word）。此外，讲道人自己也必须听上帝的话语，因为上帝对其他人说的话，也都是对他说的。奥古斯丁知道，他要为自己所讲的负责，如果他不能行出自己所讲的，他就会落入比任何听他讲道的人更大的属灵危险之中。⑱ 正如他告诉会众的："我大胆劝你们，但是我在劝你们的时候，也要省察自己。一个传讲上帝话语的人如果自己不听上帝的话语，他就是在浪费自己的时间。"⑲

从奥古斯丁个人的做法来看，他没有隐藏自己作为讲道人所遇

⑩ *Sermones* 114. 1.

⑱ *Sermones* 179. 7.

⑲ *Sermones* 179. 1.

到的试探,同时也毫不犹豫地给其他人提意见,让他们知道该如何面对他们的试探。在他面对的这些问题当中,最主要的就是骄傲的危险。作为一个人,他也想被称赞、被认可。但是作为上帝的孩子,他知道通常情况下自己往往得不到这种奖励,因为他所讲的信息如果要忠于上帝,必定会让许多人感到痛苦。

> 我喜欢掌声,如果我不承认这一点就一定是在撒谎。但是我不希望被过着罪恶生活的人称赞——我憎恨、讨厌这样的生活。但是如果是正派人士称赞我[则另当别论]……我不想得到称赞,是因为我不想因为人的称赞而在属灵上受影响,但是同时我也不想没有人称赞我,因为我不希望我的听众一点也不懂得欣赏。我思想自己责任的重大,因为即便是你们的掌声,我也要[向上帝]交账。我经常被称赞,但是我很担忧那些称赞我的人生活的方式。⑩

奥古斯丁之所以讲道,是因为他觉得自己有责任完成上帝托付给他的使命。既然基督已经为他死,他也必须为了基督的百姓献出自己的生命。即便他临终前在病痛中的时候,也很在乎这一点;这

---

⑩ Frangipane, 6. 2, in Morin, *Miscellanea Agostiniana*, 1:221 - 222.

种观念伴随了他一生，直到生命的最后仍在统管他的思想。⑪ 他有着罕见的恩赐——能够与会众认同，即便他们在许多方面跟自己不一样。他成长的环境相对优渥，受过良好的教育，归信之后又立志过独身的生活。在希波能够这样说的人并不多！但是同时，他也可以合理地声称会众现在怎样站着听他讲道，他也同样曾站着听别人讲道。他的经验告诉他，会众可能会非常顽固，而他也明白会众不会轻易改变他们的道路。他甚至比许多听众犯的过错更多，他也知道这一点。当他的对手指责他假冒为善，说他之前否认基督现在却又传讲基督，对此奥古斯丁回应说："我曾经被严重的错误欺骗并沉溺其中，我不否认这一点……我对自己过去的行为要比你们更加苛责。你们所痛斥的，都已经被我定罪"。⑫

　　作为一名讲道人，奥古斯丁的强项之一是，他有能力将自己对任何经文的讲解与神学家所说的"上帝全备的旨意"(徒 20：27)结合起来——换句话说，与整本圣经的教导结合起来。太多现代学者往往都会过度分析，但是奥古斯丁没有这种负担，他认为完全可以将一节经文和其他经文进行对比，有时候还可以将一节经文和许多其他经文进行对比。他知道任何经文都不能单独解读，因为上帝话语的每一部分都属于一个更大的整体。这个整体可以用多种方式来描述：它就是基督，就是我们对上帝的经历，就是上帝之爱在信徒生

---

⑪ *Sermones* 133.1；Possidius, *Vita Augustini* 31.242.

⑫ *Enarrationes in Psalmos* 76.10. 这里他的榜样是使徒保罗，保罗对于自己成为基督徒之前反对福音的行为也说了大致相同的话。参见《加拉太书》1：13；《以弗所书》3：8。

命中的运行。⑬ 但是,虽然现代人喜欢将这些分开,在讲道中考察不同的侧重点,但事实上这些不同的方式说的都是同一回事。上帝爱世人,甚至将他的独生子赐下,叫他为了救我们而死。凡信基督之人就被圣灵重生,有了新生命,之后他们就与基督联合,照着基督在圣经中所赐给我们的教导过新的生活。奥古斯丁聚焦于讲解得救的不同侧面时可能会提及这一事实,但他总是想着救恩的整体。

　　在这方面,或许在其他许多方面也一样,现代传道人要向奥古斯丁多加学习。我们切不可只见树木不见森林。只有以圣经总体作为背景,才能明白一节圣经经文,如果我们忽视了这一点,不顾及上下文,就很容易误解这节经文。换句话说,讲道对系统神学思维的倚赖程度,就和对精准解经的倚赖程度一样,如果我们将经文拆开,上帝的话语对我们产生的力量,将远远不如对奥古斯丁和(透过奥古斯丁)对他的会众产生的力量。

　　读奥古斯丁的讲章时最难理解的地方之一就是他的幽默感和轻快的风格。即便在说同一语言的人群当中,幽默也不容易传递。比如,英国人比美国人更加倚赖文字游戏和脑洞大开的语义关联,所以英国人更容易被误解。前不久,我向出版社表示不希望我写的一本书在 4 月 1 日出版。我的英国朋友一听就明白了,他们很吃惊竟然有人会选择在这样一个日期发布新书,但是我大多数美国同事都不明白我的用意。对他们而言,4 月 1 日只是一个新的财务季度

⑬ *Enarrationes in Psalmos* 98.4.

的开始,这有什么问题呢? 现代人在研究奥古斯丁时也会遇到这种难题,他们往往不清楚奥古斯丁说话的语境,所以不明白他所说的话。有时候即便一个笑话的幽默形式是新的,我们也能够听懂。比如,奥古斯丁认为硬币就应该是圆的,这没什么不合适的,因为这提醒我们钱是多么容易滚动而消失。⑭ 今天我们可能不觉得这有什么幽默感,但是我们起码能够明白他是在试图表达他的幽默感。

我们很难明白奥古斯丁的语言游戏,比如他说希伯来语的亚当这个名字包含了希腊语中罗盘的四个基点——*anatolē*(东)、*dysis*(西)、*arktos*(北)和*mesēmbria*(南)。奥古斯丁用这个"事实"来说明亚当是整个人类的祖先,而亚当堕落之后人类就被分散到四方。奥古斯丁明显是在玩文字游戏,这对我们现代这些思想比较枯燥的人而言没有吸引力。但是他的听众很喜欢这种聪明。对他们而言,这种方式可以很好地让他们记住奥古斯丁要讲的内容。而用现代的首字母缩略语 TULIP 来表示多特会议(Synod of Dort)上所解释的加尔文主义(Calvinism)五要点,也是类似的用法。⑮ 多特(多德雷赫特,Dordrecht)位于荷兰,跟郁金香(tulip)有关,所以这个首字母缩略语用得非常合适。专家们可能会争论说,这次会议所批准的五要点的次序是 ULTIP 而非 TULIP,而在荷兰语中表示郁金香的词实

---

⑭ *Enarrationes in Psalmos* 83. 3.
⑮ 这五要点就是全然的败坏(Total depravity)、无条件的拣选(Unconditional election)、限定的救赎(Limited atonement)、不可抗拒的恩典(Irresistible grace)和圣徒永蒙保守(Perseverance of the saints),然而多特会议并没有使用这种术语。

际上是 *tulp*,但谁在乎这个呢? 因为即便从技术上来讲这样说是对的,但它只会破坏喜庆气氛,让生活变得更加艰难。

我们只有明白了这一点,才能理解奥古斯丁的思想和他使用的方法。如果技术上的准确性影响到了正确的解释,那么这种准确性不要也罢。奥古斯丁会找出圣经中的谜题,再加以解释,他的这种做法会众非常喜欢。而他也非常聪明,能够利用会众的这种喜好作为一种途径,将真理注入那些原本可能会非常抵挡的人心中。[⑯] 同时我们必须记住,奥古斯丁总是会强调说,我们需要先弄明白经文的字面意思和历史含义。如果经文有隐含的意思,要在字里行间寻找,而不是去经文之外寻找。[⑰]

我们所了解到的奥古斯丁的许多讲道方法,都来自于他对那些寻求他指导的人所说的话。奥古斯丁知道,只有使用幽默的人具有共同的参照系时,幽默才能发挥作用,所以讲道人必须了解自己的听众。在私下聊天时,往往不难看出什么合适、什么不合适,但是他解释说:

> 在公共讲道时,如果围着你听讲的人跟你的观点差异很大,就是另外一回事了……这些差异必定会影响蒙召对他们讲道的那个人。他所讲的话都带有自己思想的烙印,

---

⑯ *Enarrationes in Psalmos* 49. 9 - 10.
⑰ *Tractatus in Evangelium Ioannis* 50. 6.

这也会以不同的方式影响听众,就像听众也会以不同的方式相互影响一样。⑱

　　与其他人讲话并不只关乎找到合适的用词而已。我们现在所说的肢体语言也占有很大的分量。在希腊语和拉丁语中,表达愤怒的词是不一样的,但它们所描述的现象却是相同的。不管是谁,看到别人面带怒容,都会明白那人的情绪如何,即便他是用不同的词语来表达。⑲ 因此,听众更多是在回应讲道人的神情,而非他所讲的话。如果"观众发现那些试图影响他们的人也被同样的火所点燃",那么他们也会被调动起来。⑳ 激励讲道人的是上帝之爱,这爱会让那些活在这爱中的听众得到坚固,也会给那些不是出于爱的缘故而想成为基督徒的人带来审判。㉑

　　奥古斯丁还教导那些准传道人说,即便他们自认为有更重要的事情要做,也要接待他们的会众。但是,他警告他们在表达自己这方面的个人感受时,不要引起伤害和疏离。㉒ 讲道人在传讲信息时,也要留心采用正确的方式。如果这意味着要无视语法规则,那就无视吧。如果讲道人犯了错并且被人指出,他就要道歉,进行纠正,并

⑱ *De catechizandis rudibus* 15.23.

⑲ *De catechizandis rudibus* 2.3.

⑳ *De catechizandis rudibus* 2.7.

㉑ *De catechizandis rudibus* 5.9.

㉒ *De catechizandis rudibus* 10.14.

继续往前走。⑬ 他所说所做的一切，都应当服务于他的职事，而不是让别人关注他自己。首要的是，讲道人要对自己所讲的主题有热情。有时候这会要求讲道人再三重复自己所讲的一些内容，这可能看似很乏味，但是讲道人绝不可流露出这种情绪。事实上，奥古斯丁说，重复一些事情往往会让讲道人更清楚理解这些事情，并且比之前对这些事情更有热情。⑭

不论讲道人采用什么方法，他都要确保自己确实在跟听众交流。有时候人们太过尊重讲道人，就隐瞒自己的真实想法，从而让讲道人误以为他们接受了他讲的一切内容，而事实上讲道人所讲的大部分内容他们都不认同。还有些时候，听众可能会疲倦，不再愿意听，但是他们又不说出来，所以根本看不出他们已经失去了兴趣。⑮ 机敏的讲道人会观察这方面的迹象，并竭尽所能消除负面的影响。当然，最好的办法是单独跟会众讲，即便那只在有限的范围内才有可能，也是值得的。和之前一样，在这里也必须牢记终极目标，而且每一个可以让你达到终极目标的合法途径都可以去尝试。

总结奥古斯丁的讲道方法以及他对其重要性的认识，足以让我们想起上帝创造世界的时候也是通过说话的方式做成的。诸天借着他的话被造，他也通过话语赐下了与亚伯拉罕及其后裔的圣约并对他们的应许。以色列最终会成为圣书的子民，但这只是因为一开

---

⑬ *De catechizandis rudibus* 11. 16.

⑭ *De catechizandis rudibus* 12. 17.

⑮ *De catechizandis rudibus* 13. 18 – 19.

始的时候以色列民是上帝话语的子民，而这话语是借着古代那些被赋予特殊权柄的先知赐给他们的。首先，到了应许要成就的时候，道（上帝的话语）成了肉身。上帝一直以来**所说过的**，现在他借着他儿子耶稣基督的降生、受死和复活一次性彻底**成就**了。所以，传讲上帝的话语就是将基督带给人。基督是上帝话语的作者，也是上帝话语中的主题，更是上帝话语存在的原因。奥古斯丁在讲道中传讲基督是主，呼吁听众顺服这位主。这也是呼吁人顺服如此重要的原因。没有这种顺服，他们就不可能得救，道一开始进入世界的目的就是为了寻找、拯救失丧的人。

让世界转变

奥古斯丁知道，他侍奉的核心就是传讲上帝的话语，为基督赢得男男女女。但是，他也知道与恶的争战更大，他不可能单独或凭一己之力打赢这场仗。不需要接受摩尼教的二元论我们就能看出，世界上恶的力量远远比单个人的意志力更加强大。那些归向基督的人会发现自己活在一个异化的环境中，因为这世界的王仍然控制着这世界。即使在大多数人都成了基督徒时，这种负面的力量仍然在运作，力图挫败这些基督徒的属灵长进，并将自己所能夺回的都重新夺回到黑暗的国度中，而信徒正是从这国度中被释放出来的。

奥古斯丁出生时世界正在经历巨大变革。很久之前就开始统治这个世界的异教神明和异教信仰逐渐衰退，开始让位于拣选和得救的信息，而这信息与人们一直以来所信仰的截然相反。传统宗教和哲学所强调的是,我们要和一切我们认为错的东西作斗争,从而获得一种更高的生命。而这是否等同于"救恩"则取决于个人的看法。但是可以确切地说,只有很少人非常清楚这个世界为什么存在,它将来的结局又如何。他们最多会认为,这个世界衰落到一定程度之后会被摧毁(或者自我毁灭),之后在生与死的循环中再次出现。少数幸运的人则会成为"神明",进入公认的供奉神话英雄的万神庙,借此得到救赎。但是那些实现这一切的人自己就是传说中的人物——比如阿喀琉斯(Achilles)和赫尔克勒斯(Hercules)这样的人。普通人几乎没有任何机会。

基督教就像一束光一样照进这种文明之中。凡相信的人都有得救的应许,不管他们的社会地位如何,也不管他们有无英勇的成就。后者当然有市场——对殉道者的狂热崇拜就证明了这一点——但是即便殉道可以给人确据,让人确定受害人得到了进天堂的赏赐,但是殉道绝不是获得这种赏赐的唯一途径。基督徒的思维方式当中最重要的,就是相信满有慈爱的造物主上帝制定了一个安排得当的计划。没有什么事情是偶然发生的,因为上帝是万物的创造者和维护者。但是这种信仰并不是一种宿命论。上帝是有位格的存在,他照着自己的形像和样式创造了人。所以,在与上帝建立了位格性关系的背景下,人人都可以获得救恩,这种关系可以带给信徒安全感和满足感,而那些自以为受一种盲目的、不可理解的命运控制的人则只有恐惧感和无奈感。

但是,如果基督教世界观让那些从未有过安全感和确据的信徒有了这样的感觉,它同时也会产生一些其他问题。最严重的问题就是恶仍然存在于世上,恶的力量似乎掌控着所有人的生活,不论他们是不是信徒。世界历史就是一本邪恶记录册,或者看起来是这样。另一方面,罗马帝国可以被视为这种问题的解决之道,起码在文明世界看来是这样。通过征服整个已知世界,罗马实现了普世的和平,从而能够以前所未有的程度发展贸易和文化。基督教自身也因此受益,因为福音沿着罗马所建设的或者受罗马保护的陆路和海路传播。希波的奥古斯丁与伯利恒的哲罗姆之间的通信可谓不费吹灰之力,而像帕拉纠这样的人也可以从不列颠故土启程前往耶路撒冷,一路上非常安全,也绝对自由。

不幸的是,在 4 世纪,这种伟大的文明体系开始瓦解,奥古斯丁在世的时候,这种体系逐渐开始分崩离析。313 年基督教合法化,对很多人而言这似乎意味着麻烦的开始。因为这不仅没有在一个有力的新宗教的基础上使整个帝国统一,反倒产生了一种新的、人们不熟悉的分裂。异教包容各种形式的信仰,但是基督教却不一样。正确的思维方式和行为方式只有一种,其他都是错的,而且在可能的情况下,正确的一方要彻底消灭错误的一方。君士坦丁大帝竭尽全力拓宽"正确的方式",好让更多人都容纳进来,这意味着要接纳各种形式的阿里乌主义,允许其与第一次尼西亚会议上达成的正统教义共存。君士坦丁大帝的多数继任者都采纳了这一政策,但是其中的"叛教者"朱利安皇帝却试图在其短暂的任期内(361—363 年)重振异教。奥古斯丁年幼的时候,哪种基督教形式会占领整个帝国还不确定（如果真有一种基督教形式能占领的话）。

公元 380 年，狄奥多西一世（约 378—395 年在位）的做法解决了这个问题，他将基督教定为国教，并禁止其他一切信仰形式。异教的神庙要么被关闭，要么被改成教堂，包括奥林匹克运动会在内的异教仪式都中止了。狄奥多西一世是统治整个罗马帝国的最后一人，所以他的敕令在每一个地方都是有效的。但是他去世之后，这整个体系开始瓦解。蛮族的哥特人已经归信了某种阿里乌主义，他们在巴尔干地区到处抢劫，并且一路往意大利赶来。他们的日耳曼表亲则在莱茵河-多瑙河这一前线积蓄力量。406 年末，他们渗入罗马帝国。经过几年的时间，他们夺取了高卢和西班牙大部分地区的控制权。不列颠被抛弃（直到一代或更多代之后，盎格鲁-撒克逊人[Anglo-Saxons]才征服它），古老的安全感消失一空。

高潮发生在哥特人攻陷罗马的时候，当时每个人都非常震惊，他们意识到自己的世界已经土崩瓦解了。实际情况并没有想象的那么糟糕，罗马将会挣扎着继续存在两代左右，但是"永恒"之城这个咒语却失效了。许多人将之归咎于基督教。他们认为在数百年的时间中，异教神明一直保护着这座城市和整个帝国。但是一旦这些神明被拒绝，他们的保护也就随之收回，崩溃也就在所难免。[136] 基督徒可能很难接受这种解释，但是他们又能如何解释呢？所发生的

---

136 公元 382 年胜利祭坛（alter of victory）从罗马元老院撤掉之后，元老院议员异教徒西马库斯（Symmachus）实际上已经预测到了这件事。请看奥古斯丁与总督马塞利努的通信，这封信可以追溯至 412 年（*Epistulae* 136,138）。

事情已经超出了他们的解释能力，所以就需要一种更合理的新方式，来解释对上帝救恩计划的疑问。因为世界被毁灭怎么可能来自满有慈爱之上帝的旨意呢？

为了回答这个问题，奥古斯丁不得不追溯人类历史的起源。亚当和夏娃这两个人远离了上帝，但是他们的悖逆却有着更大的邪恶背景。他们并不是自己主动悖逆上帝，而是因为受了之前就已经堕落的撒但的试探。他们用一个国度（上帝的国度）的治理权换了另一个国度（撒但的国度）的治理权。在圣经中，这两个国度被描述为"城"（city），而"城"这个词的含义在当时远比在今天更丰富。对奥古斯丁和他同时代的人而言，一座城就是我们所说的一个国家。

有时候，这种关系很明显，巴比伦和罗马这两个帝国都是以自己的发源地城市来命名。在另外一些情况下，这种关联没有这么明显，比如，埃及和亚述首都的名字往往不为人知。但是，正如奥古斯丁逐渐看到的，这些帝国只是在世界上运作的邪恶力量的不同表现形式而已。

与他们相对的则是上帝之城耶路撒冷。这既是一个真实存在的地方——在不太长的一段时间内，这里曾是一个非常伟大的帝国的首都——也是属灵上的象征。在旧约中，很难分辨出这两者。然而《诗篇》中频繁提到锡安则强烈表明诗篇作者心中最重要的是其属灵上的象征，而在奥古斯丁的眼中，诗篇作者就代表了基督的声音。使徒保罗对此也毫不怀疑。对他而言，耶路撒冷主要是指天上之城,那城也是我们所有人的母亲,地上的耶路撒冷是一种仿造品。⑰ 奥古斯丁相信,故此基督徒必须像保罗一样从象征的意义上来解释历史,并且要专注于永恒的上帝之城,而非彼此争战的善恶力量在地上的彰显。

带着这种思想,奥古斯丁着手写他的巨著《上帝之城》。他花了十三年的时间(413-526 年)才写完,这也是他最长的一部作品。事实上,除圣经之外,这也是古代所流传下来最长的作品。《上帝之城》共二十二卷,可以分为驳斥异教的部分(前十卷)和讲解基督徒生活的部分(后十二卷)。所以,总体上这部作品不只是在做拆除的工作,也是在做建设性的工作,即尝试重新勾画一幅非常连贯的宇宙画卷,好使其能够充当基督教思想的根基,让我们明白个人、国家和社会在上帝总体计划和旨意中所处的位置。

我们很容易就能指出《上帝之城》里面许多跑题的地方和比较明显的布局上的混乱,但是奥古斯丁非常繁忙,他没有时间去做这样的一部作品所需要的那种编辑。无论如何,这部百科全书性的作品得到了后世的欣赏,后来的人往往是从这部作品中了解到他们所知道的一切历史。书中大量的不一致他们都可以包容,因为这部作品的总体信息非常清楚。奥古斯丁通过写这部作品向读者保证,全能的宇宙之主掌管着人类历史。罗马所遭遇的事情,与之前任何城市所遭遇的,以及在终局之前的任何城市仍然在遭遇的都一样,没

186

---

⑰《加拉太书》4:25-27。

有哪一个更糟糕，也没有哪一个是人可以预防的。基督徒不应当将他们的信心放在属世的事情上，而应当积攒财宝在天上，正如耶稣对门徒的教导。用奥古斯丁的话来说：

> 人们看到他们房屋的墙壁开始摇晃时，就知道离倒塌不远了，这时候他们就会赶紧跑到一个更安全的地方。同样，基督徒越多从自己所受的苦难中看到世界的毁灭即将来临，就越要赶紧将自己想在地上积攒的财宝转移到天上的宝库中。[128]

在《上帝之城》中，奥古斯丁将他所看到的影响他生命的属灵原则应用到了世界历史上。他灵魂中罪与恩典的冲突，也在世界舞台上两座城之间的斗争中反映了出来。正如灵魂要得救，只能通过先被治死、再复活得到得胜的新生命一样，世界要得到救赎，也只能通过类似的过程才能实现。不论在哪一种情况下，只有基督再来施行审判，历史宣告终结的时候，最终的完满才会实现。

同时，人类可以分成两类："我将人类分成两类。一类是按照人的标准生活的人，另一类是按照上帝的心意生活的人。从比喻意义上来说，我也称这两类人是两座城"。[129] 构成每一座城的群体都是因

---

[128] *Epistulae* 122.2.
[129] *De civitate Dei* 15.1.

共同利益而聚在一起。在地上之城中,这种共同利益就是自爱,也是被上帝所藐视的。在天上之城中,这种共同利益就是上帝之爱,也是对自我的藐视。⑬ 天上之城被预定在永恒之中与上帝一同作王,但是地上之城却被定罪要跟魔鬼一起受永刑。⑬

在地上的人类历史中,这两座城相互交织,难以分开。这两座城的人都会为自己国家或家庭的荣耀而活,有时候也会为此而死,而旁观者可能难以明白每一方的动机。但是,上帝知道人心中的隐秘,末后的审判来临时,那些隐秘都将显现出来,给所有人看。因而,有可能两个人出于看似相同的目的做了相同的事情(比如为一项事业献出自己的生命),但是在永恒中得到的赏赐却不同,因为他们内在的意向(disposition)迥然有别。⑬

当然,有时候通过一个人的行为也可以看出他属于哪座城。这点从一开始的时候就非常清楚。

> 该隐是人类父母生出的第一个儿子,他属于人的那座城。而后一个儿子亚伯则属于上帝之城……圣经告诉我们,该隐建了一座城,而亚伯是天路客,他没有为自己建城。因为圣徒的城在上头,虽然这城的民在下面这地上,

---

⑬ *De civitate Dei* 14. 28.
⑬ *De civitate Dei* 15. 1.
⑬ *De civitate Dei* 18. 54.

但是他们却在朝着这城前行，直到这城以国度的形式
来临。⑬

　　换言之，我们应当预料到，地上之城在人的肉眼看来会显得越
来越强大，越来越有权势，因为那些属于地上之城的人纯粹是为了
暂时的需要而劳碌，所以他们一定要在今世找到自己的存在感。鉴
于天上之城的子民在动机上的本质，我们不必因他们在今世得不到
满足而感到吃惊。为此，"人类社会往往自相分裂，一方如果觉得自
己更强大，就会压迫另外一方……结果就是，有些国家成了帝国，而
另一些国家则臣服于外来的统治者"。⑭

　　罗马是帝国的典型范例，它实际上从不真正践行公义，尽管它
常常声称自己并非如此。⑮ 罗马所带给世界的和平是上帝所创造的
自然秩序的一部分，而这自然秩序是针对全人类的，但是当这个世
界不存在时，这自然秩序也就不存在了。⑯ 地上之城的功用之一就
是推动城内居民眼前的福利，虽然没有人可以做得十全十美，但是
许多人却伸出援手，帮助那些贫穷的或背负债务的，这是好事。⑰ 但
是，经济上的繁荣往往都是基于对别人的压榨，尤其是对奴隶的压

188

⑬ *De civitate Dei* 15. 1.
⑭ *De civitate Dei* 18. 2. 也参见 19. 17。
⑮ *De civitate Dei* 19. 21.
⑯ *De civitate Dei* 19. 13 - 14.
⑰ *Epistulae* 113 - 115.

榨,尽管奥古斯丁承认这种制度的存在有上帝的许可,但是他依然
为这种制度深感痛心。⑱ 然而,这也属于人类堕落之后的状态,他用
可怕的言辞描述了这件事:

> 人们被其他人掳掠、奴役,他们被戴上锁链囚禁起来,
> 被流放、折磨,四肢被砍掉,器官被毁坏,身体被残忍地误
> 用以满足压迫者卑鄙的欲望,许多这种恐怖行径频繁发
> 生……人不可能从这种悲惨的人生、这种人间地狱般的状
> 态中解放出来,除非透过我们救主基督的恩典,基督是我
> 们的上帝和我们的主。⑲

人类的状况岌岌可危,而且可能会发生一种恐怖的情形,即如
果让压迫者随心所欲,他们可能会行出更大的恶——这也让奥古斯
丁采纳了所谓的"正义战争"理论("just war" theory)。如果一方的
恶少于另外一方,恶比较少的这一方就可以攻打另一方,而且原本
非法的行为(比如说杀戮)现在成了合法的。应当注意,奥古斯丁就
是在这种背景下,才认为有时候战争可以**被视为正义的**(justified),
但是他从不认为战争本身是**对的**(right)。在更大的画面中,地上之
城只是通过这种方式在这个堕落的世界中模仿天上之城的秩序和

---

⑱ *De civitate Dei* 19.15.
⑲ *De civitate Dei* 22.22.

公义。⑭

　　另一方面,天上之城的子民在心理上和属灵上都活在一个不同的宇宙中,即便他们暂时被流放在地上之城。他们不在乎为自己树碑立传,他们是正在赶往其他地方的天路客——一千二百多年之后,约翰·班扬(John Bunyan)在《天路历程》(*The Pilgrim's Progress*)中也采用了这一主题,这一主题因此名垂青史。所以,基督徒面临的问题非常清楚。我是花时间和精力建立今世的王国,还是将我的情感寄托在他处,并甘愿承受相应的结果呢? 奥古斯丁引用诺拉的保利努(Paulinus of Nola)所做的祷告来支持他对信徒发出的这种挑战。保利努被蛮族折磨的时候,就祷告说:"主啊,请不要让我为金银而受折磨,因为你知道我的财宝在哪里。"⑭对于初次读到这些话的人,保利努的经历非常有吸引力,奥古斯丁引用这些话也产生了很大的力量和果效。

　　虽然上帝之城位于天上,但是对奥古斯丁而言,这并不意味着今世的生活当受鄙视。世上的信徒活在两个世界中:在一个层面上,他是地上的客旅,活在不敬虔之人中间,并且信靠上帝而得到救恩;但是在另一个层面上,他坐在天上,永远活在上帝之爱的保护之中。⑭从属灵层面上来讲,今生是孩童时期,等到了天堂就长大成人了。天上的生命与现在的生命在许多方面都会有差异,但天上的生

---

⑭ *De civitate Dei* 1. 20 - 21.

⑭ *De civitate Dei* 1. 10.

⑭ *De civitate Dei* 1, preface.

命也是我们现在经历的延续,却更丰富、更深刻。⑭

　　如果我们照我们所应当的那样接受这种视角,我们今世的生命就会发生深刻的变化。这不是一个优先选择教会而非国家的问题。这种选择及其有时候会带来的冲突,都属于今世,而非来世。地上的教会是传讲上帝国度的工具,但是绝不能将地上的教会与上帝的国度等同。我们可以做国家的仆人,但是我们必须保留自己的权利,在有必要的时候发声反对国家。涉及伦理方面的抉择时,我们不能决定何为善、何为恶,我们只能决定何为对、何为错。这之间的差别就是,前者是绝对的区分,而在这个相对的世界上不可能做出这种绝对的区分,而后者则呼吁我们采取实际行动——即我们在当前处境中必须怎么做。我们不可能知道自己的做法最终会带来什么结果,但是那并不表示我们不需要照着我们的良心和判断去做事。⑭

　　罗马的衰亡也让奥古斯丁有机会考察人类生活和行为的真实价值,他能够看到我们的存在是何其微不足道。20 世纪出现了很恐怖的行径,加上现在一个人就有可能按下一个按钮毁灭整个星球,这都让我们以一种新的形式认识了这一点。19 世纪对"进步"抱有一种乐观主义的信念,而现在这种乐观主义依然没有消失。但是像罗马一样,这种乐观主义也遭到了洗劫,其最终的破灭是显然的。

---

⑭ *De civitate Dei* 14. 4.
⑭ *Epistulae* 138.

属肉体之人反对这种结论，并且牢牢抓住这个正在衰亡的世界，因为他们没有其他选择。但是上帝的儿女知道，如果地球毁灭的那一天到了，他们永恒的命运不会因此受到影响。这是福音的盼望，是上帝给他所爱之罪人的应许，也是地狱之门永远无法胜过他们的确据（太 16:18）。

第五章　今日奥古斯丁

奥古斯丁的名声

毫无疑问,奥古斯丁是最伟大的拉丁(或西方)教父。在他之前也有一些伟大的教父,如德尔图良和西普里安,尽管德尔图良在神学上的健全性(soundness)令人怀疑,而西普里安又因为殉道英年早逝。在奥古斯丁的同代人当中,有普瓦蒂埃的希拉利这样的人,奥古斯丁就是通过他们学习到了希腊(或东方)基督教传统;还有马里乌·维克托里努这样的人,他们让奥古斯丁了解了新柏拉图主义,也了解了如何调和新柏拉图主义与基督教信仰。奥古斯丁自己认识米兰的安波罗修,也和哲罗姆通信,后者是圣经武加大拉丁文译本的译者。神秘的"安波罗修注释者"对保罗书信做了出色注释,过去人们以为这人就是安波罗修。虽然从奥古斯丁表达的一些观点来看他们二人经常在相同的圈子里活动,但是我们并不确定奥古斯丁是否认识他。奥古斯丁很熟悉帕拉纠的作品,后者的圣经注释冠以哲罗姆和卡西奥多若(Cassiodorus)之名流传下来,以免被当作异教产品消灭。① 下一代人当中有利奥一世,名前常被贯以"伟大的"

---

① 似乎奥古斯丁的第三本著作 *De peccatorum meritis et remissione* 和他的 *De spiritu et littera* 都是为了回应帕拉纠所写的《罗马书》注释。对于这种论点,参见 Isabelle Bochet,"*Le firmament de l'écriture*": *L'herméneutique augustinienne* (Paris: Institut d'études Augustiniennes,2004),54 – 85。

(the Great)一词；他是罗马主教，在奥古斯丁还活着的时候，利奥一世发挥了关键的作用，解决了困扰东方教会的基督论问题。还可以列出其他许多名字：诺瓦替安（Novatian）、拉克唐修（Lactantius）、普鲁登提乌（Prudentius）、诺拉的保利努等人。但是不论他们的作品多么吸引人、多么重要，都无法和奥古斯丁作品的重要性相提并论。

原因之一就是奥古斯丁的作品体量巨大。即便不算那些在历史的长河中遗失的作品，奥古斯丁的作品数量依然非常庞大。他写作的兴趣范围也非常广泛。在这方面，只有德尔图良能与他匹敌，只是德尔图良——尽管他详细论述了许多神学、哲学和社会学方面的问题——没有写过圣经注释，也没有留下任何信函或讲章。他的作品个人特色鲜明，因为读他的作品时可以非常确定作者就是他，但这些作品却极少告诉我们他本人的情况。我们知道，他讲话犀利，能够想出令人难忘的用词，但是我们不知道他什么时候（或以什么方式）成了基督徒，他活了多久，他是否一直是迦太基教会忠实的成员。大多数人都一度认为他非常同情发源于小亚细亚的孟他努主义运动（Montanist movement），从而和他本地的教会断绝了关系，但是，尽管 4 世纪的迦太基确实有一个小的德尔图良主义派别（奥古斯丁让他们与主流教会和解了），这一结论仍是不确定的。

从我们今天有利的位置来看，德尔图良发出了非常有力的原创之声，但他缺少身体——姑且这么说吧。我们只能听到他的声音，却不知道他长什么样。奥古斯丁却不同，他给我们留下的印象是一个完整的人,我们非常清楚他这个人,同时从他作品的背景中我们也能看到他的思想。我们不仅知道他所说的,也知道他为何这样说,以及(许多情况下)他的会众和同时代的人在多大程度上接受他所说的。简而言之,他是唯一我们可以为他写严肃传记的古代基督徒作家。从这种意义上来说,早期教会中再没有人可以像他这样接近我们。

奥古斯丁也很幸运(如果可以用幸运这个词的话),因为他是希罗时期(antiquity)的最后一代人。他去世之后,虽然西方拉丁语世界的一些人仍然可能得到良好的古典教育,正如波埃修(Boethius)、卡西奥多若和大格列高利(Gregory the Great)的事业所提醒我们的那样,但他们都只是例外。因为古罗马的世界不再有可供大量受过教育的公众热切辩论哲学和神学的城市中心。在前基督教时期的文学宝库中受过熏陶的人也越来越少,所以对古典的引用就越来越像对牛弹琴。对许多人而言,奥古斯丁——尤其是《上帝之城》——成了一个透镜,可以让他们借此看到过去发生的事。他就是资源,他就是知识的百科全书,通过他可以了解整个异教和基督教在希罗时期的精髓。

奥古斯丁这种影响力的主要证据就是他的作品发行广泛。可以确定他有些作品已经遗失,但是考虑到他作品的体量巨大,单是流传下来的就令我们印象非常深刻。有一两部作品流传下来可能是偶然,但是他那些伟大的作品能够非常完整、没有删减地流传下来,就不能说是偶然的了。这些作品之所以流传至今,是因为在比

较容易让作品得到保存的印刷术发明之前，他的作品就已经流传了
一千年。即便有时候并不确定后世的作者在多大程度上直接倚赖
奥古斯丁，但是他的思想一直都在，因此他的影响力也不可能消失。
这方面进一步的证明就是，1150 年彼得·伦巴德（约 1090－1160
年）出版了他的《四部语录》。彼得以拉丁教父的作品为基础，着手
编写系统神学，而奥古斯丁是他主要的（虽然不是唯一的）资源。从
此之后直到 16 世纪，西欧的每一个神学教师都会讲《四部语录》，并
且以这本书的内容为题写专题论文。

　　结果就是，从来没有完整地读过奥古斯丁的小册子的人，开始
熟悉他的思想并引用他的话——虽然有可能会脱离上下文，或服务
于各自不同的意图，但这确认了奥古斯丁作为权威的重要性。比
如，读约翰·加尔文（John Calvin）的《基督教要义》（Institutes）的人
可能马上就能明白这一点。奥古斯丁是除圣经之外被引用最多的
古代资源，远远超过其他的资源，虽然任何人只要愿意亲自去看原
文，都可能会怀疑加尔文对奥古斯丁的引用是否合适。因为加尔文
与他那个时代的其他人一样，都会按照自己的需要引用奥古斯丁所
说的，而很少关注奥古斯丁原作的背景。

　　只有到后来人们才有了背景的意识，18 世纪出现了历史意识和
"客观的"学术。当时，出现了新的权威——路德、加尔文、托马斯·
阿奎那，他们取代了奥古斯丁，尽管他们几乎全都非常倚重奥古斯
丁的作品，离开了奥古斯丁，人们就很难理解他们。公正地说，在现
代有关基督教信仰的辩论中，奥古斯丁被西方基督教的所有分支用

来支持自己的教义和教会论。罗马天主教的学者有时候很吃惊地发现奥古斯丁竟然如此倚赖圣经，而新教徒往往发现奥古斯丁的"天主教倾向"让他们觉得有些不适。但是这两方都愿意引用他，也都在他的作品中发现有许多他们认同之处，所以才一致尊他为信仰上的先辈。

同时，只有较少的人表示重新回到奥古斯丁那里可以消除基督教世界的分裂。事实上，新教徒与罗马天主教徒之间的许多辩论，都涉及对奥古斯丁神学的不同方面的争议。这些不同的方面所引发的问题，显然奥古斯丁从未意识到；这些问题可能揭露了他作品中的内在矛盾，但他却对此毫无察觉。这就是他伟大的标志，虽然它也提醒我们，现在不可能重新回到一个从未存在过的"黄金时代"。

应该说在当时，虽然奥古斯丁的神学奠定了之后西方传统（包括新教和罗马天主教）的根基，但是东方大多数人对他仍然一无所知，大多数现代东正教作家（如果愿意考虑他的话）视他为外来的入侵者。他们声称奥古斯丁对他那个时代的希腊神学知之甚少，所知道的也都存在误解。在《论三位一体》这部作品中，奥古斯丁承认自己对 *ousia*（being，存在）和 *hypostasis*（substance，实体）这类词语的希腊语含义感到困惑，因为他认为这两个词说的是同一件事，只是很明显用法不同而已。4 世纪后期的希腊语作家可以合理地将三位一体说成是同一 *ousia*，三个 *hypostasis*，但是说拉丁语的人如果说"三个实体中的同一存在"（one being in three substances）就让人难以理解。② 这是术语学问题，问题的原因就在于在奥古斯丁时代，有关基督论的论文中所使用的词语缺乏公认的定义。我们不应当据此推测说奥古斯丁不明白希腊语说的是什么，他不清楚的是如何选择词汇。在针对三位和三位在**一体**里面的联合所做出的基本区分上，不存在任何实质性的误解或分歧。

问题在很久之后才出现，因为虽然奥古斯丁掌握了一些希腊神学，但希腊人对他却一无所知。他们不知道他提出的"上帝是爱"的观念，而这种观念决定着他有关三一关系的教义。他们也根本不知道他提出的心理学类比——不论这是好是坏。直到大约 1282 年，《论三位一体》才最终翻译成希腊语，这时距该书成书的时间已经过了八百五十多年，此时的背景也发生了很大的改变。13 世纪晚期的希腊神学家不得不面对东西方教会重新联合的问题，这意味着要掌握当时看起来非常复杂的拉丁神学。这是因为他们直接面对的托马斯·阿奎那这类**现代**拉丁神学家如此倚重奥古斯丁，所以他们不得不重新回过头来研究他，试图理解他的意思。结果就是，奥古斯丁突然间在希腊语世界中变得非常有影响力，而且在 14 世纪的大部分时间里一直保持着这种影响力，只是现代的东方教会不太愿意承认这一点。

主要受政治方面的影响，东西方教会的重新联合注定要失败，从而也会导致对西方神学的拒绝，而奥古斯丁被视为西方神学的典

---

② *De Trinitate* 5. 10.

型象征。换句话说,东方教会重新研究他主要是出于政治考量,同样东方教会放弃他——指责他——也是出于相同的原因。只有现在,我们这个更加和平、更加注重普世性的时代,一些东正教的神学家才开始重新审视这种态度,并且在这个过程中重新发现他们历史中已经被遗忘的一段插曲。③

在现代,从西方视角对奥古斯丁做出的审视不太可能陷入宗派方面的争论中,尽管这种教会合一运动(ecumenism)是最近才出现的一种现象。比如,F. 凡·德尔·米尔(F. van der Meer)在其他方面研究颇出色的著作《主教奥古斯丁》(*Augustine the Bishop*,1961年该书英译本问世)没有区分奥古斯丁的"大公主义"(Catholicism)与他自己所属的罗马天主教。这也导致凡·德尔·米尔把新教徒、摩尼教徒和多纳徒派归为一类,并且将奥古斯丁跟 16 世纪和 17 世纪的教皇捍卫者相提并论,奥古斯丁当然不属于这类人。④ 最近以来,路德宗的学者马克·埃林森(Mark Ellingsen)试图开辟出一条新的路径,好让教会各派的人都能放心地阅读奥古斯丁的作品,不过他是倚赖奥古斯丁的"多样性"来实现这一点。⑤

用这种或那种方式对这种普世教会合一的尝试下断言,可能还

---

③ 参见 Aristotle Papanikolaou and George E. Demacopoulos, eds. , *Orthodox Readings of Augustine* (Crestwood, NY: St Vladimir's Seminary Press, 2008)。

④ Frederik van der Meer, *Augustine the Bishop: The Life and Work of a Father of the Church* (London: Sheed and Ward, 1961).

⑤ Mark Ellingsen, *The Richness of Augustine: His Contextual and Pastoral Theology* (Louisville, KY: Westminster John Knox, 2005).

为时尚早。但是，对近期奥古斯丁相关文献的调查表明，宗派方面的问题已经基本上消失在幕后，并被其他东西所取代——即两种人的分野，一种是公开自己身份的基督徒，另一种是那些研究进路受一般所谓世俗化（secularization）影响的人。

一方是按照奥古斯丁明显的身份——基督教的一名讲道人和护教家——来看待他的人，以及支持这种观点的人，不过他们是基于比较客观的学术基础来为自己的观点辩护。⑥ 罗马天主教对现代的奥古斯丁研究影响颇深，部分原因在于奥古斯丁研究院（Institut d'Études Augustiniennes），这家研究院与巴黎天主教研究院（Institut Catholique de Paris）有一定的关联，推出了有关奥古斯丁和相关教父主题的出色论文。

另一方是视奥古斯丁的宗教维度多少有点尴尬的人，但是他们也承认，必须认真地将奥古斯丁作为心理学家、政治分析家，甚至历史学家来看待。结果，现在已经能够将奥古斯丁《论三位一体》的部分内容作为哲学史教科书中的文本，而前七卷因为太偏神学，被认为跟哲学史"无关"，没有收录。⑦ 可怜的奥古斯丁在坟墓里一定是辗转反侧！最近，甚至有一本传记也用同样的方式看待奥古斯丁，将他塑造成一个追求真理的现代人，而没有按照奥古斯丁对自己的

---

⑥ 比如，Michael Cameron, *Christ Meets Me Everywhere: Augustine's Early Figurative Exegesis* (Oxford: Oxford University Press, 2012)。Cameron 博士是罗马天主教徒，但是（与 F. van der Meer 不一样）他在认信上的忠诚只被保留在了背景中。

⑦ Augustine, *On the Trinity*, ed. Gareth B. Matthews, trans. Stephen McKenna (Cambridge: Cambridge University Press, 2002).

认识来看待他——他是寻找且寻见了真理，又传讲这真理的人。⑧

　　通过比较上一代出现的两本研究奥古斯丁的指南，可以看出现代学术上的这种转变。第一本是 1955 年问世的作品，由罗伊·W.巴滕豪斯(Roy W. Battenhouse)编辑。十六位撰稿人中有十五位明确是神学教师或在职牧师。他们都是新教徒——事实上大多数人都是圣公会的——但这种信仰背景并不会给他们的写作带来不良影响。⑨ 在更近的一段时期内，十六名编者共同完成了第一版《剑桥奥古斯丁指南》(*Cambridge Companion to Augustine*)，而这十六个人的身份不易确定。⑩ 只有四个人可以被称为神学或宗教学教授，其他人大多都是哲学教授。我们不清楚他们当中有多少人可以被称为践行信仰的基督徒，不过至少有四人是天主教徒，一人是路德宗信徒。总的基督徒人数可能更多，但是很重要的一点就是，在针对这些编者的简要介绍中并没有提及信仰这一主题。在 2014 年问世的第二版，十五名编者当中的九人都是罗马天主教徒，一人是路德宗信徒，剩余的人当中只有一人对基督徒相关研究有专业上的兴趣。⑪ 但是，虽然第二版的编者比第一版的编者在宗教上的个人忠

---

⑧ Miles Hollingworth, *Saint Augustine of Hippo：An Intellectual Biography* (Oxford：Oxford University Press，2013).

⑨ Roy W. Battenhouse，*A Companion to the Study of St. Augustine* (New York：Oxford University Press，1955).

⑩ Ed. Eleonore Stump and Norman Kretzmann (Cambridge：Cambridge University Press，2001).

⑪ Ed. David Vincent Meconi and Eleonore Stump (Cambridge：Cambridge University Press，2014).

诚度更高,第二版依然保持了"客观的"研究方法,回避了信仰方面的偏好。现在这种方法似乎成了标准。最近国际上针对《论三位一体》的一次研讨会也明确证明了这一点。虽然该书的许多编者都是非常活跃的基督徒,要么是新教徒要么是罗马天主教徒,但是所出版的作品中根本没有提及这一点。⑫

　　这种明显"中立的"做法可能也有优点,可以避免让教会中对奥古斯丁有异议的人受到试探,比如有些人不认同奥古斯丁的预定论、原罪说、"正义战争"理论,因此就批评他或试图将他抛在一边。不论我们喜欢与否,奥古斯丁都是世界史上最伟大的人物之一,即便我们在这个或那个观点上跟他有分歧,也不能改变这一点。在现代流行的研究奥古斯丁的方法中,这一点也得到了承认,所以没有人试图对奥古斯丁的信仰发起神学上的反驳,他们(往往)愿意将他的信仰原样呈现出来,由读者自己来判断。很少有人会全盘接受奥古斯丁的观点,如果奥古斯丁成了新"基要主义"(fundamentalism)的焦点,那将是非常荒唐的。但是,如果拒绝奥古斯丁所说的,假装他说的根本不重要,也不会带来什么好处。在过去非常长的时期内,有那么多人如此重视他,这使得漠视他成为一种无效的选择。人们会继续从多种不同的角度来阅读奥古斯丁的作品,他的作品不会被人置于一旁不闻不问。他的作品太重要了。

---

⑫ Emmanuel Bermon and Gerard J. P. O'Daly, eds., *Le De Trinitate de Saint Augustin. Exégèse, logique et noétique* (Paris: Institut d'Études Augustiniennes, 2012). 甚至 Rowan Williams 所写的序言中也没有提到他之前担任过坎特伯雷大主教!

奥古斯丁的遗产

今天,奥古斯丁对我们意味着什么? 奥古斯丁的生平和著作对当代基督徒生活有什么启发,奥古斯丁的思想有多少是出自奥古斯丁本人? 他是仅仅在重复前人的思想,还是开辟了新的路径,至今依旧让现代教会受益?

毫无疑问,对我们而言,奥古斯丁在许多方面都显得——或可能被人弄得——古怪且与我们不相干。他使用的语言现在已无人再用,他生活的世界距我们的世界也非常遥远。可是如果我们因此就忽视了奥古斯丁,那我们也有理由忽视圣经的见证人,因为他远比我们更接近圣经(尤其是新约圣经)。他所处的社会环境也令我们感到很陌生,因为当时实行的是等级制。当时婚姻和家庭问题全凭父母定夺,即便成人也是一样,这一点可以从奥古斯丁自己的身上得知。现今我们怎么可能会期待一个三十二岁的男人,在这类事上唯父母之命是从呢? 虽然今天在一些第三世界国家可能还会有这种事,但对于身处发达工业社会的大多数人而言,奥古斯丁的生活方式和家庭习俗实在是古怪离奇而又不合时宜。首先,他相信独身是上帝为他选定的道路,即便这意味着放弃他交往多年的情妇,即他儿子的母亲,他也在所不惜,这在我们现今大多数人看来匪夷所思,甚至冷酷无情。

显然,我们无法让时光倒流,重回一千六百年前。虽然我们从古罗马的废墟中也能对这一帝国有所了解,但这依然不能取代在古罗马生活的体验。我们真的无从知晓生活在古罗马帝国末年会是什么样的感受，我们也同样不得而知，如果处在奥古斯丁的境况中，我们会怎么做。我们可能会想，我们要像现代人那样做事，但这几乎是不可能的。如果我们真的与奥古斯丁生活在同一时代，那么影响他的事物势必也会影响我们，我们行事的方式也会更像奥古斯丁，而不会像今天的我们。每个人都受自己所处时代背景的影响，所以，如果按照我们和同代人的标准去判断那些在这许多方面都与我们截然不同的人，就显得有失公允。从现代的视角来看，我们可能喜欢奥古斯丁所做的，也可能对他的行为感到漠不关心（或感到困惑），甚至更可能敌视他的某些主张。倘若生活在奥古斯丁的时代，我们是否还会有同样的感受？对此我们不得而知。所以，凡是我们无从知晓的事情，都不当妄下断语，我们要做的，就是专注于我们与他共同秉持的原则，无论我们与他应用这些原则的处境差异有多大。

与上帝的关系

我们首先从奥古斯丁身上发现的，就是他注重**个人与上帝的关系**。起码从一种官方的、公开的意义上而言，他所生活的世界在迅速演变为基督教世界。他本来很容易就可以随大流，他同时代的很多人也都采取了这种做法。公元 380 年以后，基督教变成了官方宗教，有志进入统治阶层的人都要皈依基督教。但是，奥古斯丁没有因为这一点就归信。成年之后的奥古斯丁开始在当时的世界自食其力,而那个时候罗马帝国已经颁布敕令要求正式推进整个帝国的基督教化,但是奥古斯丁并没有加入进来。他并不像当时许多知识分子那样特别敌视基督教信仰。他对属灵的事物也不冷漠。他是一个追求真理的人,愿意不惜一切代价寻找真理,这一点从他花了很多年的时间在摩尼教上也可以看出。他并没有因为比较陌生的教义(在传统罗马人看来,基督教的诸多信念往往就是这样的)是外来的就避而远之。

奥古斯丁也没有轻视他成长过程中从基督教受到的影响,更没有拒绝教会。从他敬虔的母亲那里,奥古斯丁学到了很多,在之后的生活中,他也为此而深深地感激母亲。他偶尔会去教会,也特别享受唱诗。在米兰,他甚至去找当时一流的基督教知识分子兼讲道人安波罗修,坐在他的脚前。但是尽管如此,他没有成为基督徒。不过他确实加入了要理问答学习班,希望对基督教有更多了解,也为最后的受洗做准备。基督教信仰与生活中这些外在的标志也占有一席之地,因为日后他的眼睛最终打开的时候,这些标志就成了一种结构,可以支持并引导他。但这并不是他归信的原因。

奥古斯丁承认,当上帝的圣灵在他心里动工之后,自己就成了基督徒,在这之前他并不是基督徒。这种动工不都令人感到愉快。他必须面对自己有罪且自己根本没有能力自救的事实。他不得不承认,除了信靠耶稣基督之外,自己没有其他任何盼望,因为耶稣基督已经为他的罪付上了死的代价。他也不得不认识到,成为基督徒就是进入与上帝儿子的团契,在一种比较深的个人联结中与他联合,这种联结取决于个人的认信,而非外在的支持或传统。从始至终,他的信仰都是与上帝同行,而这种关系只能被说成是两个灵之间的对话,这也是他的《忏悔录》采用的构思。刨除这一点,就没有什么可说的了——没有可以认信的信仰,也没有可以去过的生活。

奥古斯丁将他在基督里与上帝的这种位格性关系放在认信的核心位置,借此他定下了一条标准,这条标准成了以后教会生活的根基。我们可以有自己所喜欢的各种上层建筑,但是如果那些知道自己已经蒙上帝恩典拯救的个人在生命上没有转变,这一切就都没有任何价值。我们自己的经历与奥古斯丁相比可能有很大的差别,但是所有真信徒都能看出他在讲述自己经历时强调的核心问题。奥古斯丁对这方面的讲述非常清晰、连贯,可谓前无古人、后无来者,也正是因为这一点,他的见证才一直在整个基督教世界占有至关重要的地位。

普世教会

接下来就是他**对教会的忠诚**。奥古斯丁知道,尽管每个基督徒都应当有不倚赖外在礼仪和传统的个人信仰,他仍然属于普世教会。在他那个时代,这一点比现在更简单,因为当时实际上只有一个世界性的教会。当然那时也有不同的宗派,但这些宗派都是地方性的。多纳徒派在北非之外没有追随者,但是奥古斯丁的会众到任何地方都会被接纳为基督里的弟兄姐妹。这种普世性或"大公性"非常重要。基督徒不能离开现有的教会开创自己的教会,仿佛全世界都找不到一间真正适合他们的教会。建立新的堂点也可能会有充分的理由，但是这些堂点应当与其他教会保持团契关系，而不能自绝于他们之外，仿佛其他教会都没有他们出色、纯全。当然，现代的宗派主义让情况变得更加复杂，我们只能悲哀地承认，现在并不是每个信徒都会在所有地方受到欢迎。但是也必须承认，最近普世教会合一的精神（如果不是官方的普世教会合一运动）大踏步前进，各宗派的基督徒对彼此的接受度甚至超过了之前的一两代人。

多纳徒式的宗派主义应当受到谴责，但是教会也要防备虚假的教导。奥古斯丁不相信受洗或按立圣职足以让一个人被其他教会成员所接纳；凡是想加入一间教会或在教会内服侍的人，都要认信圣经中所规定的、教会信条中简洁陈述的正统信仰。异端可能会受洗，并声称具备各种外在的服侍资格，但是如果他们没有传讲福音，就会被拒绝。

今天主流教会（mainline churches）最大的问题就是，它们允许自己在教义上多样化到一个地步，以至于许多传道人不再认信从前一次交付圣徒的真道（犹 3）。他们可能也会走个过场，但是由于他们没有基督的心，所以这一切都没有意义，也是无效的。真信徒必须拒绝这样的传道人。尽管主流教会深受罪和异端邪说的折磨，但这并不能成为完全放弃它们的借口。根本不存在纯全或完美的教会，那些试图建立这样教会的人已经用惨痛的代价证明了这一点。在每一个地方，麦子和稗子都在同时生长，直到收割的时候；只有到末后审判的时候绵羊和山羊才会被分别开。这种不能离开教会的理由首先是由奥古斯丁明确提出的,他的逻辑在今天依然非常有效,和当时一样。

罪与无能

奥古斯丁比任何人都更清楚地让我们看到,**人类处在与罪的联合之中,悖逆上帝,无法自救**。当然,这也是圣经的原则,只是出于种种原因,初代教会对这方面没有给予足够的强调。有一种很强的观念认为,应许赐给古代以色列人的救恩,已经透过基督赐给了全人类,所以现在每一个人都有机会得救。当然,从理论上说,每个人都会认同这是上帝的工作,只不过人们很容易认为,人类也能够回应上帝,与上帝合作。总的来说,就是上帝会帮助那些自助者,叫有意得救的人因此获得犒赏。人的努力不应该受到嘲笑,而应加以鼓励,因为付出最多的人,收获的益处也最大。

在奥古斯丁所处的时代,殉道逐渐成了基督教信仰的一个核心元素,这种对殉道者的膜拜,强化了上述趋势。殉道者是那些为基督献上一切的人,透过殉道,他们在天上的奖赏就有了保证。极端情况下,这甚至会叫人主动寻找殉道的机会,好获取得救的确据。基督教合法化之后,日常生活经历中不再有殉道的机会,所以就需要寻找一个替代品。这个替代品就是禁欲主义——持续不断地"殉道",也被称为治死肉体。就算基督徒无法被罗马刽子手杀死,他起码可以禁食,放弃地上的财产,过独身的生活,抵挡来自世界的欲望,以求获得永生。

　　奥古斯丁并不反对这种行为，他反对的是这种行为背后的神学推理。虽然禁欲主义可能对灵魂有益，但和其他任何一种人的努力一样，它并不能使人的灵魂得救。救恩是上帝出于自己的恩典，赐给那些创世以先即蒙拣选之人的礼物。我们不知道谁是蒙拣选的人，也无法解释一些人蒙拣选而另外一些人却不蒙拣选的原因，但上帝就是以这种方式施行他至高的旨意，我们必须降服于他的审断。

　　与基督相遇的人都明白，他们一定要完全信任他，绝不倚赖自己的努力、品格或财产，方能得救。他们以基督徒的身份所做的一切，都是上帝吩咐他们做的，但只有在上帝透过基督与其子民所建立的关系之下，所做的这一切才有意义。只要这种关系对了，基督徒所做的一切都会得到上帝的赦免，哪怕这个基督徒的生活不够好，结的果子不够多，也没有影响。但是，如果这种关系错了，即便是做"好"的事，也没有任何益处，因为它们缺少正确的背景和理由。

　　正如奥古斯丁所解释的，这项教义对他那个时代的许多教会都是一个严峻的挑战。很多人没有认识到，人人都生在罪中，虽然人的罪行是在出生之后才出现的。这意味着婴儿不是无罪的，无法自动上天堂——这在当时是很重要的一种观点，因为当时婴儿死亡率极高。任何人在成长的过程中都绝不可能不犯罪。同时，罪也不是人性中固有的东西。因为如果是的话，上帝的儿子就不可能道成肉身，成为无罪的耶稣基督了。由此可以断定，我们现在所认为的人性，实际上并不是天然的人性，而是反常的人性。耶稣的生平和受死让我们看到，人是有可能脱离罪的，但这只有在人与复活的基督

202

联合、向自己死并重生之后，才可能发生。脱离罪并不意味着罪被
废除了，因为只要我们还处在肉身当中，我们就会以亚当后裔的身
份继续活在地上之城，即世界当中。但脱离罪也确实意味着我们的
罪不会算在我们头上，因基督的宝血已经为我们付了罪的代价，这
在奥古斯丁眼中就是上帝在世上做工的最高峰，也是我们信仰的真
正焦点所在。

身为基督徒，奥古斯丁相信他并不是因为自己所做的任何事得
救，而是因为基督已为他死。帕拉纠相信，堕落之人里面仍然有一
些残余的善可以回应上帝的邀请；这听起来虽然很吸引人，却是错
误的。人所做的每一件事都受到内在罪性的影响，世上没有一个部
落或民族可以逃脱这种咒诅。奥古斯丁没有去陌生的地方寻找没
有受到文明腐化、因此可以被视为无罪的原始部落。这曾经是罗马
历史学家塔西佗（Tacitus）的谬见，他认为日耳曼和不列颠的蛮族人
在文明上尚未开化，因此他们远胜过罗马人。这也是卢梭（Jean-
Jacques Rousseau）等启蒙运动思想家的谬见，卢梭将“高贵的野蛮
人”（noble savage）这种观念用在北美印第安人身上。即便今天，也
有人声称“西方化”（Westernization）是一种令人堕落的影响，应该让
非西方人自己选择他们的道路。

基督教宣教士常常被视作大脑有问题，因为他们拒不认为他们
想向其传福音的人有内在的良善。有时候在别人看来，基督徒因为
自己的信仰高傲自大，自认为高人一等。对于这种批判，奥古斯丁
的神学给我们提供了一种清晰、令人信服的解答。基督徒绝不比任

何人更优越;世人都犯了罪,亏缺了上帝的荣耀(罗 3:23)。非基督徒的情况之所以更糟糕,并不是因为他们比基督徒更邪恶,而是因为他们没听过或者不相信救恩的好消息。这就好比说,一个不接受治疗的癌症病人比接受治疗的癌症病人更糟糕一样。虽然他们基本的问题都一样,但是一个人得到了医治,另一个人却没有。在这种情况下,唯一真正充满爱的表达方式就是要说,每一个人都可以得到医治,没有任何差别。并不是每个人都希望得到医治,但那是另一个问题,也是我们无法解决的。人类灵魂中的属灵挣扎只有上帝才能让人胜过,但是为何他在有些人里面施行医治的神迹,却不在另外一些人里面施行,这仍然是个奥秘。但是,我们不能充分理解这一点,并不能成为拒绝它的理由。在我看来,说"我不想得到医治,因为有些人还没有得到医治",这透露出一种假谦卑,这样的谦卑等同于不信。真正基督教的方式是先接受医治,然后向世人传讲;就像机组乘务人员在示范安全防范措施时所说的一样,"自己先戴上氧气面罩,再帮助其他人"。这不是只能两者择一,而是可以两者都选,即那些已经得救的人蒙召向那些失去盼望的人传讲,好让他们一起得救。

圣经,上帝的话语

奥古斯丁还让教会知道,**上帝的话语只能来自圣经而不能来自其他任何地方**。对奥古斯丁而言,这种观念并不新鲜,至少圣经本身隐含了这一点。但是这种原则很难付诸实践,直到圣经正典确定,大家认为不会再有圣经书卷出现之后。使徒们有希伯来语圣经,并且用希伯来语圣经讲道、教导,但是不久之后初代教会却使用使徒们的作品来讲道、教导。很难说这是使徒的做法,因为举例来说,保罗不可能使用他没有的四福音书!但是不久之后,使徒书信全集就成了新约正典。这一过程在 2 世纪就已经开始,尽管两百多年之后才完成。事实上,奥古斯丁是第一个列出圣经正典书卷名称的人。他的新约跟我们的一样,但是他的旧约却包含了我们现在所说的次经或伪经,这些内容在希腊语七十士译本中有,但是在希伯来语圣经中却没有。他的这种做法是错误的,并且因此与他同时代的哲罗姆陷入了争论,哲罗姆是伟大的圣经学者,翻译了最终的拉丁语圣经,即我们今天所说的武加大译本。但是上帝启示的圣经正典书卷是固定的这一观念,直到今天依然是所有教会的教导。

　　奥古斯丁不熟悉圣经原文,也接触不到足够的圣经文本资源,因此吃了不少苦头。结果,他写的圣经注释往往会有错误,也难以令人信服。但是,由于他能够认识到圣经是上帝所赐下唯一的、支配一切的信息,所以这些细节上的错误并没有看起来那么严重。奥古斯丁对任何一节经文的解释,都与整本圣经总的见证没有冲突。比如,他虽然声称“上帝是爱”,但这并不妨碍他承认有地狱里的永刑,这点耶稣亲自警告过跟随他的人。无论怎样理解“上帝是爱”,都不能否认永刑的存在。奥古斯丁多次因为这种“上帝全备的旨意”的观念而避免了原本可能会犯的错误。我们也看到,奥古斯丁偶尔也会强行让他那里错误的经文跟全局相适应,从而将错误的经文解释"正确",哪怕他读到的经文明明不是那种含义!

　　奥古斯丁的全局意识对于教会而言意义重大,因为我们常常会有冲动,想脱离背景看圣经经文,并且以有悖于总体福音信息的方式使用这些经文。有时候也会有冲动,想引入圣经中所没有的、人的传统,并以这些传统来作为正统性的检验依据。比如,罗马天主教徒被要求相信教皇无误,但是圣经中根本找不到这样的教义。自由派新教徒(Liberal Protestants)声称,"性别平等"意味着男人和女人都可以担任牧职,这违背新约教导,但却往往被认为是"正统教义"所必不可少的,甚至被认为比相信基督身体复活还重要。奥古斯丁的方法就是为了防止这类偏差。神奇的是,尽管奥古斯丁的资源非常有限,他却取得了这么大的成功。当然,我们也不能总是听从他,如果我们可以证明他的解释错误,就要加以纠正,我们对所有的圣经解释者都要这样,没有人从不犯错! 我们要避免的是,因为他的局限而拒绝他,否认他确实可以教我们一些东西。他的结论不一定都对,但他的方法和原则却一直都非常奏效,即便这么多世纪之后依然如此。

　　不可避免的是,这引发了对寓意解经的质疑,许多现代解经家都认为这种解经方式是错的,但是奥古斯丁却很愿意使用这种方法。这里有一个真实的问题,我们必须坦诚面对。与古代和中世纪的大多数人一样,奥古斯丁在面对难解的经文时,很愿意诉诸一种更高的属灵意义,因为他们认为经文背后应当有这种含义。这就如同耶稣基督的神性对见过他的那些人并不明显,所以必须通过上帝

205

特殊的干预才能显露出来，比如彼得的例子；⑬同样圣经中上帝的信息也不是对每个人都很明显，所以也必须通过圣灵启示出来。

这本身并不令人反感。现今的不少人，包括许多一流学者在内，虽然读了圣经，却看不到任何属灵的价值。对有些人而言，圣经是一个部落的口头传说、神话和诗歌的合集——仅此而已。他们可能会梳理圣经中的线索，原因是他们想弄明白以色列人如何看待自己，或者第一批基督徒相信的是什么，而不是因为他们认为上帝在透过圣经向他们说话。结果就是，即便他们所说的从技术上来讲是对的，但却不是真正的解经。新旧约圣经之所以存留下来，是因为会堂（旧约时期）或教会通过圣经来聆听上帝对他们讲话。圣经的秘密只向那些靠着圣灵的大能降服于圣经的人显露。对那些听到并遵守圣经的人而言，圣经是永生的应许；对其他人而言，圣经仍是一本读不懂的天书。

今天的基督徒都认可这一基本真理，即便他们不认可用寓意解经来探求圣经真理的做法。但是在探讨这一解经方法之前，我们至少应该以谦卑的心态，认识到与此有关的两件事情。第一，像奥古斯丁这样的人并不是不加约束地使用寓意解经。他们相信基督教信仰的真理已经在圣经中清楚写明，也相信我们的教义必须基于经文的字面意思所揭示的内容。只有先这样做，寓意解经才会成为比较有价值的补充手段。寓意解经法可以发现经文中表面上看似比

---

⑬《马太福音》16：17。

较隐含的或看似不存在的圣经真理。换句话说,没有一项基督教教义是基于寓意解经。相反,是基于字面含义的教义催生了寓意解经。正统信条的存在或可靠性也不是基于寓意解经。其次,几乎一直以寓意解经法进行解读的经文,比如《雅歌》,可能就是要用这种方式来解读。当然我们必须承认,对于《雅歌》的任何非寓意解经都没有得到普遍的认可。可能有一天这样的解读会得到普遍的认可,但是在找到这样的解读之前,我们最好先不要急于批评那些诉诸寓意解经法的人,因为除了这种方法之外,他们找不到任何其他方法来解释他们所知道的上帝话语。

爱的三位一体

奥古斯丁让教会认识到**上帝是爱的三位一体**。上帝是爱这种观念当然不是奥古斯丁发明的,而是新约明确提出的(约壹 4:16)。三位一体的教义也不是奥古斯丁建构出来的,而是他从希腊和拉丁先驱那里继承下来的。但是他做了一件前人从未做成的事,即将这两者合起来。早期教会很难明白上帝怎能同时既是三又是一。通过很长的试错过程之后,他们才得出结论,认为上帝的一指的是上帝的本质,上帝的三则是表达他如何行事、如何与我们建立关系。但是,这是否意味着上帝的行为和关系跟他的存在一样都是永恒的?奥古斯丁着手认真考察这一主题大约一个世纪之前,阿里乌从比较消极的方面解答了这一问题。虽然阿里乌的教导被定罪,他这种邪说的某种版本依然得到许多人的认可。对他们而言,奥秘而又

207 不可接近的上帝的合一性,要比上帝被启示为圣父、圣子和圣灵这一事实更加根本。他们往往认为上帝就等同于父,而且争论圣子和圣灵是如何从圣父衍生出来的。但是,这就是 4 世纪的神学研究背景,那些为正统的圣经教导辩护的人,竭力证明上帝的第二和第三个位格与第一个位格一样是永恒的,也是固有的。

这种状况一直延续到奥古斯丁时代,奥古斯丁诉诸爱的原则来解决这一问题。爱不能独自存在,因为爱不是一种物品,也不是一种物品的属性。换句话说,如果没有可以供上帝去爱的东西,他就不可能是爱。但是,倘若可以让上帝去爱的东西不属于他自己,他就是不完美的。圣经并没有教导说,上帝需要受造界是为了有东西去爱;如果是这样,上帝离了受造界就不完整。所以奥古斯丁据此推论说,上帝必定就是自己里面的爱。在他看来,圣父是给予爱的那一位,圣子是被爱的那一位——在耶稣受洗的时候显露出来的"爱子"——圣灵则是在圣父与圣子之间流动、将圣父和圣子联结起来的那一位。此外,我们信徒也是在圣灵里面归于上帝,并且被上帝收养,从而可以分享上帝本性中的爱。

借着这样理解上帝,奥古斯丁不仅解释了三位一体,还让三位一体变得非常必要。没有三位一体的框架,上帝就不会是新约中说他所是的爱。奥古斯丁还说,三一上帝这种内在的必要性也可以从人的构造上看出来,因为人是按照上帝的形像和样式造的。我们的思想有记忆、理智和意志,这三者彼此可以区分却不可分割,而且,如果我们要按照给我们的呼召去爱上帝、邻舍和我们自己,这三者就都要发挥同样重要的作用。这一事实再次证明造物主和受造物的一致性，而且如果理解正确的话，它也能向我们揭示他内在的存在。

奥古斯丁三位一体的教义包含了整个关于存在（being）的哲学，这是前人从未做到过的。当然，他所提出的这一教义也许有可批评的地方，他在这方面的论述也并不表示这一主题已经盖棺定论。奥古斯丁写作的时候，**位格**（person）一词的定义还不够准确，所以他可以质疑这个词的恰当性。有时候现代读者也会以此作为证据，来证明**位格**一词不适合用来指神格的三个成员，但是奥古斯丁从来没有到这种程度。他承认这个词有其局限性，但是除非能找出什么别的词来，要不然就只能什么都不说！还有圣灵的问题，在奥古斯丁的构想中，圣灵的位格似乎弱于圣父和圣子。当然，这个难题根植于新约，因为在新约中，圣父和圣子是自然的一对，而圣灵似乎难以融入圣父和圣子这两者所形成的那个家庭结构中。还有一种观点认为圣父和圣子都是"圣的"，也都是"灵"，所以用圣灵来称呼第三个位格就等于承认第三个位格实际上是无名的。

现代的批评者，尤其是东方教会的批评者，都在这一点上指责奥古斯丁。他们认为这导致的结果就是第三个位格从属于其他两个位格，而这不仅扭曲了三位一体，还扭曲了教会的体验，因为这让教会觉得自己所归属的圣灵在级别上降低了。这种指责可能有一定道理，也可能我们确实有必要重新思想圣灵与上帝另外两个位格的关系这个问题，但是这不应该使我们轻忽奥古斯丁总体的见解。

三位一体是上帝之爱的共同体,而我们也成了这爱的一部分,这不仅是因为我们受造就是出于这爱,也因为这爱在我们得救的时候向我们敞开。这看起来无懈可击,对那些明白其重要性的人而言,这也是令人大得释放的真理。如果需要进一步的改善,那就进行改善,奥古斯丁也会接纳这种改善。但是,就像对待他有关其他主题的教导一样,我们不要因为这个有待解决的问题就拒绝他的成就。相反,我们应当怀着感激之情,接受他所给予我们的,并且根据圣经(他自己的反思也是基于圣经)的教导进一步对其完善。

有目的的创造

奥古斯丁还教导说,**上帝创造这个世界是有目的的**。上帝将他自己的三一形像放在亚当里面,而他是要使亚当成为他创造的最高荣耀。这个事实也告诉我们,上帝奥秘的作为有其理由,只不过我们不能完全理解而已。没有人知道上帝为何要创造这个世界而不做其他事情来荣耀他自己。上帝不需要这么做,虽然我们知道这是上帝出于爱而做的,但是我们并不知道他为何选择用这种方式表达他的爱。更重要的是,我们不知道他所创造的受造物为何有违背他旨意的自由,违背他之后还不会被消灭。撒但违背上帝,被赶出了天堂,但是它没有被消灭。相反,它仍然是这世界的王(约12:31),人类被引诱降服于它。为何会出现这样的事?上帝难道不能阻止这一切吗?

按理说上帝完全可以给整个创造试验贴上失败的标签,但是他没有这样做。为什么呢？最终的原因必定是他的旨意和爱都不能被抵挡他的势力所阻挠。天使和人都有背叛他的自由，可能是因为上帝想跟独立的心智团契，而不是跟不能与他对话的机器人奴隶团契。这也解释了为何人只有借此才能得救——上帝其中一个位格道成肉身，将自己献上，满足了上帝对公义的要求。一个不想被机器人服侍的上帝，同样也不会颁布不需要人参与就可以洗净人的罪、拯救人的救令。人一定要以某种形式参与进来，这样的关系才会比较真实，但同时却又确保人不可能否认上帝的终极主权。因此道成肉身就成为必须——圣子来成就天父的旨意。该使命借着圣子在十字架上的牺牲而得以成就，也借着他的话表达出来——"不要成就我的意思，只要成就你的意思"。⑭

　　上帝解决了人类罪与受苦的奥秘，但是他的解决方式不是通过丢弃，而是通过拥抱。他进入我们生命中，将我们的罪背在他身上，为我们的缘故而受苦，之后复活，好让我们可以在他里面享受新的生命。虽然这没有解决上文提到的终极问题，但却让我们能够理解我们生活于其中的这个世界。从人的立场来看，我们亲身经历、亲眼看到的世界上许多的事我们都无法理解，但是我们知道上帝的计划中有一个目的，它有一天会向我们显露出来。有时候，就像耶稣的复活一样，我们看到了他复活的目的，因为这是在一个时间框架内发生的，是我们可以理解的。但是还有些时候，上帝的计划并不

⑭《路加福音》22:42；也参见《马太福音》26:39,42。

受限于我们的时间表。对他而言，一日如千年（彼后 3:8），所以他旨意的成就向我们是隐藏的。奥古斯丁原来也不知道他所生活的世界将会消失，更不知道以他的思想为主要根基的新基督教文化将于几个世纪之后在西欧出现。如果他当时想到许多代人之后仍然有人在读他的主要作品，甚至还有人在读他的书信和讲章，他可能会感到非常震惊。然而他的确知道上帝的旨意在他的生命中动工，而且上帝要以他无法完全理解的方式使用他。对他而言这才是重要的。

奥古斯丁也知道，他生命中所经历的反映了更广阔的人类历史。帝国的兴衰是不断进行的一个过程，最终上帝对这个世界的旨意将会成就。我们没有一个人可以确定地说将来会发生什么，而现今预言毁灭的先知层出不穷，正如数世纪以来所发生的一样。

不久之前，有一种真实的惧怕就是世界将被纳粹德国或苏共所蹂躏。然而过了这么多年，我们发现这两者都消失了——一个是通过暴力，另一个则是以较为和平的方式。谁能预见到这种情况呢？基督徒不能承诺世上的生活会越来越好，我们不确定会发生这种情况。很可能，我们的文明将会像古罗马一样衰落，我们的后代则会经历另一个黑暗时期。堕落之人所具有的那种罪恶的激情依然没被击败，撒但依然活跃。我们可能会遭遇一些难以想象的事情，所以我们不知道我们或我们的儿女今生会遭遇什么事可能会更好。但是我们可以确定地说，上帝在掌管一切，任何事情的发生都回响着他的荣耀，天上地下没有任何权势能使我们与上帝的爱隔绝（罗

8:39)。

奥古斯丁在圣经的光照下重写人类历史,从而让当时困惑的男女都明白这一真理,而他所学到的功课也是我们今天要学的。已经见过罗马衰亡之结果的我们可以非常确信:即便我们地上的国崩溃、消失,上帝的旨意也要成就在我们的生命中,正如他的旨意已经成就在我们之前那些凭信而行之人的生命中一样。

信心之旅

奥古斯丁还教导我们,**基督徒的生活就是凭信心前行的旅途**。不过,虽然这从某种角度来看非常明显,但是我们不要忘记,我们今天对这种概念的熟悉主要归功于奥古斯丁对它的强调。在奥古斯丁的神学背景下,他的信心观很好地补充了预定论,而预定论如果不从位格性的角度来看,很容易被视为一种宿命论。奥古斯丁不相信基督徒应当袖手旁观,任凭事态发展。处在与上帝的关系之中意味着与上帝同活,分享上帝的思想,有基督的意念,并且每天靠着圣灵的大能遵行他的旨意。从出生到死亡,我们醒着的每一刻都属于上帝,即便我们不是信徒。这就是奥古斯丁在《忏悔录》中所传达的部分信息。在这本书中,他重新审视了自己信主之前生活的不同方面,并指出上帝如何使用这些方面来推动自己的意旨,以及他如何在还没有意识到的情况下就已经开启了基督徒之旅。

奥古斯丁的经历也是每个信徒的经历。我们已经蒙召与上帝同行,如果我们已经被他拣选,为要得救,那么我们就在与上帝同

211

行,即便我们一时离他很远。因此,归信不只是一件事情的结束和
另一件事情的开始,归信也是上帝一直以来为我们所定的计划的成
就。然而,只有我们更深认识他的时候,我们才能得到所需要的恩
典和洞察力,明白这一点。之前毫无意义的事情开始变得越来越重
要,而我们之前认为重要的事情现在却渐渐变得不重要了。简而言
之,我们被赐予一种新的视角,这对我们的生活方式而言至关重要。

　　一个人一旦成了基督徒,其优先考虑的事情就是如何讨上帝喜
悦。没有明确的规定来说明这可能会涉及什么内容,每一个人的情
况都有微妙的差别。当然,奥古斯丁知道,身为基督徒,他不能再活
在不道德之中,即便他要做到这一点还需要一些时间。但是,这并
不是他要表达的。更重要的是他蒙召要以基督徒的身份活出的生
命样式。他母亲单纯地以为,他要成家立业——这在人看来是再明
显不过的选择,但这是上帝为他所定的旨意吗?奥古斯丁发现并不
是,并且他通过一系列的环境逐渐意识到,自己要过独身的生活。
奥古斯丁并不想那样做,但是上帝的旨意清楚向他显明,他就顺服
了。起初他试图说服朋友们跟他一起过修道的生活,但是很快他就
发现这并不适合他们。这也是他的一次学习经历。上帝拣选他每
一个儿女的方式都是独特的,没有人可以做出一个适合所有人的模
板。当然,我们都属于基督的身体,但是每个人都是这身体上不同
的肢体,我们必须尊重这一点。这件事很难,但是如果我们要在更
广泛的教会群体中发挥作用,就很有必要这样做。并不是每个人都
蒙召做同样的事,必须尊重各种不同的恩赐和呼召。

同时,我们不能为懒惰找借口。每个基督徒都有上帝的呼召,因为每个基督徒都与上帝有位格性的关系。我们一开始可能不知道这种呼召是什么,找到自己的呼召时,可能也并不是非常喜欢。可一旦我们知道该做什么,我们就必须努力去做,因为上帝在他更大的家中为我们留了一个位置。今世的人追求名誉、荣誉和财富,但是上帝的儿女寻求的是单单服侍他,甘愿在他为他们所定的任何岗位上服侍他。我们天上的奖赏不是基于我们的成就——这又是靠行为得救的谎言在狡猾地欺骗我们——而是基于我们的顺服,只有凭信心接受那位召我们顺服的上帝的带领和掌管,我们才有可能顺服。有了这种认识,我们就可以去任何地方做任何事,因为我们知道上帝必在我们的旅途中与我们同在。

基督徒的目标是讨上帝喜悦,但是同时也要专注于在天上为我们存留的永恒赏赐。我们在地上所做的与天上的赏赐直接相关。不是说我们越顺服赏赐就会越大——虽然也可能是这样;而是说我们越预备好为上帝牺牲自己,他的荣耀就会越多向我们显现。旅途中的人只会带一些路上的必需品,其他的都会抛在身后。这是奥古斯丁告诉会众必须去做的,我们也要在这种背景下理解奥古斯丁对禁欲观念的委身。他不是试图通过自我牺牲来赚得救恩,而是要抛弃天路历程中的一切非必需品。当然,我们的处境与他的不同,但是这信息古今相同。

使命和遗产

最后,奥古斯丁教导我们,**基督徒的使命不论在哪里践行出来,**

都是非常重要的。奥古斯丁接受过哲学和雄辩术教育。要追求这些，他就要去热闹的地方——迦太基、罗马、米兰；它们也是当时西罗马帝国的所在。倘若他待在故乡塔加斯特，这种事业就是不可想象的。然而成了基督徒之后，他的命运就改变了。他收回了自己的脚步——从米兰回到罗马，再从罗马回到迦太基，甚至还一度回到塔加斯特。几年之后他被召到希波，这是一座港口城市，有一定商业地位，却没有任何文学上或学术上的成就。他并不想成为主教，也无意在希波这种闭塞的地方度过余生。在三十多年的时间中，他不得不向那些根本不欣赏他才华的会众讲道，这些会众听完他讲道马上就会去剧院。他也不得不一次次撰文驳斥多纳徒主义和帕拉纠主义，在某种程度上，他那敏锐的内心必定觉得这些错误非常可笑，但是这些错误却在搅扰他要牧养的教会。他还腾出时间做其他事，我们不知道他是怎么做到的，但是在许多日子里，他必定会因这种挣扎而疲倦，并希望自己可以做别的事。

奥古斯丁去世的时候蛮族人正在围城，他知道不出几天他们一定会攻进来，他当时必定担心自己一生的著作会付之一炬。事情并没有发展得那么糟糕，但是他在希波劳苦所留下的遗产现在都已失传——没有哪座宏伟的教堂上刻着他的名字，也没有哪个学院的椅子是专门为了纪念他的，甚至也没有哪个公园的长椅上带有一块小标牌，写着这是用奥古斯丁的财产所建造的。肉眼看来，什么都没有。然而我们知道，当时在一个行省级城镇上所做的看似不起眼的服侍，却成为西方世界某个神学家最多产的一段人生经历。历世历代去希波附近参观的基督徒,都能看到奥古斯丁在他当时居住的那个非常炎热、布满灰尘的卧室内所写下的文字,并且会惊叹于奥古斯丁的天赋和智力。不仅如此,他们也会跟我们一样,被奥古斯丁对基督的热忱所打动,在读了奥古斯丁的文字之后,会更加坚定地行在上帝为他们规划的道路上。

那就是他持久不变的遗产。这就是为什么尽管我们和他相隔如此之远,和他的生活表面上看起来差距也如此之大,但是我们在今天这个世界中寻求为上帝而活的时候,却依然能够听到他的声音,感受到他的鼓励。正如奥古斯丁提醒我们的,上帝就是爱,行在爱中的人就是与上帝同行,他们会蒙上帝赐福,得到任何属世权柄都无法给予的赏赐。

补充阅读

作品

拉丁语

奥古斯丁的拉丁语作品没有完整的合辑。目前相对最完整的作品集依然是：

Patrologiae cursus completus. Series Latina. Edited by J. -P. Migne. 221 vols. Paris，1841 – 1864. vols. 32 – 47.

以下系列可以作为补充：

Corpus Christianorum，Series Latina. Turnhout：Brepols，1953 –. vols. 27 – 50.

Corpus Scriptorum Ecclesiasticorum Latinorum. Vienna，1866 –.

这两部作品集都不完整，但是每个系列都在进一步策划增补中。

英语

目前流传最广泛的译本是 *Library of Nicene and Post-Nicene Fathers*, ed. Philip Schaff（New York：The Christian Literature Company，1886‒1890）的前八卷。该系列版权期已过，可以在网上获取资源。

纽约新城市出版社（New City Press of New York）正在赞助出版《圣奥古斯丁作品集：21 世纪新译本》（*The Works of Saint Augustine：A New Translation for the 21st Century*）。现在已经推出了其中的几卷，其他卷也即将推出。他的两卷作品也已经收录在基督教经典文库（Library of Christian Classics）中，可以从威斯敏斯特约翰·诺克斯出版社（Westminster John Knox Press）购买。

奥古斯丁的一些个人性作品已经有流行的版本，其中流传最广泛的几本是：

Confessions. Translated by Henry Chadwick. Oxford：Oxford University Press，1991.

The City of God. Translated by Henry Bettenson. London：Penguin，1972.

On Christian Teaching. Translated by R. P. H. Green. Oxford：Oxford University Press，2008.

他许多驳斥多纳徒派的作品则收录于：

Atkins，E. M.，and R. J. Dodaro，eds. *Augustine：Political Writings*. Cambridge：Cambridge University Press，2001.

研究

总体研究

对于今天任何学习奥古斯丁作品的人而言，有两本基础作品是必读的：

Fitzgerald，Allan D.，ed. *Augustine through the Ages：An Encyclopedia*. Grand Rapids：Eerdmans，1999.

Di Berardino，Angelo，ed. *Patrology*. vol. 4. Westminster，MD：Christian Classics，1986. 译自最初的意大利语版本：*Patrologia*. vol. 3. Turin：Marietti，1978. 342 - 462。

下列作品也有很高的价值：

Battenhouse，Roy W.，ed. *A Companion to the Study of St. Augustine*. New York：Oxford University Press，1955.

Stump，Eleonore，and Norman Kretzmann，eds. *The Cambridge Companion to Augustine*. Cambridge：Cambridge University Press，2001. 最近这部作品有了新版本：Meconi，David Vincent，and Eleonore Stump，eds. *The Cambridge Companion to Augustine*. 2nd ed. Cambridge：Cambridge University Press，2014. 新版本收录了许多彻底修订过的新文章。

传记

Brown, Peter Robert Lamont. *Augustine of Hippo: A New Biography*. Berkeley, CA: University of California Press, 2000. *

Hollingworth, Miles. *Saint Augustine of Hippo: An Intellectual Biography*. Oxford: Oxford University Press, 2013.

奥古斯丁的哲学

Gilson, Etienne. *The Christian Philosophy of Saint Augustine*. London: Gallancz, 1960.

Rist, John M. *Augustine*. Cambridge: Cambridge University Press, 1994.

Evans, G. R. *Augustine on Evil*. Cambridge: Cambridge University Press, 1982.

Harrison, Carol. *Beauty and Revelation in the Thought of Saint Augustine*. Oxford: Oxford University Press, 1992.

奥古斯丁的神学

Markus, R. A. *Saeculum: History and Society in the Theology of St Augustine*. Cambridge: Cambridge University Press, 1970.

Ayres, Lewis. *Augustine and the Trinity*. Oxford: Oxford University Press, 2010.

Sullivan, John E. *The Image of God : The Doctrine of St. Augustine and Its Influence*. Dubuque, IA: Priory, 1963.

Papanikolaou, Aristotle, and George E. Demacopoulos. *Orthodox Readings of Augustine*. Crestwood, NY: St Vladimir's Seminary Press, 2008.

奥古斯丁的释经

Bright, Pamela, ed. *Augustine and the Bible*. Notre Dame, IN: University of Notre Dame Press, 1999。翻译并修订自 La Bonnardière, A. M. , ed. *Saint Augustin et la Bible*. Paris: Beauchesne, 1986。

Patte, Daniel, and Eugene TeSelle, eds. *Engaging Augustine on Romans : Self, Context, and Theology in Interpretation*. Harrisburg, PA: Trinity Press International, 2002.

Cameron, Michael. *Christ Meets Me Everywhere : Augustine's Early Figurative Exegesis*. Oxford: Oxford University Press, 2012.

Arnold, Duane W. H. , and Pamela Bright, eds. *De doctrina Christiana : A Classic of Western Culture*. Notre Dame, IN; University of Notre Dame Press, 1995.

English，Edward D. ， ed. *Reading and Wisdom：The* De doctrina Christiana *of Augustine in the Middle Ages*. Notre Dame，IN：University of Notre Dame Press，1995.

对于法语读者，下面这部著作是这方面不可多得的作品：

Bochet，Isabelle. *"Le firmament de l'écriture"：L'herméneutique augustinienne*. Paris：Institut d'études Augustiniennes，2004.

奥古斯丁的教牧实践

van der Meer，Frederik. *Augustine the Bishop：The Life and Work of a Father of the Church*. London：Sheed and Ward，1961. 译自荷兰语作品：*Augustinus de zielzorger*. Utrecht：Het Spectrum，1947。

Ellingsen，Mark. *The Richness of Augustine：His Contextual and Pastoral Theology*. Louisville，KY：Westminster John Knox，2005.

Rist，John M. *Augustine Deformed：Love，Sin，and Freedom in the Western Moral Tradition*. Cambridge：Cambridge University Press，2014.

Rowe，Trevor. *Saint Augustine，Pastoral Theologian*. London：Epworth，1974.

《诗篇》编号说明

奥古斯丁使用《诗篇》的旧版拉丁语译本，这个译本译自希腊语而非希伯来语原文，但是希腊语和希伯来语《诗篇》在很多方面差别很大。其中一个差别就是《诗篇》的编号，奥古斯丁采用的是希腊语编号。宗教改革以来，新教徒开始采用希伯来语文本和编号，现在这也成了所有现代圣经译本的标准，但是这却给引用古代教父的作品带来了一些难题。如果是单独引用《诗篇》里的经文，可以按照现代标准来引用，尽管并非奥古斯丁用的所有译文都符合这一点。但是如果引用《〈诗篇〉讲解》(*Enarrationes in Psalmos*)，就会遇到真正的困难，因为奥古斯丁依次注释了每一首诗篇。我们应该按照奥古斯丁所写的原样引用，还是按照现代的规范对其加以修改？

今天普遍的倾向是引用拉丁语文本的原始形式，使用每一首诗篇的希腊语编号，忽视经文的切分——这是 16 世纪之后才出现的。因此传统的语句和段落编号保留了下来，而这往往有别于现代的经文切分。论及《〈诗篇〉讲解》的译文，情况要更为复杂。最常用的英译本来自 *Library of Nicene and Post-Nicene Fathers*，它是 19 世纪的新教徒翻译的,他们使奥古斯丁的文本与现代(希伯来语)《诗篇》的编号对应起来。然而,最近新城市出版社推出的新译本却保留了奥古斯丁原始的编号!

在本书中,所有个别经文的引用和译文都遵照希伯来语的格式,但对《〈诗篇〉讲解》进行引用时则保留其原始的(希腊语)编号。为了帮助读者理清这一点,下表列出了这两种编号体系之间的对应关系:

希腊语/拉丁语	希伯来语/现代
1—8	1—9
9	9—10
10—112	11—113
113	114—115
114	116:1—9
115	116:10—19
116—145	117—146
146	147:1—11
147	147:12—20
148—150	148—150

索引
（索引中的页码为原书页码，即本书边码）

奥古斯丁的人生智慧

S

sacraments,圣礼,147

salvation,救恩,44－45,88,182－183

"restorationist" view of,"恢复论"～观,85－87

Satan,撒但,210

fall of,～的堕落,124,185,208

schism,分裂,143－146

Scripture,圣经,43－44

Christ in,～中的基督,107

fourfold sense of,～的四重意义,94

as handbook of the Christian life,～作为基督徒生活的指南,94,99

infallibility of,～的无误性,89

interpretation of,～的解释,204－206

lacked polish of classical literature,～缺少古典文学的优美,89

obscurities in,～的晦涩,103

as personal revelation,～是位格性的启示,96

scribal errors in,～中的抄写错误,116

spiritual sense of,～的属灵意义,90－91

as Word of God,～作为上帝的话语,60,176－177,203－204

sectarianism,宗派主义,200

secularization,世俗化,195

Secundinus,塞坤迪努,37

self-examination,自省,30

selfishness,自私,54

self-knowledge, through confession,通过认罪获得自我认识,66

semi-Arians,半阿里乌派,41

separatism,分裂主义,27

Septuagint,七十士译本,33

sermons of Augustine,奥古斯丁的讲章,152,170－182

sexual continence,性节欲,166－167

sexuality, as worldly distraction,性欲使人分心并远离[上帝的爱],78

sexual relations,性关系,166－169

signs,符号,100,116－117

Simplicianus,希姆普利齐亚努斯,25

sin,罪,132,201－203

conviction of,知～,60－61

corruption of,～的玷污,105

entrance into the world,～进入世界,124

love of,爱～,55

经文索引

图书在版编目(CIP)数据

奥古斯丁的人生智慧/(英)布雷(Gerald Bray)著;
王虔译.—上海:上海三联书店,2022.7
ISBN 978-7-5426-6283-5

Ⅰ.①奥…　Ⅱ.①布…②王…　Ⅲ.①奥古斯丁(Augustine,
Aurelius,354-430)—生平事迹　Ⅳ.①B503.1

中国版本图书馆 CIP 数据核字(2018)第 105889 号

奥古斯丁的人生智慧

著　　者 / 杰拉尔德·布雷
译　　者 / 王　虔
丛书策划 / 橡树文字工作室
特约编辑 / 刘　峣
责任编辑 / 邱　红　陈泠珅
装帧设计 / 徐　徐
监　　制 / 姚　军
责任校对 / 王凌霄

出版发行 / 上海三联书店
　　　　　(200030)中国上海市漕溪北路 331 号 A 座 6 楼
邮　　箱 / sdxsanlian@sina.com
邮购电话 / 021-22895540
印　　刷 / 山东临沂新华印刷物流集团有限责任公司

版　　次 / 2022 年 7 月第 1 版
印　　次 / 2022 年 7 月第 1 次印刷
开　　本 / 890 mm×1240 mm　1/32
字　　数 / 200 千字
印　　张 / 10.625
书　　号 / ISBN 978-7-5426-6283-5/B·568
定　　价 / 65.00 元

敬启读者,如发现本书有印装质量问题,请与印刷厂联系 0539-2925628